GRAMMAIRE ESPAGNOLE POUR TOUS

Langues pour tous

Collection dirigée par Jean-Pierre Berman,
Michel Marcheteau et Michel Savio

ESPAGNOL

□ Pour débuter (ou tout revoir) :
- **40 leçons pour parler espagnol** [●●]

□ Pour être opérationnel rapidement :
- **L'espagnol tout de suite !** [●●]

□ Pour mieux s'exprimer et mieux comprendre :
- **Communiquez en espagnol** [●●]

□ Pour se perfectionner et connaître l'environnement :
- **Pratiquez l'espagnol** [●●]

□ Pour évaluer et améliorer votre niveau :
- **Score espagnol : testez votre niveau** (200 tests)

□ Pour aborder la langue spécialisée :
- **L'espagnol économique et commercial** (20 dossiers)
- **La correspondance commerciale espagnole**
- **Dictionnaire économique, commercial et financier**
- **Score espagnol commercial : testez votre niveau**

□ Pour s'aider d'ouvrages de référence :
- **Grammaire espagnole pour tous**

□ Pour prendre contact avec des œuvres en version originale :
- **Série bilingue**

➡ Niveaux : □ facile (1er cycle) □□ moyen (2e cycle) □□□ avancé

L'Espagne à travers sa presse □□
L'espagnol par les chansons □ [●●]
Borges (Jorge Luis) :
- Histoire universelle de l'infamie □□□

Nouvelles espagnoles contemporaines □□
Nouvelles hispano-américaines :
- Vol. I - Des Andes aux Caraïbes □□
- Vol. II - Rêves et Réalités □□

M.V. Montalbán :
- Vu des toits □

[●●] = Existence d'un coffret : Livre + K7
Attention ! Les cassettes ne peuvent être vendues séparément du livre.
➡ Le livre seul est disponible.

Autres langues disponibles dans les séries
de la collection **Langues pour tous**

ALLEMAND - ANGLAIS - AMÉRICAIN - ARABE - CHINOIS - FRANÇAIS - GREC - HÉBREU - HONGROIS - ITALIEN
JAPONAIS - LATIN - NÉERLANDAIS - POLONAIS - PORTUGAIS - RUSSE - TCHÈQUE - TURC - VIETNAMIEN

GRAMMAIRE ESPAGNOLE POUR TOUS

par

Jean Chapron et **Pierre Gerboin**
Professeurs à l'École de Commerce de la Chambre de Commerce et d'Industrie de Paris

et

Antonio Daón
Professeur d'espagnol en classes préparatoires aux Grandes Écoles

POCKET

SOMMAIRE

SOMMAIRE

SOMMAIRE

PRÉSENTATION

• Comme tous les ouvrages de cette collection, la ***Grammaire espagnole pour tous*** est conçue pour faciliter l'apprentissage autonome de la langue, mais elle peut être utilisée, avec la même efficacité, dans le cadre d'un enseignement de groupe. Elle s'adresse aux élèves du secondaire tout autant qu'aux étudiants et aux autodidactes ; elle répond aux questions qu'ils peuvent les uns et les autres se poser pour préparer le baccalauréat, les concours des grandes écoles ou tout simplement pour s'exprimer correctement.

• L'ouvrage présente les points essentiels de la grammaire espagnole :
— le groupe verbal : présentation originale et claire du système verbal, en particulier tableaux modèles des différents types de verbes dont la disposition facilite l'effort de mémoire ;
— le groupe nominal où sont présentés les matériaux indispensables à l'élaboration d'une phrase correcte ;
— les mots invariables : prépositions, conjonctions et adverbes ;
— les subordonnées : la pensée s'exprime maintenant d'une façon plus complexe ;
— les difficultés de syntaxe et de traduction : c'est la partie la plus longue de l'ouvrage ; elle répond aux difficultés sur lesquelles hésitent toujours ceux qui cherchent à s'exprimer en espagnol : **ser** et **estar**, **por** et **para**, *dont*, etc.

• Chaque partie est suivie d'exercices qui portent sur les points sensibles ; ils permettent de contrôler les connaissances acquises. L'accès à toutes ces informations peut se faire par la table des matières longue et détaillée ; il peut se faire surtout par l'index, en fin d'ouvrage : l'utilisateur y trouvera par un renvoi à la page la réponse précise à la question qu'il se pose.

• Tout au long de la grammaire, les auteurs ont voulu la simplicité — aucun terme « linguistique » savant — et l'efficacité : à la question posée, une réponse claire, argumentée, appuyée sur de nombreux exemples.

• Cette ***Grammaire espagnole pour tous*** complète la série des ouvrages « Les langues pour tous » (*Espagnol en 40 leçons*, *Communiquer*, *Pratiquer* et *Score*) et constitue un outil de référence pour tous ceux qui désirent se perfectionner ou se recycler en espagnol.

ISBN : 2-266-09786-5

I

Le groupe verbal

1. Les verbes réguliers

1. Ils sont classés en trois conjugaisons ou trois groupes d'après la terminaison de leur infinitif.

1re conjugaison : infinitif terminé en **~ar**
2e conjugaison : infinitif terminé en **~er**
3e conjugaison : infinitif terminé en **~ir**

Le radical d'un verbe s'obtient en retirant la terminaison de l'infinitif. Exemple :

1re conjugaison : **tomar**, *prendre* → **tom(~ar)**
2e conjugaison : **comer**, *manger* → **com(~er)**
3e conjugaison : **vivir**, *vivre* → **viv(~ir)**

2. Formation des temps simples

a. Temps simples formés sur le radical du verbe

• *Présent de l'indicatif*

1re conjugaison (**~ar**) :
radical + **~o** **~as** **~a** **~amos** **~áis** **~an**

2e conjugaison (**~er**) :
radical + **~o** **~es** **~e** **~emos** **~éis** **~en**

3e conjugaison (**~ir**) :
radical + **~o** **~es** **~e** **~imos** **~ís** **~en**

En dehors des deux premières personnes du pluriel du présent de l'indicatif, les terminaisons des 2e et 3e conjugaisons sont les mêmes à tous les autres temps.

• *Présent du subjonctif*

1re conjugaison (**~ar**) :
radical + **~e** **~es** **~e** **~emos** **~éis** **~en**

2e conjugaison (**~er**) et 3e conjugaison (**~ir**) :
radical + **~a** **~as** **~a** **~amos** **~áis** **~an**

L'impératif s'obtient à partir de ces deux présents (voir p. 39).

• *Imparfait de l'indicatif*

1re conjugaison (**~ar**) :
radical + **~aba** **~abas** **~aba** **~ábamos** **~abais** **~aban**

2e conjugaison (**~er**) et 3e conjugaison (**~ir**) :
radical + **~ía** **~ías** **~ía** **~íamos** **~íais** **~ían**

• *Passé simple*

1re conjugaison (~**ar**) :
radical + **~é ~aste ~ó ~amos ~asteis ~aron**

2e conjugaison (~**er**) et 3e conjugaison (~**ir**) :
radical + **~í ~iste ~ió ~imos ~isteis ~ieron**

• *Imparfait du subjonctif*

Il y a en espagnol deux formes de l'imparfait du subjonctif — 1re forme terminée en **~ra** et 2e forme terminée en **~se** — qui peuvent être utilisées indifféremment. Contrairement au français, ce temps est d'un emploi courant aussi bien à l'oral qu'à l'écrit.

1re conjugaison (~**ar**) :
radical + **~ara ~aras ~ara ~áramos ~arais ~aran**
radical + **~ase ~ases ~ase ~ásemos ~aseis ~asen**

2e conjugaison (~**er**) et 3e conjugaison (~**ir**) :
radical + **~iera ~ieras ~iera ~iéramos ~ierais ~ieran**
radical + **~iese ~ieses ~iese ~iésemos ~ieseis ~iesen**

Cela revient à remplacer à la 3e personne du pluriel du passé simple **~ron** par **~ra** ou **~se** :

tomaron → 1re forme : **tomara**, **tomaras**, etc.
→ 2e forme : **tomase**, **tomases**, etc.

comieron → 1re forme : **comiera**, **comieras**, etc.
→ 2e forme : **comiese**, **comieses**, etc.

Cette méthode pour obtenir l'imparfait du subjonctif a l'avantage de s'appliquer à tous les verbes, réguliers et irréguliers.

• *Gérondif* (voir p. 43)

• *Participe passé* (voir p. 42)

b. Temps simples formés sur l'infinitif du verbe

• *Futur de l'indicatif*

1re conjugaison (~**ar**)
2e conjugaison (~**er**)
3e conjugaison (~**ir**)
} infinitif + **~é ~ás ~á ~emos ~éis ~án**

• *Conditionnel*

1re conjugaison (~**ar**)
2e conjugaison (~**er**)
3e conjugaison (~**ir**)
} infinitif + **~ía ~ías ~ía ~íamos ~íais ~ían**

Le futur simple et le conditionnel ont des terminaisons communes aux trois conjugaisons.

2. Présentation des tableaux de conjugaison

Ces tableaux sont constitués de telle façon qu'ils soulignent les rapports constants entre certains temps (voir présentation des différents verbes de ce chapitre). Ils sont matérialisés par une flèche :

présent de l'indicatif → présent du subjonctif
futur simple → conditionnel
passé simple → imparfait du subjonctif

En espagnol, la terminaison du verbe suffit généralement à identifier le sujet et l'emploi des pronoms personnels (sujets) est limité à quelques cas précis (voir p. 64). En conséquence, ces derniers n'apparaissent pas dans les tableaux récapitulatifs. De plus, comme cela est habituel en espagnol, les subjonctifs sont présentés sans la conjonction **que**.

L'accent tonique, ***signalé en italique gras***, joue un rôle dans la conjugaison. Il permet, par exemple, de différencier **tomo**, *je prends*, 1re personne du singulier du présent de l'indicatif, de **tom*ó***, *il prit, il a pris*, 3e personne du singulier du passé simple.

tomar, *prendre* (verbe régulier en **~ar**)

Indicatif présent →	Subjonctif présent	Indicatif futur →	Conditionnel présent
je prends	*que je prenne*	*je prendrai*	*je prendais*
t***o***mo	t***o***me	tomar***é***	tomar***í***a
t***o***mas	t***o***mes	tomar***á***s	tomar***í***as
t***o***ma	t***o***me	tomar***á***	tomar***í***a
tom***a***mos	tom***e***mos	tomar***e***mos	tomar***í***amos
tom***á***is	tom***é***is	tomar***é***is	tomar***í***ais
t***o***man	t***o***men	tomar***á***n	tomar***í***an

Indicatif imparfait	Passé simple →	Subjonctif imparfait 1re forme	2e forme
je prenais	*je pris*	*que je prisse*	
tom***a***ba	tom***é***	tom***a***ra	tom***a***se
tom***a***bas	tom***a***ste	tom***a***ras	tom***a***ses
tom***a***ba	tom***ó***	tom***a***ra	tom***a***se
tom***á***bamos	tom***a***mos	tom***á***ramos	tom***á***semos
tom***a***bais	tom***a***steis	tom***a***rais	tom***a***seis
tom***a***ban	tom***a***ron	tom***a***ran	tom***a***sen
Gérondif : tom***a***ndo		Participe passé : tom***a***do	

comer, *manger* (verbe régulier en **~er**)

Indicatif présent →	Subjonctif présent	Indicatif futur →	Conditionnel présent
je mange	*que je mange*	*je mangerai*	*je mangerais*
c**o**mo	c**o**ma	comer**é**	comer**í**a
c**o**mes	c**o**mas	comer**á**s	comer**í**as
c**o**me	c**o**ma	comer**á**	comer**í**a
com**e**mos	com**a**mos	comer**e**mos	comer**í**amos
com**é**is	com**á**is	comer**é**is	comer**í**ais
c**o**men	c**o**man	comer**á**n	comer**í**an
Indicatif imparfait	Passé simple →	Subjonctif imparfait 1re forme	2e forme
je mangeais	*je mangeai*	*que je mangeasse*	
com**í**a	com**í**	comi**e**ra	comi**e**se
com**í**as	com**i**ste	comi**e**ras	comi**e**ses
com**í**a	comi**ó**	comi**e**ra	comi**e**se
com**í**amos	com**i**mos	comi**é**ramos	comi**é**semos
com**í**ais	com**i**steis	comi**e**rais	comi**e**seis
com**í**an	comi**e**ron	comi**e**ran	comi**e**sen
Gérondif : comi**e**ndo		Participe passé : com**i**do	

vivir, *habiter, vivre* (verbe régulier en **~ir**)

Indicatif présent →	Subjonctif présent	Indicatif futur →	Conditionnel présent
je vis	*que je vive*	*je vivrai*	*je vivrais*
v**i**vo	v**i**va	vivir**é**	vivir**í**a
v**i**ves	v**i**vas	vivir**á**s	vivir**í**as
v**i**ve	v**i**va	vivir**á**	vivir**í**a
viv**i**mos	viv**a**mos	vivir**e**mos	vivir**í**amos
viv**í**s	viv**á**is	vivir**é**is	vivir**í**ais
v**i**ven	v**i**van	vivir**á**n	vivir**í**an
Indicatif imparfait	Passé simple →	Subjonctif imparfait 1re forme	2e forme
je vivais	*je vécus*	*que je vécusse*	
viv**í**a	viv**í**	vivi**e**ra	vivi**e**se
viv**í**as	viv**i**ste	vivi**e**ras	vivi**e**ses
viv**í**a	vivi**ó**	vivi**e**ra	vivi**e**se
viv**í**amos	viv**i**mos	vivi**é**ramos	vivi**é**semos
viv**í**ais	viv**i**steis	vivi**e**rais	vivi**e**seis
viv**í**an	vivi**e**ron	vivi**e**ran	vivi**e**sen
Gérondif : vivi**e**ndo		Participe passé : viv**i**do	

3. Les verbes à diphtongue

Un verbe à diphtongue est un verbe dont la dernière syllabe du radical se modifie en position accentuée :
— le **e** devient **ie** (**cerrar**, *fermer* → **cierro**),
— le **o** devient **ue** (**volver**, *revenir* → **vuelvo**).

Cette modification intervient à toutes les personnes du singulier et à la 3e du pluriel des présents de l'indicatif et du subjonctif ainsi qu'aux personnes correspondantes de l'impératif (voir p. 39).

	Présent de l'indicatif	Présent du subjonctif
cerrar	**cierro**	**cierre**
	cierras	**cierres**
	cierra	**cierre**
	...	...
	...	...
	cierran	**cierren**
volver	**vuelvo**	**vuelva**
	vuelves	**vuelvas**
	vuelve	**vuelva**
	...	...
	...	...
	vuelven	**vuelvan**

Les autres temps sont réguliers (cf. ci-contre tableaux récapitulatifs).

L'infinitif ne permettant pas de savoir si un verbe diphtongue, le problème est généralement résolu par la pratique ou en se référant au dictionnaire ou à une liste de verbes (voir p. 263).

Les verbes à diphtongue appartiennent aux 1re et 2e conjugaisons (**~ar** et **~er**) sauf quatre : **concernir**, *concerner*, **discernir**, *discerner*, ainsi que **adquirir**, *acquérir*, et **inquirir**, *s'enquérir*, bien que ces deux derniers verbes aient un **i** en dernière syllabe du radical. Le verbe **jugar**, *jouer*, se conjugue avec la diphtongue **ue** parce que son ancien infinitif était **jogar**.

En espagnol, un mot ne pouvant commencer par une diphtongue, on conjugue **oler**, *sentir (une odeur), flairer*, avec un **h** devant la diphtongue :

huelo **hueles** **huele** **olemos** **oléis** **huelen**

et **errar**, *errer, se tromper*, avec un **y** à la place du **i** de la diphtongue :

yerro **yerras** **yerra** **erramos** **erráis** **yerran**

cerrar, *fermer* (verbe à diphtongue, **e → ie**)

Indicatif présent →	Subjonctif présent	Indicatif futur →	Conditionnel présent
je ferme	*que je ferme*	*je fermerai*	*je fermerais*
ci**e**rro	ci**e**rre	cerrar**é**	cerrar**í**a
ci**e**rras	ci**e**rres	cerrar**ás**	cerrar**í**as
ci**e**rra	ci**e**rre	cerrar**á**	cerrar**í**a
cerr**a**mos	cerr**e**mos	cerrar**e**mos	cerrar**í**amos
cerr**á**is	cerr**é**is	cerrar**é**is	cerrar**í**ais
ci**e**rran	ci**e**rren	cerrar**á**n	cerrar**í**an

Indicatif imparfait	Passé simple →	Subjonctif imparfait 1re forme	2e forme
je fermais	*je fermai*	*que je fermasse*	
cerr**a**ba	cerr**é**	cerr**a**ra	cerr**a**se
cerr**a**bas	cerr**a**ste	cerr**a**ras	cerr**a**ses
cerr**a**ba	cerr**ó**	cerr**a**ra	cerr**a**se
cerr**á**bamos	cerr**a**mos	cerr**á**ramos	cerr**á**semos
cerr**a**bais	cerr**a**steis	cerr**a**rais	cerr**a**seis
cerr**a**ban	cerr**a**ron	cerr**a**ran	cerr**a**sen
Gérondif : cerr**a**ndo		Participe passé : cerr**a**do	

volver, *revenir* (verbe à diphtongue, **o → ue**)

Indicatif présent →	Subjonctif présent	Indicatif futur →	Conditionnel présent
je reviens	*que je revienne*	*je reviendrai*	*je reviendrais*
vu**e**lvo	vu**e**lva	volver**é**	volver**í**a
vu**e**lves	vu**e**lvas	volver**ás**	volver**í**as
vu**e**lve	vu**e**lva	volver**á**	volver**í**a
volv**e**mos	volv**a**mos	volver**e**mos	volver**í**amos
volv**é**is	volv**á**is	volver**é**is	volver**í**ais
vu**e**lven	vu**e**lvan	volver**á**n	volver**í**an

Indicatif imparfait	Passé simple →	Subjonctif imparfait 1re forme	2e forme
je revenais	*je revins*	*que je revinsse*	
volv**í**a	volv**í**	volvi**e**ra	volvi**e**se
volv**í**as	volv**i**ste	volvi**e**ras	volvi**e**ses
volv**í**a	volvi**ó**	volvi**e**ra	volvi**e**se
volv**í**amos	volv**i**mos	volvi**é**ramos	volvi**é**semos
volv**í**ais	volv**i**steis	volvi**e**rais	volvi**e**seis
volv**í**an	volvi**e**ron	volvi**e**ran	volvi**e**sen
Gérondif : volvi**e**ndo		Participe passé : vu**e**lto	

4. Les verbes du type *sentir* et *dormir*

a. Conjugaison du verbe **sentir**, *regretter, sentir, ressentir*

Comme pour un verbe à diphtongue (voir p. 14), le **e** du radical devient **ie** aux trois personnes du singulier et à la 3ᵉ personne du pluriel des présents de l'indicatif et du subjonctif (ainsi qu'aux personnes concernées de l'impératif, voir p. 39).

Indicatif présent :

siento **sientes** **siente** ... ... **sienten**

Subjonctif présent :

sienta **sientas** **sienta** ... ... **sientan**

En plus de la diphtongue, le **e** du radical se change en **i** lorsque l'accent tonique porte sur une voyelle de la terminaison autre que **i** (sauf au futur et au conditionnel).

Le **e** devient donc **i** :

— aux 1ʳᵉ et 2ᵉ personnes du pluriel du présent du subjonctif

... ... **sintamos** **sintáis** ...

— aux 3ᵉˢ personnes du singulier et du pluriel du passé simple

... ... **sintió** ... ... **sintieron**

— à toutes les personnes des deux formes de l'imparfait du subjonctif

sintiera **sintieras** **sintiera** **sintiéramos** **sintierais** **sintieran**
sintiese **sintieses** **sintiese** **sintiésemos** **sintieseis** **sintiesen**

— au gérondif : **sintiendo**

Tous les verbes de la 3ᵉ conjugaison (~**ir**) dont le **e** de la dernière syllabe du radical est suivi de ~**nt** ou de ~**r** se conjuguent comme **sentir** ; seule exception, **servir** qui se conjugue comme **pedir** (voir p. 18).

Liste des verbes du type **sentir** les plus fréquents : voir p. 265.

Le verbe **erguir**, *dresser*, se conjugue généralement avec un **y** à la place du **i** de la diphtongue :

yergo **yergues** **yergue** **erguimos** **erguís** **yerguen**

b. Les verbes **dormir**, *dormir*, et **morir**, *mourir*, ont une conjugaison irrégulière parallèle à celle de **sentir** :

— le **o** devient **ue** aux personnes de la diphtongaison des présents ;

— le **o** devient **u** aux temps et aux personnes concernés par le changement **e** → **i** des verbes de type **sentir**.

sentir, *sentir, regretter, ressentir*

Indicatif présent →	Subjonctif présent	Indicatif futur →	Conditionnel présent
je regrette	*que je regrette*	*je regretterai*	*je regretterais*
si***e***nto	si***e***nta	sentir***é***	sentir***í***a
si***e***ntes	si***e***ntas	sentir***á***s	sentir***í***as
si***e***nte	si***e***nta	sentir***á***	sentir***í***a
sent***i***mos	sint***a***mos	sentir***e***mos	sentir***í***amos
sent***í***s	sint***á***is	sentir***é***is	sentir***í***ais
si***e***nten	si***e***ntan	sentir***á***n	sentir***í***an
Indicatif imparfait	Passé simple →	Subjonctif imparfait 1re forme	2e forme
je regrettais	*je regrettai*	*que je regrettasse*	
sent***í***a	sent***í***	sinti***e***ra	sinti***e***se
sent***í***as	sent***i***ste	sinti***e***ras	sinti***e***ses
sent***í***a	sinti***ó***	sinti***e***ra	sinti***e***se
sent***í***amos	sent***i***mos	sinti***é***ramos	sinti***é***semos
sent***í***ais	sent***i***steis	sinti***e***rais	sinti***e***seis
sent***í***an	sinti***e***ron	sinti***e***ran	sinti***e***sen
Gérondif : sinti***e***ndo		Participe passé : sent***i***do	

dormir, *dormir*

Indicatif présent →	Subjonctif présent	Indicatif futur →	Conditionnel présent
je dors	*que je dorme*	*je dormirai*	*je dormirais*
du***e***rmo	du***e***rma	dormir***é***	dormir***í***a
du***e***rmes	du***e***rmas	dormir***á***s	dormir***í***as
du***e***rme	du***e***rma	dormir***á***	dormir***í***a
dorm***i***mos	durm***a***mos	dormir***e***mos	dormir***í***amos
dorm***í***s	durm***á***is	dormir***é***is	dormir***í***ais
du***e***rmen	du***e***rman	dormir***á***n	dormir***í***an
Indicatif imparfait	Passé simple →	Subjonctif imparfait 1re forme	2e forme
je dormais	*je dormis*	*que je dormisse*	
dorm***í***a	dorm***í***	durmi***e***ra	durmi***e***se
dorm***í***as	dorm***i***ste	durmi***e***ras	durmi***e***ses
dorm***í***a	durmi***ó***	durmi***e***ra	durmi***e***se
dorm***í***amos	dorm***i***mos	durmi***é***ramos	durmi***é***semos
dorm***í***ais	dorm***i***steis	durmi***e***rais	durmi***e***seis
dorm***í***an	durmi***e***ron	durmi***e***ran	durmi***e***sen
Gérondif : durmi***e***ndo		Participe passé : dorm***i***do	

5. Les verbes du type *pedir*

Les verbes du type **pedir** sont ceux dont le **e** de la dernière syllabe du radical n'est suivi ni de **nt** ni de **r**, ainsi que le verbe **servir**. Ce **e** se change en **i** :

— lorsqu'il porte l'accent tonique ;

— lorsque l'accent tonique tombe sur une voyelle de la terminaison autre que **i**.

Le **e** devient donc **i** :

— aux trois personnes du singulier et à la 3e du pluriel du présent de l'indicatif

pido **pides** **pide** ... ... **piden**

— à toutes les personnes du présent du subjonctif

pida **pidas** **pida** **pidamos** **pidáis** **pidan**

— aux personnes de l'impératif concernées par la conjugaison des présents de l'indicatif et du subjonctif (voir p. 39)

— aux 3es personnes du singulier et du pluriel du passé simple

... ... **pidió** ... ... **pidieron**

— à toutes les personnes des deux formes de l'imparfait du subjonctif.

pidiera **pidieras** **pidiera** **pidiéramos** **pidierais** **pidieran**
pidiese **pidieses** **pidiese** **pidiésemos** **pidieseis** **pidiesen**

— au gérondif : **pidiendo**

Liste des verbes du type **pedir** les plus fréquents : voir p. 266.

6. Les verbes en *~uir*

Un **y** s'intercale entre le radical et les voyelles de la terminaison sauf si cette dernière commence par un **i** aux présents de l'indicatif et du subjonctif ainsi qu'aux personnes concernées de l'impératif (voir p. 39).

Par ailleurs, en raison d'une règle orthographique, **i** s'écrit **y** lorsqu'il se trouve inaccentué entre deux voyelles, c'est-à-dire :

— aux 3es personnes du singulier et du pluriel du passé simple,

— à toutes les personnes des deux formes de l'imparfait du subjonctif,

— au gérondif.

pedir, *demander, exiger*

Indicatif présent →	Subjonctif présent	Indicatif futur →	Conditionnel présent
je demande	*que je demande*	*je demanderai*	*je demanderais*
p***i***do	p***i***da	pedir***é***	pedir***í***a
p***i***des	p***i***das	pedir***á***s	pedir***í***as
p***i***de	p***i***da	pedir***á***	pedir***í***a
ped***i***mos	pid***a***mos	pedir***e***mos	pedir***í***amos
ped***í***s	pid***á***is	pedir***é***is	pedir***í***ais
p***i***den	p***i***dan	pedir***á***n	pedir***í***an

Indicatif imparfait	Passé simple →	Subjonctif imparfait 1re forme	2e forme
je demandais	*je demandai*	*que je demandasse*	
ped***í***a	ped***í***	pidi***e***ra	pidi***e***se
ped***í***as	ped***i***ste	pidi***e***ras	pidi***e***ses
ped***í***a	pidi***ó***	pidi***e***ra	pidi***e***se
ped***í***amos	ped***i***mos	pidi***é***ramos	pidi***é***semos
ped***í***ais	ped***i***steis	pidi***e***rais	pidi***e***seis
ped***í***an	pidi***e***ron	pidi***e***ran	pidi***e***sen
Gérondif : pidi***e***ndo		Participe passé : ped***i***do	

construir, *construire*

Indicatif présent →	Subjonctif présent	Indicatif futur →	Conditionnel présent
je construis	*que je construise*	*je construirai*	*je construirais*
constr***u***yo	constr***u***ya	construir***é***	construir***í***a
constr***u***yes	constr***u***yas	construir***á***s	construir***í***as
constr***u***ye	constr***u***ya	construir***á***	construir***í***a
constru***i***mos	construy***a***mos	construir***e***mos	construir***í***amos
constru***í***s	construy***á***is	construir***é***is	construir***í***ais
constr***u***yen	constr***u***yan	construir***á***n	construir***í***an

Indicatif imparfait	Passé simple →	Subjonctif imparfait 1re forme	2e forme
je construisais	*je construisis*	*que je construisisse*	
constru***í***a	constru***í***	construy***e***ra	construy***e***se
constru***í***as	constru***i***ste	construy***e***ras	construy***e***ses
constru***í***a	construy***ó***	construy***e***ra	construy***e***se
constru***í***amos	constru***i***mos	construy***é***ramos	construy***é***semos
constru***í***ais	constru***i***steis	construy***e***rais	construy***e***seis
constru***í***an	construy***e***ron	construy***e***ran	construy***e***sen
Gérondif : construy***e***ndo		Participe passé : constru***i***do	

7. Les verbes en ~*acer*, ~*ecer*, ~*ocer* et ~*ducir*

• Les verbes terminés en **~acer**, **~ecer**, **~ocer** et **~ducir** intercalent un **z** devant le **c** de la dernière syllabe du radical lorsque la terminaison commence par un **o** ou un **a**.

Cette modification se produit :

— à la 1re personne du singulier du présent de l'indicatif :

nacer, *naître* → **nazco**
parecer, *paraître* → **parezco**
conocer, *connaître* → **conozco**
conducir, *conduire* → **conduzco**

— à toutes les personnes du présent du subjonctif :

nacer → **nazca**, **nazcas**, **nazca**, **nazcamos**, **nazcáis**, **nazcan**
parecer → **parezca**, **parezcas**, etc.
conocer → **conozca**, **conozcas**, etc.
conducir → **conduzca**, **conduzcas**, etc.

— aux personnes concernées de l'impératif (voir p. 39).

• Trois verbes font exception :

hacer, *faire*, verbe irrégulier indépendant (voir p. 27)
cocer, *cuire*, verbe à diphtongue (voir p. 14)
et à modification orthographique (voir p. 44)

Indicatif présent :

cuezo **cueces** **cuece** **cocemos** **cocéis** **cuecen**

Subjonctif présent :

cueza **cuezas** **cueza** **cozamos** **cozáis** **cuezan**

mecer, *bercer*, verbe régulier à modification orthographique (voir p. 44)

Indicatif présent :

mezo **meces** **mece** **mecemos** **mecéis** **mecen**

Subjonctif présent :

meza **mezas** **meza** **mezamos** **mezáis** **mezan**

• Irrégularité propre aux verbes terminés en **~ducir** :

En plus de l'irrégularité des présents, ces verbes ont un passé simple en :

~duje **~dujiste** **~dujo** **~dujimos** **~dujisteis** **~dujeron**

D'où les irrégularités du subjonctif :

1re forme : **~dujera**, **~dujeras**, etc.
2e forme : **~dujese**, **~dujeses**, etc.

Les verbes en **~ucir** comme **lucir**, *briller*, se conjuguent avec l'irrégularité des verbes en **~ducir** aux présents de l'indicatif et du subjonctif ainsi qu'à l'impératif. Par contre, ils sont réguliers au passé simple et aux imparfaits du subjonctif.

conocer, *connaître*

Indicatif présent →	Subjonctif présent	Indicatif futur →	Conditionnel présent
je connais	*que je connaisse*	*je connaîtrai*	*je connaîtrais*
con***o***zco	con***o***zca	conocer***é***	conocer***ía***
con***o***ces	con***o***zcas	conocer***ás***	conocer***ías***
con***o***ce	con***o***zca	conocer***á***	conocer***ía***
conoc***e***mos	conozc***a***mos	conocer***e***mos	conocer***ía***mos
conoc***éi***s	conozc***ái***s	conocer***éi***s	conocer***ía***is
con***o***cen	con***o***zcan	conocer***á***n	conocer***ía***n

Indicatif imparfait	Passé simple →	Subjonctif imparfait 1re forme	2e forme
je connaissais	*je connus*	*que je connusse*	
conoc***ía***	conoc***í***	conoci***e***ra	conoci***e***se
conoc***ía***s	conoc***i***ste	conoci***e***ras	conoci***e***ses
conoc***ía***	conoci***ó***	conoci***e***ra	conoci***e***se
conoc***ía***mos	conoc***i***mos	conoci***é***ramos	conoci***é***semos
conoc***ía***is	conoc***i***steis	conoci***e***rais	conoci***e***seis
conoc***ía***n	conoci***e***ron	conoci***e***ran	conoci***e***sen
Gérondif : conoci***e***ndo		Participe passé : conoc***i***do	

conducir, *conduire*

Indicatif présent →	Subjonctif présent	Indicatif futur →	Conditionnel présent
je conduis	*que je conduise*	*je conduirai*	*je conduirais*
cond***u***zco	cond***u***zca	conducir***é***	conducir***ía***
cond***u***ces	cond***u***zcas	conducir***ás***	conducir***ía***s
cond***u***ce	cond***u***zca	conducir***á***	conducir***ía***
conduc***i***mos	conduzc***a***mos	conducir***e***mos	conducir***ía***mos
conduc***ís***	conduzc***ái***s	conducir***éi***s	conducir***ía***is
cond***u***cen	cond***u***zcan	conducir***á***n	conducir***ía***n

Indicatif imparfait	Passé simple →	Subjonctif imparfait 1re forme	2e forme
je conduisais	*je conduisis*	*que je conduisisse*	
conduc***ía***	cond***u***je	conduj***e***ra	conduj***e***se
conduc***ía***s	conduj***i***ste	conduj***e***ras	conduj***e***ses
conduc***ía***	cond***u***jo	conduj***e***ra	conduj***e***se
conduc***ía***mos	conduj***i***mos	conduj***é***ramos	conduj***é***semos
conduc***ía***is	conduj***i***steis	conduj***e***rais	conduj***e***seis
conduc***ía***n	conduj***e***ron	conduj***e***ran	conduj***e***sen
Gérondif : conduci***e***ndo		Participe passé : conduc***i***do	

8. Les verbes irréguliers indépendants

Ils sont au nombre de 21 et sont très fréquents. Leur étude peut être facilitée en tenant compte de certaines remarques et analogies.

• Irrégularité qui affecte la 1re personne du présent de l'indicatif et toutes les personnes du présent du subjonctif :

caer	*tomber*	: **caigo**, **caes**, etc.	→ **caiga**, **caigas**, etc.
decir	*dire*	: **digo**, **dices**, etc.	→ **diga**, **digas**, etc.
hacer	*faire*	: **hago**, **haces**, etc.	→ **haga**, **hagas**, etc.
oír	*entendre*	: **oigo**, **oyes**, etc.	→ **oiga**, **oigas**, etc.
poner	*mettre*	: **pongo**, **pones**, etc.	→ **ponga**, **pongas**, etc.
salir	*sortir*	: **salgo**, **sales**, etc.	→ **salga**, **salgas**, etc.
tener	*avoir*	: **tengo**, **tienes**, etc.	→ **tenga**, **tengas**, etc.
traer	*apporter*	: **traigo**, **traes**, etc.	→ **traiga**, **traigas**, etc.
valer	*valoir*	: **valgo**, **vales**, etc.	→ **valga**, **valgas**, etc.
venir	*venir*	: **vengo**, **vienes**, etc.	→ **venga**, **vengas**, etc.
caber	*tenir dans*	: **quepo**, **cabes**, etc.	→ **quepa**, **quepas**, etc.
poder	*pouvoir*	: **puedo**, **puedes**, etc.	→ **pueda**, **puedas**, etc.
querer	*vouloir, aimer*	: **quiero**, **quieres**, etc.	→ **quiera**, **quieras**, etc.
ver	*voir*	: **veo**, **ves**, **ve**, etc.	→ **vea**, **veas**, **vea**, etc.

• Six verbes irréguliers indépendants ne sont pas terminés par **o** à la 1re personne du présent de l'indicatif et leur présent du subjonctif requiert un effort de mémoire :

dar	*donner*	: **doy**, **das**, etc.	→ **dé**, **des**, etc.
estar	*être*	: **estoy**, **estás**, etc.	→ **esté**, **estés**, etc.
haber	*avoir*	: **he**, **has**, etc.	→ **haya**, **hayas**, etc.
ir	*aller*	: **voy**, **vas**, etc.	→ **vaya**, **vayas**, etc.
saber	*savoir*	: **sé**, **sabes**, etc.	→ **sepa**, **sepas**, etc.
ser	*être*	: **soy**, **eres**, etc.	→ **sea**, **seas**, etc.

• Trois verbes seulement sont irréguliers à l'imparfait de l'indicatif :

ir	*aller*	: **iba**	**ibas**	**iba**	**íbamos**	**ibais**	**iban**
ser	*être*	: **era**	**eras**	**era**	**éramos**	**erais**	**eran**
ver	*voir*	: **veía**	**veías**	**veía**	**veíamos**	**veíais**	**veían**

• Les passés simples irréguliers ont un radical différent de celui de l'infinitif et ont, en dehors des verbes **dar**, **ir** et **ser**, les terminaisons suivantes : **~e** **~iste** **~o** **~imos** **~isteis** **~ieron**.

Le **i** de la dernière personne du pluriel disparaît si la dernière lettre du radical est un **j** :

decir, *dire* → **dijeron** **traer**, *apporter* → **trajeron**

Autres passés simples :

dar	*donner* :	**di**	**diste**	**dio**	**dimos**	**disteis**	**dieron**
ir / **ser**	*aller* / *être*	**fui**	**fuiste**	**fue**	**fuimos**	**fuisteis**	**fueron**
ver	*voir* :	**vi**	**viste**	**vio**	**vimos**	**visteis**	**vieron**

Il faut noter l'absence d'accent aux 1re et 3e personnes du singulier et que les verbes **ser** et **ir** ont un passé simple identique.

• L'irrégularité du passé simple se retrouve toujours aux imparfaits du subjonctif :
(voir p. 11)
fueron { 1re forme : **fuera**, **fueras**, etc.
2e forme : **fuese**, **fueses**, etc.

• L'irrégularité du futur simple se retrouve toujours au conditionnel :

tener, *avoir* **tendré → tendría**

• Les verbes composés se conjuguent comme les verbes simples :

disponer, *disposer* : **dispongo**, **dispones**, etc.

• Cependant deux composés de **decir**, *dire*, sont réguliers au futur et au conditionnel : **bendecir**, *bénir* ; **maldecir**, *médire, maudire*.

andar, *marcher*

Indicatif présent →	Subjonctif présent	Indicatif futur →	Conditionnel présent
je marche	*que je marche*	*je marcherai*	*je marcherais*
ando	***a***nde	andar***é***	andar***í***a
andas	***a***ndes	andar***á***s	andar***í***as
anda	***a***nde	andar***á***	andar***í***a
and***a***mos	and***e***mos	andar***e***mos	andar***í***amos
and***á***is	and***é***is	andar***é***is	andar***í***ais
andan	***a***nden	andar***á***n	andar***í***an
Indicatif imparfait	Passé simple →	Subjonctif imparfait 1re forme	2e forme
je marchais	*je marchai*	*que je marchasse*	
and***a***ba	and***u***ve	anduvi***e***ra	anduvi***e***se
and***a***bas	anduv***i***ste	anduvi***e***ras	anduvi***e***ses
and***a***ba	and***u***vo	anduvi***e***ra	anduvi***e***se
and***á***bamos	anduv***i***mos	anduvi***é***ramos	anduvi***é***semos
and***a***bais	anduv***i***steis	anduvi***e***rais	anduvi***e***seis
and***a***ban	anduvi***e***ron	anduvi***e***ran	anduvi***e***sen
Gérondif : and***a***ndo		Participe passé : and***a***do	

caber, *tenir dans, être contenu*

Indicatif présent →	Subjonctif présent	Indicatif futur →	Conditionnel présent
je tiens	*que je tienne*	*je tiendrai*	*je tiendrais*
qu***e***po	qu***e***pa	cabr***é***	cabr***í***a
c***a***bes	qu***e***pas	cabr***á***s	cabr***í***as
c***a***be	qu***e***pa	cabr***á***	cabr***í***a
cab***e***mos	quep***a***mos	cabr***e***mos	cabr***í***amos
cab***é***is	quep***á***is	cabr***é***is	cabr***í***ais
c***a***ben	qu***e***pan	cabr***á***n	cabr***í***an

Indicatif imparfait	Passé simple →	Subjonctif imparfait 1re forme	2e forme
je tenais	*je tins*	*que je tinsse*	
cab***í***a	c***u***pe	cupi***e***ra	cupi***e***se
cab***í***as	cup***i***ste	cupi***e***ras	cupi***e***ses
cab***í***a	c***u***po	cupi***e***ra	cupi***e***se
cab***í***amos	cup***i***mos	cupi***é***ramos	cupi***é***semos
cab***í***ais	cup***i***steis	cupi***e***rais	cupi***e***seis
cab***í***an	cupi***e***ron	cupi***e***ran	cupi***e***sen
Gérondif : cabi***e***ndo		Participe passé : cab***i***do	

caer, *tomber*

Indicatif présent →	Subjonctif présent	Indicatif futur →	Conditionnel présent
je tombe	*que je tombe*	*je tomberai*	*je tomberais*
c***a***igo	c***a***iga	caer***é***	caer***í***a
c***a***es	c***a***igas	caer***á***s	caer***í***as
c***a***e	c***a***iga	caer***á***	caer***í***a
ca***e***mos	caig***a***mos	caer***e***mos	caer***í***amos
ca***é***is	caig***á***is	caer***é***is	caer***í***ais
c***a***en	c***a***igan	caer***á***n	caer***í***an

Indicatif imparfait	Passé simple →	Subjonctif imparfait 1re forme	2e forme
je tombais	*je tombai*	*que je tombasse*	
ca***í***a	ca***í***	cay***e***ra	cay***e***se
ca***í***as	ca***í***ste	cay***e***ras	cay***e***ses
ca***í***a	cay***ó***	cay***e***ra	cay***e***se
ca***í***amos	ca***í***mos	cay***é***ramos	cay***é***semos
ca***í***ais	ca***í***steis	cay***e***rais	cay***e***seis
ca***í***an	cay***e***ron	cay***e***ran	cay***e***sen
Gérondif : cay***e***ndo		Participe passé : ca***í***do	

dar, *donner*

Indicatif présent →	Subjonctif présent	Indicatif futur →	Conditionnel présent
je donne	*que je donne*	*je donnerai*	*je donnerais*
d***o***y	d***é***	dar***é***	dar***í***a
d***a***s	d***e***s	dar***á***s	dar***í***as
d***a***	d***é***	dar***á***	dar***í***a
d***a***mos	d***e***mos	dar***e***mos	dar***í***amos
d***a***is	d***e***is	dar***é***is	dar***í***ais
d***a***n	d***e***n	dar***á***n	dar***í***an

Indicatif imparfait	Passé simple →	Subjonctif imparfait 1re forme	2e forme
je donnais	*je donnai*	*que je donnasse*	
d***a***ba	d***i***.	di***e***ra	di***e***se
d***a***bas	d***i***ste	di***e***ras	di***e***ses
d***a***ba	di***o***	di***e***ra	di***e***se
d***á***bamos	d***i***mos	di***é***ramos	di***é***semos
d***a***bais	d***i***steis	di***e***rais	di***e***seis
d***a***ban	di***e***ron	di***e***ran	di***e***sen
Gérondif : d***a***ndo		Participe passé : d***a***do	

decir, *dire*

Indicatif présent →	Subjonctif présent	Indicatif futur →	Conditionnel présent
je dis	*que je dise*	*je dirai*	*je dirais*
d***i***go	d***i***ga	dir***é***	dir***í***a
d***i***ces	d***i***gas	dir***á***s	dir***í***as
d***i***ce	d***i***ga	dir***á***	dir***í***a
dec***i***mos	dig***a***mos	dir***e***mos	dir***í***amos
dec***í***s	dig***á***is	dir***é***is	dir***í***ais
d***i***cen	d***i***gan	dir***á***n	dir***í***an

Indicatif imparfait	Passé simple →	Subjonctif imparfait 1re forme	2e forme
je disais	*je dis*	*que je disse*	
dec***í***a	d***i***je	dij***e***ra	dij***e***se
dec***í***as	dij***i***ste	dij***e***ras	dij***e***ses
dec***í***a	d***i***jo	dij***e***ra	dij***e***se
dec***í***amos	dij***i***mos	dij***é***ramos	dij***é***semos
dec***í***ais	dij***i***steis	dij***e***rais	dij***e***seis
dec***í***an	dij***e***ron	dij***e***ran	dij***e***sen
Gérondif : dici***e***ndo		Participe passé : d***i***cho	

estar, *être, se trouver*

Indicatif présent →	Subjonctif présent	Indicatif futur →	Conditionnel présent
je suis	*que je sois*	*je serai*	*je serais*
est***o***y	est***é***	estar***é***	estar***ía***
est***ás***	est***és***	estar***ás***	estar***ías***
est***á***	est***é***	estar***á***	estar***ía***
est***a***mos	est***e***mos	estar***e***mos	estar***ía***mos
est***á***is	est***é***is	estar***é***is	estar***ía***is
est***á***n	est***é***n	estar***á***n	estar***ía***n

Indicatif imparfait	Passé simple →	Subjonctif imparfait 1re forme	2e forme
j'étais	*je fus*	*que je fusse*	
est***a***ba	est***u***ve	estuvi***e***ra	estuvi***e***se
est***a***bas	estuv***i***ste	estuvi***e***ras	estuvi***e***ses
est***a***ba	est***u***vo	estuvi***e***ra	estuvi***e***se
est***á***bamos	estuv***i***mos	estuvi***é***ramos	estuvi***é***semos
est***a***bais	estuv***i***steis	estuvi***e***rais	estuvi***e***seis
est***a***ban	estuvi***e***ron	estuvi***e***ran	estuvi***e***sen
Gérondif : est***a***ndo		Participe passé : est***a***do	

haber, *avoir* (auxiliaire)

Indicatif présent →	Subjonctif présent	Indicatif futur →	Conditionnel présent
j'ai	*que j'aie*	*j'aurai*	*j'aurais*
h***e***	h***a***ya	habr***é***	habr***ía***
h***as***	h***a***yas	habr***ás***	habr***ías***
h***a***	h***a***ya	habr***á***	habr***ía***
h***e***mos	hay***a***mos	habr***e***mos	habr***ía***mos
hab***é***is	hay***á***is	habr***é***is	habr***ía***is
h***a***n	h***a***yan	habr***á***n	habr***ía***n

Indicatif imparfait	Passé simple →	Subjonctif imparfait 1re forme	2e forme
j'avais	*j'eus*	*que j'eusse*	
hab***ía***	h***u***be	hubi***e***ra	hubi***e***se
hab***ía***s	hub***i***ste	hubi***e***ras	hubi***e***ses
hab***ía***	h***u***bo	hubi***e***ra	hubi***e***se
hab***ía***mos	hub***i***mos	hubi***é***ramos	hubi***é***semos
hab***ía***is	hub***i***steis	hubi***e***rais	hubi***e***seis
hab***ía***n	hubi***e***ron	hubi***e***ran	hubi***e***sen
Gérondif : habi***e***ndo		Participe passé : hab***i***do	

hacer, *faire*

Indicatif présent →	Subjonctif présent	Indicatif futur →	Conditionnel présent
je fais	*que je fasse*	*je ferai*	*je ferais*
h**a**go	h**a**ga	har**é**	har**í**a
h**a**ces	h**a**gas	har**á**s	har**í**as
h**a**ce	h**a**ga	har**á**	har**í**a
hac**e**mos	hag**a**mos	har**e**mos	har**í**amos
hac**é**is	hag**á**is	har**é**is	har**í**ais
h**a**cen	h**a**gan	har**á**n	har**í**an
Indicatif imparfait	Passé simple →	Subjonctif imparfait 1re forme	2e forme
je faisais	*je fis*	*que je fisse*	
hac**í**a	h**i**ce	hici**e**ra	hici**e**se
hac**í**as	hic**i**ste	hici**e**ras	hici**e**ses
hac**í**a	h**i**zo	hici**e**ra	hici**e**se
hac**í**amos	hic**i**mos	hici**é**ramos	hici**é**semos
hac**í**ais	hic**i**steis	hici**e**rais	hici**e**seis
hac**í**an	hici**e**ron	hici**e**ran	hici**e**sen
Gérondif : haci**e**ndo		Participe passé : h**e**cho	

ir, *aller*

Indicatif présent →	Subjonctif présent	Indicatif futur →	Conditionnel présent
je vais	*que j'aille*	*j'irai*	*j'irais*
v**o**y	v**a**ya	ir**é**	ir**í**a
v**a**s	v**a**yas	ir**á**s	ir**í**as
v**a**	v**a**ya	ir**á**	ir**í**a
v**a**mos	vay**a**mos	ir**e**mos	ir**í**amos
v**a**is	vay**á**is	ir**é**is	ir**í**ais
v**a**n	v**a**yan	ir**á**n	ir**í**an
Indicatif imparfait	Passé simple →	Subjonctif imparfait 1re forme	2e forme
j'allais	*j'allai*	*que j'allasse*	
íba	fu**i**	fu**e**ra	fu**e**se
íbas	fu**i**ste	fu**e**ras	fu**e**ses
íba	fu**e**	fu**e**ra	fu**e**se
íbamos	fu**i**mos	fu**é**ramos	fu**é**semos
íbais	fu**i**steis	fu**e**rais	fu**e**seis
íban	fu**e**ron	fu**e**ran	fu**e**sen
Gérondif : y**e**ndo		Participe passé : **i**do	

oír, *entendre*

Indicatif présent →	Subjonctif présent	Indicatif futur →	Conditionnel présent
j'entends	*que j'entende*	*j'entendrai*	*j'entendrais*
oigo	oiga	oiré	oiría
oyes	oigas	oirás	oirías
oye	oiga	oirá	oiría
oímos	oigamos	oiremos	oiríamos
oís	oigáis	oiréis	oiríais
oyen	oigan	oirán	oirían
Indicatif imparfait	**Passé simple →**	**Subjonctif imparfait 1re forme**	**2e forme**
j'entendais	*j'entendis*	*que j'entendisse*	
oía	oí	oyera	oyese
oías	oíste	oyeras	oyeses
oía	oyó	oyera	oyese
oíamos	oímos	oyéramos	oyésemos
oíais	oísteis	oyerais	oyeseis
oían	oyeron	oyeran	oyesen
Gérondif : oyendo		Participe passé : oído	

poder, *pouvoir*

Indicatif présent →	Subjonctif présent	Indicatif futur →	Conditionnel présent
je peux	*que je puisse*	*je pourrai*	*je pourrais*
puedo	pueda	podré	podría
puedes	puedas	podrás	podrías
puede	pueda	podrá	podría
podemos	podamos	podremos	podríamos
podéis	podáis	podréis	podríais
pueden	puedan	podrán	podrían
Indicatif imparfait	**Passé simple →**	**Subjonctif imparfait 1re forme**	**2e forme**
je pouvais	*je pus*	*que je pusse*	
podía	pude	pudiera	pudiese
podías	pudiste	pudieras	pudieses
podía	pudo	pudiera	pudiese
podíamos	pudimos	pudiéramos	pudiésemos
podíais	pudisteis	pudierais	pudieseis
podían	pudieron	pudieran	pudiesen
Gérondif : pudiendo		Participe passé : podido	

poner, *mettre, poser*

Indicatif présent →	Subjonctif présent	Indicatif futur →	Conditionnel présent
je mets	*que je mette*	*je mettrai*	*je mettrais*
p**o**ngo	p**o**nga	pondr**é**	pondr**í**a
p**o**nes	p**o**ngas	pondr**á**s	pondr**í**as
p**o**ne	p**o**nga	pondr**á**	pondr**í**a
pon**e**mos	pong**a**mos	pondr**e**mos	pondr**í**amos
pon**é**is	pong**á**is	pondr**é**is	pondr**í**ais
p**o**nen	p**o**ngan	pondr**á**n	pondr**í**an

Indicatif imparfait	Passé simple →	Subjonctif imparfait 1re forme	2e forme
je mettais	*je mis*	*que je misse*	
pon**í**a	p**u**se	pusi**e**ra	pusi**e**se
pon**í**as	pus**i**ste	pusi**e**ras	pusi**e**ses
pon**í**a	p**u**so	pusi**e**ra	pusi**e**se
pon**í**amos	pus**i**mos	pusi**é**ramos	pusi**é**semos
pon**í**ais	pus**i**steis	pusi**e**rais	pusi**e**seis
pon**í**an	pusi**e**ron	pusi**e**ran	pusi**e**sen
Gérondif : poni**e**ndo		Participe passé : pod**i**do	

querer, *vouloir, aimer*

Indicatif présent →	Subjonctif présent	Indicatif futur →	Conditionnel présent
je veux	*que je veuille*	*je voudrai*	*je voudrais*
qui**e**ro	qui**e**ra	querr**é**	querr**í**a
qui**e**res	qui**e**ras	querr**á**s	querr**í**as
qui**e**re	qui**e**ra	querr**á**	querr**í**a
quer**e**mos	quer**a**mos	querr**e**mos	querr**í**amos
quer**é**is	quer**á**is	querr**é**is	querr**í**ais
qui**e**ren	qui**e**ran	querr**á**n	querr**í**an

Indicatif imparfait	Passé simple →	Subjonctif imparfait 1re forme	2e forme
je voulais	*je voulus*	*que je voulusse*	
quer**í**a	qu**i**se	quisi**e**ra	quisi**e**se
quer**í**as	quis**i**ste	quisi**e**ras	quisi**e**ses
quer**í**a	qu**i**so	quisi**e**ra	quisi**e**se
quer**í**amos	quis**i**mos	quisi**é**ramos	quisi**é**semos
quer**í**ais	quis**i**steis	quisi**e**rais	quisi**e**seis
quer**í**an	quisi**e**ron	quisi**e**ran	quisi**e**sen
Gérondif : queri**e**ndo		Participe passé : quer**i**do	

saber, *savoir*

Indicatif présent →	Subjonctif présent	Indicatif futur →	Conditionnel présent
je sais	*que je sache*	*je saurai*	*je saurais*
s***é***	s***e***pa	sabr***é***	sabr***í***a
s***a***bes	s***e***pas	sabr***á***s	sabr***í***as
s***a***be	s***e***pa	sabr***á***	sabr***í***a
sab***e***mos	sep***a***mos	sabr***e***mos	sabr***í***amos
sab***é***is	sep***á***is	sabr***é***is	sabr***í***ais
s***a***ben	s***e***pan	sabr***á***n	sabr***í***an
Indicatif imparfait	**Passé simple →**	**Subjonctif imparfait 1re forme**	**2e forme**
je savais	*je sus*	*que je susse*	
sab***í***a	s***u***pe	supi***e***ra	supi***e***se
sab***í***as	sup***i***ste	supi***e***ras	supi***e***ses
sab***í***a	s***u***po	supi***e***ra	supi***e***se
sab***í***amos	sup***i***mos	supi***é***ramos	supi***é***semos
sab***í***ais	sup***i***steis	supi***e***rais	supi***e***seis
sab***í***an	supi***e***ron	supi***e***ran	supi***e***sen
Gérondif : sabi***e***ndo		Participe passé : sab***i***do	

salir, *sortir, partir*

Indicatif présent →	Subjonctif présent	Indicatif futur →	Conditionnel présent
je sors	*que je sorte*	*je sortirai*	*je sortirais*
s***a***lgo	s***a***lga	saldr***é***	saldr***í***a
s***a***les	s***a***lgas	saldr***á***s	saldr***í***as
s***a***le	s***a***lga	saldr***á***	saldr***í***a
sal***i***mos	salg***a***mos	saldr***e***mos	saldr***í***amos
sal***í***s	salg***á***is	saldr***é***is	saldr***í***ais
s***a***len	s***a***lgan	saldr***á***n	saldr***í***an
Indicatif imparfait	**Passé simple →**	**Subjonctif imparfait 1re forme**	**2e forme**
je sortais	*je sortis*	*que je sortisse*	
sal***í***a	sal***í***	sali***e***ra	sali***e***se
sal***í***as	sal***i***ste	sali***e***ras	sali***e***ses
sal***í***a	sali***ó***	sali***e***ra	sali***e***se
sal***í***amos	sal***i***mos	sali***é***ramos	sali***é***semos
sal***í***ais	sal***i***steis	sali***e***rais	sali***e***seis
sal***í***an	sali***e***ron	sali***e***ran	sali***e***sen
Gérondif : sali***e***ndo		Participe passé : sal***i***do	

ser, *être*

Indicatif présent →	Subjonctif présent	Indicatif futur →	Conditionnel présent
je suis	*que je sois*	*je serai*	*je serais*
s**o**y	s**e**a	ser**é**	ser**í**a
eres	s**e**as	ser**á**s	ser**í**as
es	s**e**a	ser**á**	ser**í**a
s**o**mos	se**a**mos	ser**e**mos	ser**í**amos
s**o**is	se**á**is	ser**é**is	ser**í**ais
s**o**n	s**e**an	ser**á**n	ser**í**an
Indicatif imparfait	**Passé simple →**	**Subjonctif imparfait 1re forme**	**2e forme**
j'étais	*je fus*	*que je fusse*	
era	fu**i**	fu**e**ra	fu**e**se
eras	fu**i**ste	fu**e**ras	fu**e**ses
era	fu**e**	fu**e**ra	fu**e**se
éramos	fu**i**mos	fu**é**ramos	fu**é**semos
erais	fu**i**steis	fu**e**rais	fu**e**seis
eran	fu**e**ron	fu**e**ran	fu**e**sen
Gérondif : si**e**ndo		Participe passé : s**i**do	

tener, *avoir, posséder*

Indicatif présent →	Subjonctif présent	Indicatif futur →	Conditionnel présent
j'ai	*que j'aie*	*j'aurai*	*j'aurais*
t**e**ngo	t**e**nga	tendr**é**	tendr**í**a
ti**e**nes	t**e**ngas	tendr**á**s	tendr**í**as
ti**e**ne	t**e**nga	tendr**á**	tendr**í**a
ten**e**mos	teng**a**mos	tendr**e**mos	tendr**í**amos
ten**é**is	teng**á**is	tendr**é**is	tendr**í**ais
ti**e**nen	t**e**ngan	tendr**á**n	tendr**í**an
Indicatif imparfait	**Passé simple →**	**Subjonctif imparfait 1re forme**	**2e forme**
j'avais	*j'eus*	*que j'eusse*	
ten**í**a	t**u**ve	tuvi**e**ra	tuvi**e**se
ten**í**as	tuv**i**ste	tuvi**e**ras	tuvi**e**ses
ten**í**a	t**u**vo	tuvi**e**ra	tuvi**e**se
ten**í**amos	tuv**i**mos	tuvi**é**ramos	tuvi**é**semos
ten**í**ais	tuv**i**steis	tuvi**e**rais	tuvi**e**seis
ten**í**an	tuvi**e**ron	tuvi**e**ran	tuvi**e**sen
Gérondif : teni**e**ndo		Participe passé : ten**i**do	

traer, *apporter, amener*

Indicatif présent →	Subjonctif présent	Indicatif futur →	Conditionnel présent
j'apporte	*que j'apporte*	*j'apporterai*	*j'apporterais*
tr**a**igo	tr**a**iga	traer**é**	traer**í**a
tr**a**es	tr**a**igas	traer**á**s	traer**í**as
tr**a**e	tr**a**iga	traer**á**	traer**í**a
tra**e**mos	traig**a**mos	traer**e**mos	traer**í**amos
tra**é**is	traig**á**is	traer**é**is	traer**í**ais
tr**a**en	tr**a**igan	traer**á**n	traer**í**an
Indicatif imparfait	**Passé simple →**	**Subjonctif imparfait 1re forme**	**2e forme**
j'apportais	*j'apportai*	*que j'apportasse*	
tra**í**a	tr**a**je	traj**e**ra	traj**e**se
tra**í**as	traj**i**ste	traj**e**ras	traj**e**ses
tra**í**a	tr**a**jo	traj**e**ra	traj**e**se
tra**í**amos	traj**i**mos	traj**é**ramos	traj**é**semos
tra**í**ais	traj**i**steis	traj**e**rais	traj**e**seis
tra**í**an	traj**e**ron	traj**e**ran	traj**e**sen
Gérondif : tray**e**ndo		Participe passé : tra**í**do	

valer, *valoir*

Indicatif présent →	Subjonctif présent	Indicatif futur →	Conditionnel présent
je vaux	*que je vaille*	*je vaudrai*	*je vaudrais*
v**a**lgo	v**a**lga	valdr**é**	valdr**í**a
v**a**les	v**a**lgas	valdr**á**s	valdr**í**as
v**a**le	v**a**lga	valdr**á**	valdr**í**a
val**e**mos	valg**a**mos	valdr**e**mos	valdr**í**amos
val**é**is	valg**á**is	valdr**é**is	valdr**í**ais
v**a**len	v**a**lgan	valdr**á**n	valdr**í**an
Indicatif imparfait	**Passé simple →**	**Subjonctif imparfait 1re forme**	**2e forme**
je valais	*je valus*	*que je valusse*	
val**í**a	val**í**	vali**e**ra	vali**e**se
val**í**as	val**i**ste	vali**e**ras	vali**e**ses
val**í**a	vali**ó**	vali**e**ra	vali**e**se
val**í**amos	val**i**mos	vali**é**ramos	vali**é**semos
val**í**ais	val**i**steis	vali**e**rais	vali**e**seis
val**í**an	vali**e**ron	vali**e**ran	vali**e**sen
Gérondif : vali**e**ndo		Participe passé : val**i**do	

venir, *venir*

Indicatif présent →	Subjonctif présent	Indicatif futur →	Conditionnel présent
je viens	*que je vienne*	*je viendrai*	*je viendrais*
v**e**ngo	v**e**nga	vendr**é**	vendr**í**a
vi**e**nes	v**e**ngas	vendr**á**s	vendr**í**as
vi**e**ne	v**e**nga	vendr**á**	vendr**í**a
ven**i**mos	veng**a**mos	vendr**e**mos	vendr**í**amos
ven**í**s	veng**á**is	vendr**é**is	vendr**í**ais
vi**e**nen	v**e**ngan	vendr**á**n	vendr**í**an

Indicatif imparfait	Passé simple →	Subjonctif imparfait 1re forme	2e forme
je venais	*je vins*	*que je vinsse*	
ven**í**a	v**i**ne	vini**e**ra	vini**e**se
ven**í**as	vin**i**ste	vini**e**ras	vini**e**ses
ven**í**a	v**i**no	vini**e**ra	vini**e**se
ven**í**amos	vin**i**mos	vini**é**ramos	vini**é**semos
ven**í**ais	vin**i**steis	vini**e**rais	vini**e**seis
ven**í**an	vini**e**ron	vini**e**ran	vini**e**sen
Gérondif : vini**e**ndo		Participe passé : ven**i**do	

ver, *voir*

Indicatif présent →	Subjonctif présent	Indicatif futur →	Conditionnel présent
je vois	*que je voie*	*je verrai*	*je verrais*
v**e**o	v**e**a	ver**é**	ver**í**a
v**e**s	v**e**as	ver**á**s	ver**í**as
v**e**	v**e**a	ver**á**	ver**í**a
v**e**mos	ve**a**mos	ver**e**mos	ver**í**amos
v**e**is	ve**á**is	ver**é**is	ver**í**ais
v**e**n	v**e**an	ver**á**n	ver**í**an

Indicatif imparfait	Passé simple →	Subjonctif imparfait 1re forme	2e forme
je voyais	*je vis*	*que je visse*	
ve**í**a	v**i**	vi**e**ra	vi**e**se
ve**í**as	v**i**ste	vi**e**ras	vi**e**ses
ve**í**a	vi**o**	vi**e**ra	vi**e**se
ve**í**amos	v**i**mos	vi**é**ramos	vi**é**semos
ve**í**ais	v**i**steis	vi**e**rais	vi**e**seis
ve**í**an	vi**e**ron	vi**e**ran	vi**e**sen
Gérondif : vi**e**ndo		Participe passé : v**i**sto	

9. Les verbes en ~*iar* et ~*uar*

Certains de ces verbes ont un accent écrit sur le **i** ou le **u** accentué qui termine le radical aux trois personnes du singulier et à la 3ᵉ personne du pluriel du présent de l'indicatif et du présent du subjonctif ainsi qu'aux personnes correspondantes de l'impératif.

	enviar, *envoyer*	**continuar**, *continuer*
Présent de l'indicatif	**envío** *j'envoie*	**continúo** *je continue*
	envías	**continúas**
	envía	**continúa**
	enviamos	**continuamos**
	enviáis	**continuáis**
	envían	**continúan**
Présent du subjonctif	**envíe**	**continúe**
	envíes	**continúes**
	envíe	**continúe**
	enviemos	**continuemos**
	enviéis	**continuéis**
	envíen	**continúen**

Liste des verbes qui suivent la conjugaison de **enviar** : voir p. 266.

Tous les verbes en ~**iar** qui ne figurent pas sur cette liste et tous les verbes terminés en ~**cuar** et en ~**guar** se conjuguent sans accent écrit : le **i** ou le **u** qui termine le radical forme diphtongue avec la voyelle de la terminaison et c'est alors la syllabe antérieure qui reçoit l'accent tonique.

10. Les verbes pronominaux

Ce sont les verbes qui se conjuguent avec un pronom personnel réfléchi : **me**, **te**, **se**, **nos**, **os**, **se**.

Ce pronom est placé avant le verbe à tous les temps de l'indicatif et du subjonctif et au conditionnel.

levantarse, *se lever*	**decidirse**, *se décider*
me levanto, *je me lève*	**me decido**, *je me décide*
te levantas	**te decides**
se levanta	**se decide**
nos levantamos	**nos decidimos**
os levantáis	**os decidís**
se levantan	**se deciden**

À l'infinitif, au gérondif et à l'impératif affirmatif, ce pronom se place après le verbe et ne forme qu'un seul mot avec lui : c'est l'enclise (voir p. 72).

levantarse, *se lever*
levantándose, *en se levant*
levántate, *lève-toi*

Aux temps composés, le pronom complément se place avant l'auxiliaire.

me he levantado, *je me suis levé*
se había decidido, *il s'était décidé*

Cependant, avec l'infinitif passé et le gérondif passé, il se place après l'auxiliaire.

haberse levantado, *s'être levé*
habiéndose decidido, *s'étant décidé*

Remarque : certains verbes qui ne sont pas pronominaux en français le sont en espagnol : **atreverse**, *oser*, **despedirse**, *prendre congé*, **parecerse**, *ressembler*, etc., et certains verbes pronominaux en français ne le sont pas en espagnol : **descansar**, *se reposer*, **exclamar**, *s'exclamer*, **recordar**, *se rappeler*, etc.

11. Les verbes impersonnels

Ces verbes n'ont pas de sujet déterminé et ne s'emploient qu'à la 3ᵉ personne.

Beaucoup servent à donner des indications sur le temps.

amanecer, *se lever* (le jour)
anochecer, *tomber* (la nuit)
helar, *geler*
granizar, *grêler*
llover, *pleuvoir*
lloviznar, *bruiner*
nevar, *neiger*
relampaguear, *faire des éclairs*
tronar, *tonner*
etc.

Les verbes **helar**, **llover**, **nevar** et **tronar** diphtonguent.

hiela, *il gèle* ; **llueve**, *il pleut* ; **nieva**, *il neige* ; **truena**, *il tonne*

Certains de ces verbes, employés au sens figuré, peuvent devenir personnels.

Llovían los contratos. *Les contrats affluaient (pleuvaient)*

Amanecer et **anochecer** peuvent se conjuguer avec un sujet personnel.

Amaneció en Guayaquil.
Il était à Guayaquil au lever du jour.
Anochecimos en Quito.
Nous étions à Quito à la nuit tombante.

D'autres verbes peuvent être employés comme impersonnels sans l'être par définition. Si leur complément est au pluriel, ils se mettent à la 3e personne du pluriel.

bastar	*suffir*	**acontecer**	
convenir	*convenir*	**ocurrir**	*arriver*
importar	*importer*	**pasar**	*se produire*
llegar	*arriver*	**suceder**	*se passer*
parecer	*paraître*	etc.	

¿ Qué pasa ? *Que se passe-t-il ?*

Llegaban mensajes de apoyo de todas partes.
Il arrivait des messages de soutien de partout.

12. Les verbes défectifs

Ce sont des verbes qui ne s'emploient qu'à certaines formes.

Certains ne se conjugent qu'à la 3e personne.

atañer	*concerner, regarder*	**placer**	*plaire*
concernir	*concerner, regarder*	**yacer**	*gésir*
etc.			

aquí yace *ci-gît*

D'autres ne s'emploient pas à la 1re personne du singulier du présent de l'indicatif et à toutes les personnes du subjonctif.

asir	*saisir*	**tañer**	*jouer (d'un instrument)*
desasirse	*se désaisir*	**roer**	*ronger*
etc.			

Plusieurs verbes ne s'emploient qu'aux personnes où la terminaison commence par un **i** accentué ou formant une diphtongue.

abolir	*abolir*	**blandir**	*brandir*
aguerrir	*aguerrir*	**despavorirse**	*s'effrayer*
arrecirse	*s'engourdir*	**garantir**	*garantir*
balbucir	*balbutier*	etc.	

Balbucir et **garantir** ont des doublets, **balbucear** et **garantizar**, qui se conjuguent à toutes les formes.

Le verbe **soler**, *avoir l'habitude de* (voir p. 244), en raison de son sens, ne s'emploie pas au passé simple et au futur.

13. Les temps composés

Ce sont les mêmes qu'en français et ils se forment toujours avec le verbe auxiliaire **haber**, suivi du participe passé. Le verbe *être*, employé en français pour former les temps composés de certains verbes intransitifs de mouvement ou de transformation et ceux des verbes pronominaux, se traduit donc également par **haber**.

Exemples :	**tomar**	*prendre*	verbe transitif
	venir	*venir*	verbe intransitif de mouvement
	nacer	*naître*	verbe intransitif de transformation
	pararse.	*s'arrêter*	verbe pronominal

Passé composé

he tomado	*j'ai pris*
he venido, nacido	*je suis venu, né*
me he parado	*je me suis arrêté*

Plus-que-parfait

había tomado	*j'avais pris*
había venido, nacido	*j'étais venu, né*
me había parado	*je m'étais arrêté*

Passé antérieur

hube tomado	*j'eus pris*
hube venido, nacido	*je fus venu,- né*
me hube parado	*je me fus arrêté*

Futur antérieur

habré tomado	*j'aurai pris*
habré venido, nacido	*je serai venu, né*
me habré parado	*je me serai arrêté*

Conditionnel passé

habría tomado	*j'aurais pris*
habría venido, nacido	*je serais venu, né*
me habría parado	*je me serais arrêté*

Passé du subjonctif

haya tomado	*que j'aie pris*
haya venido, nacido	*que je sois venu, né*
me haya parado	*que je me sois arrêté*

Plus-que-parfait du subjonctif

hubiera / **hubiese**	**tomado**	*que j'eusse pris*
hubiera / **hubiese**	**venido, nacido**	*que je fusse venu, né*
me hubiera / **me hubiese**	**parado**	*que je me fusse arrêté*

Infinitif passé

haber tomado	*avoir pris*
haber venido, nacido	*être venu, né*
haberse parado	*s'être arrêté*

Remarques :

- Le participe passé employé avec **haber** est toujours invariable.
- L'auxiliaire **haber** et le participe passé ne doivent pas être séparés

  Ya lo ha tomado (ou **lo ha tomado ya).** *Il l'a déjà pris.*

sauf exceptionnellement par un pronom sujet.

Cuando lo hayan Uds tomado...
Quand vous l'aurez pris...

- Au conditionnel passé, l'espagnol emploie fréquemment l'imparfait du subjonctif 1re forme **hubiera** au lieu de **habría**.

hubiera tomado *j'aurais pris*

14. Le passif

La voix passive exprime une action subie par le sujet et exécutée par le complément d'agent. Elle est traduite en espagnol par le verbe **ser**, *être*, suivi du participe passé qui s'accorde en genre et en nombre avec le sujet. Le complément d'agent est introduit par **por**, *par*, ou parfois **de**, *de*.

Este libro fue escrito por un periodista.
Ce livre a été écrit par un journaliste.

Era admirado de todos.
Il était admiré de tous.

Remarque : le complément d'agent peut ne pas être exprimé.

La noticia fue publicada ayer.
La nouvelle a été publiée hier.

Le passif formé avec le verbe **ser** exprime une action en cours de réalisation mais pour exprimer le résultat d'une action réalisée antérieurement l'espagnol utilise l'autre verbe *être*, **estar**.

Este libro está traducido en varios idiomas.
Ce livre est traduit en plusieurs langues.

En espagnol, la voix passive est souvent remplacée :

• par la forme pronominale quand le complément d'agent n'est pas exprimé :

Se escribió este libro en 1990.
Ce livre a été écrit en 1990.

• par la voix active quand le complément d'agent est exprimé. Par rapport à la voix passive française, le sujet est représenté par un pronom personnel complément et le complément d'agent devient sujet du verbe.

(**El libro**), **lo escribió un amigo mío.**
(Le livre), il a été écrit par un de mes amis.

15. L'impératif

C'est le mode qui exprime l'ordre ou la défense.

• L'impératif affirmatif n'a, en espagnol, que deux formes propres : la 2e personne du singulier ou tutoiement singulier (**tú**) et la 2e personne du pluriel ou tutoiement pluriel (**vosotros**).

Lorsqu'il est régulier, le tutoiement singulier s'obtient en supprimant le **~s** final de la 2e personne du singulier du présent de l'indicatif.

(**tú**) **tomas**	→	**toma**	*prends*
(**tú**) **comes**	→	**come**	*mange*
(**tú**) **subes**	→	**sube**	*monte*

Le tutoiement pluriel s'obtient en remplaçant le **~r** final de l'infinitif par un **~d**.

(**vosotros**) **tomar**	→	**tomad**	*prenez*
(**vosotros**) **comer**	→	**comed**	*mangez*
(**vosotros**) **subir**	→	**subid**	*montez*

• Aux autres personnes de la forme affirmative, on emploie le subjonctif aux personnes concernées : 3e personne du singulier ou vouvoiement singulier (**Ud**), 3e personne du pluriel ou vouvoiement pluriel (**Uds**) et 1re personne du pluriel (**nosotros**).

(**Ud**)	**tome**	*prenez*
(**Uds**)	**tomen**	*prenez*
(**nosotros**)	**tomemos**	*prenons*
(**Ud**)	**coma**	*mangez*
(**Uds**)	**coman**	*mangez*
(**nosotros**)	**comamos**	*mangeons*
(**Ud**)	**suba**	*montez*
(**Uds**)	**suban**	*montez*
(**nosotros**)	**subamos**	*montons*

• À la forme négative, on emploie le présent du subjonctif aux personnes concernées.

(**tú**)	**no tomes**	**no comas**	**no subas**
(**vosotros**)	**no toméis**	**no comáis**	**no subáis**
(**Ud**)	**no tome**	**no coma**	**no suba**
(**Uds**)	**no tomen**	**no coman**	**no suban**
(**nosotros**)	**no tomemos**	**no comamos**	**no subamos**

• À la forme affirmative, le (ou les) pronom(s) complément(s) se place(nt) après le verbe auquel il(s) se rattache(nt) sans trait d'union : c'est l'enclise.

L'allongement du verbe par l'adjonction d'une ou de deux syllabes ne change pas la place de l'accent tonique, qu'il convient donc d'écrire à chaque fois qu'il y a risque de déplacement.

(**tú**)	**tómalo**	*prends-le*
(**vosotros**)	**decídmelo**	*dites-le-moi*
(**Ud**)	**léala**	*lisez-la*
(**Uds**)	**dénmela**	*donnez-la-moi*
(**nosotros**)	**bebámoslo**	*buvons-le*

Remarque : chute du **~s** final de la 1re personne du pluriel devant les doubles pronoms **selo**, **sela**, **selos**, **selas** (voir p. 69).

demos + **selos** → **démoselos**, *donnons-les-lui*

• À la forme négative, les pronoms compléments se placent toujours avant le verbe.

(**tú**)	**no lo tomes**	*ne le prends pas*
(**vosotros**)	**no me lo digáis**	*ne me le dites pas*
(**Ud**)	**no la lea**	*ne la lisez pas*
(**Uds**)	**no me la den**	*ne me la donnez pas*
(**nosotros**)	**no lo bebamos**	*ne le buvons pas*

• Les verbes réfléchis, en plus de l'enclise, subissent les changements suivants :

— chute du **~d** final de la 2e personne du pluriel devant le pronom **os** (sauf pour **idos**, *allez-vous-en*) :

acordad	+ **os**	→ **acordaos**	*souvenez-vous*
moved	+ **os**	→ **moveos**	*remuez-vous*
cubrid	+ **os**	→ **cubríos**	*couvrez-vous*

Dans le cas des verbes en ~**ir**, la fonction de l'accent écrit est de créer un hiatus entre le **i** et le **o** pour éviter une diphtongaison.

— chute du ~**s** final à la 1re personne du pluriel devant le pronom **nos** :

cubramos + **nos** = **cubrámonos**, *couvrons-nous*

Récapitulation : impératif du verbe réfléchi **cubrirse**, *se couvrir* :

	affirmatif	négatif
(**tú**)	**cúbrete**	**no te cubras**
(**vosotros**)	**cubríos**	**no os cubráis**
(**Ud**)	**cúbrase**	**no se cubra**
(**Uds**)	**cúbranse**	**no se cubran**
(**nosotros**)	**cubrámonos**	**no nos cubramos**

• Irrégularités de la 2e personne du singulier (**tú**) à la forme affirmative :

decir	*dire*	→ **di**	**ser**	*être*	→ **sé**
hacer	*faire*	→ **haz**	**tener**	*avoir*	→ **ten**
ir	*aller*	→ **ve**	**valer**	*valoir*	→ **val**
poner	*mettre*	→ **pon**	**venir**	*venir*	→ **ven**
salir	*sortir*	→ **sal**			

Remarque : les composés de ces verbes conservent la même irrégularité sauf ceux de **decir** : **predecir**, *prédire* → **predice**.

La 1re personne du pluriel, forme affirmative, du verbe **ir**, *aller*, est **vamos** au lieu de **vayamos**.

Récapitulation : impératif du verbe **irse**, *s'en aller* :

	affirmatif	négatif
(**tú**)	**vete**	**no te vayas**
(**vosotros**)	**idos**	**no os vayáis**
(**Ud**)	**váyase**	**no se vaya**
(**Uds**)	**váyanse**	**no se vayan**
(**nosotros**)	**vámonos**	**no nos vayamos**

• Dans la langue parlée, l'espagnol emploie fréquemment l'infinitif, parfois précédé de **a**, au lieu de la 2e personne du pluriel de l'impératif ou tutoiement pluriel (**vosotros**).

venir aquí *venez ici*
a sentaros *asseyez-vous*

De même, à la forme négative, l'infinitif remplace l'impératif pour donner un ordre impersonnel.

no fumar *ne fumez pas, ne pas fumer*

16. Le participe passé

1. Participes passés réguliers

Le participe passé régulier des verbes terminés en **~ar** se forme en ajoutant **~ado** au radical du verbe et celui des verbes en **~er** et **~ir** en ajoutant **~ido**.

tomar	*prendre* :	**tom + ado**	→ **tomado**	*pris*
comer	*manger* :	**com + ido**	→ **comido**	*mangé*
subir	*monter* :	**sub + ido**	→ **subido**	*monté*

2. Participes passés irréguliers

Certains verbes, réguliers ou irréguliers, ont un participe passé irrégulier.

abrir	*ouvrir*	→	**abierto**
cubrir	*couvrir*	→	**cubierto**
decir	*dire*	→	**dicho**
hacer	*faire*	→	**hecho**
morir	*mourir*	→	**muerto**
poner	*mettre*	→	**puesto**
romper	*rompre*	→	**roto**
satisfacer	*satisfaire*	→	**satisfecho**
ver	*voir*	→	**visto**

etc.

Les verbes terminés en **~scribir** ont un participe passé irrégulier.

escribir	*écrire*	→	**escrito**
suscribir	*souscrire*	→	**suscrito**

etc.

Le participe passé du verbe composé prend l'irrégularité du verbe simple.

descubrir	*découvrir*	→	**descubierto**
describir	*décrire*	→	**descrito**
deshacer	*défaire*	→	**deshecho**
prever	*prévoir*	→	**previsto**

etc.

Remarque : **bendecir**, *benir* et **maldecir**, *maudire, médire*, ont un double participe passé, l'un régulier, l'autre irrégulier : voir liste pp. 262-263.

Le participe passé régulier sert à former les temps composés de la voix active ou passive.

Ha concluido su discurso con unas palabras de agradecimiento.
Il a conclu son discours avec quelques mots de remerciement.

Le participe passé irrégulier est utilisé comme adjectif.

Una vez concluso el asunto...
Une fois l'affaire conclue...

Les participes passés irréguliers **frito** (de **freír**, *frire*), **provisto** (de **proveer**, *pourvoir, fournir*) et **preso** (de **prender**, *arrêter, faire prisonnier*) sont couramment employés de préférence aux participes passés réguliers pour former les temps composés ou la voix passive.

Ha frito el pescado.
Il a fait frire le poisson.

Dans quelques expressions figées, les participes passés irréguliers **bendito** (de **bendecir**, *bénir*) et **maldito** (de **maldecir**, *maudire, médire*) s'emploient à la place des formes régulières.

Bendita eres entre todas las mujeres.
Tu es bénie entre toutes les femmes.

17. Le gérondif

Le gérondif espagnol correspond à un participe présent ou à un gérondif français (participe présent précédé de *en*) et il est toujours invariable.

Le gérondif régulier des verbes en **~ar** se forme en ajoutant **~ando** au radical du verbe et celui des verbes en **~er** et en **~ir,** en ajoutant **~iendo**.

tomar *prendre* : **tom** + **ando** → **tomando** *(en) prenant*
comer *manger* : **com** + **iendo** → **comiendo** *(en) mangeant*
subir *monter* : **sub** + **iendo** → **subiendo** *(en) montant*

Certains gérondifs sont irréguliers ou comportent une modification orthographique.

Le **e** du radical de certains verbes devient **i** au gérondif :

— verbes du type **sentir** *sentir, regretter* → **sintiendo**
— verbes du type **pedir** *demander* → **pidiendo**
decir *dire* → **diciendo**
venir *venir* → **viniendo**

Le **o** du radical de certains verbes devient **u** au gérondif :

dormir	*dormir*	→	**durmiendo**
morir	*mourir*	→	**muriendo**
poder	*pouvoir*	→	**pudiendo**

Le **i** atone de **~iendo** se transcrit **y** lorsqu'il se trouve placé après un radical de verbe terminé par une voyelle :

caer	*tomber*	→	**cayendo**
creer	*croire*	→	**creyendo**
leer	*lire*	→	**leyendo**
oír	*entendre*	→	**oyendo**
traer	*apporter*	→	**trayendo**
etc.			

Il en va ainsi des verbes en **~uir** :

construir	*construire*	→	**construyendo**

Le **i** atone de **~iendo** disparaît après une consonne mouillée :

bullir	*bouillonner*	→	**bullendo**
gruñir	*grogner*	→	**gruñendo**
etc.			

Les verbes en **~eír** et **~eñir** (ainsi que **henchir**) perdent aussi le **i** atone devant **~iendo** et, de plus, sont concernés par l'irrégularité des verbes du type **pedir** (le **e** du radical devient **i** au gérondif) :

reír	*rire*	→	**riendo**
reñir	*quereller*	→	**riñendo**
henchir	*enfler*	→	**hinchendo**
etc.			

Gérondif du verbe **ir** :

ir	*aller*	→	**yendo**

Le gérondif passé est formé du verbe auxiliaire **haber** au gérondif (**habiendo**) suivi du participe passé invariable du verbe conjugué :

habiendo tomado	*ayant pris*
habiendo comido	*ayant mangé*
habiendo subido	*étant monté*

18. Les modifications orthographiques

Certaines de ces modifications orthographiques ont pour objectif de maintenir la prononciation de la dernière consonne du radical du verbe quelle que soit la voyelle placée au début de la terminaison.

c + **a** ou **o**	→ **qu** + **e** ou **i**
colocar	**Los coloqué con orden.**
poser, placer	*Je les ai placés en ordre.*
g + **a** ou **o**	→ **gu** + **e** ou **i**
apagar	**Apagué la luz.**
éteindre	*J'ai éteint la lumière.*
gu + **a** ou **o**	→ **gü** + **e**
averiguar	**Averigüé las causas.**
vérifier	*J'ai enquêté sur les causes.*
z + **a** ou **o**	→ **c** + **e** ou **i**
cruzar	**Hace falta que cruce.**
traverser	*Il faut qu'il traverse.*
c + **e** ou **i**	→ **z** + **a** ou **o**
vencer	**Te venzo en agilidad.**
vaincre, battre	*Je te bats en agilité.*
g + **e** ou **i**	→ **j** + **a** ou **o**
elegir	**Quiero que elija.**
choisir, élire	*Je veux qu'il choisisse.*
gu + **e** ou **i**	→ **g** + **a** ou **o**
distinguir	**Distingo una estrella.**
distinguer	*Je distingue une étoile.*
qu + **e** ou **i**	→ **c** + **a** ou **o**
delinquir	**No delincan por ignorancia.**
commettre un délit	*Ne commettez pas un délit par ignorance.*

D'autres modifications orthographiques concernent le **i** qui est placé au début de la terminaison ou à la fin du radical de certains verbes, et affectent les 3e personnes du singulier et du pluriel du passé simple, les deux formes du subjonctif imparfait et le gérondif.

a. Le **i** atone placé entre deux voyelles s'écrit **y**.

huir	*fuir*	**huyó**	*il fuit*	*il a fui*
		huyeron	*ils fuirent*	*ils ont fui*

b. Après **ch**, **ll** et **ñ**, le **i** atone placé au début de la terminaison est supprimé.

teñir	*teindre*	**tiñó**	*il teignit*	*il a teint*
		tiñeron	*ils teignirent*	*ils ont teint*

Remarque : **teñir**, *teindre* et **reñir**, *se disputer, se quereller*, se conjuguent comme **pedir** (voir p. 18).

c. Lorsqu'un **i** placé au début de la terminaison des verbes en **~eír** est en contact avec le **i** qui termine le radical, ce dernier est supprimé.

reír	*rire*	**rió** (au lieu de **riió**)	*il rit*	*il a ri*
		rieron (au lieu de **riieron**)	*ils rirent*	*ils ont ri*

Remarque : les verbes en **~eír** se conjuguent comme **pedir** (voir p. 18) et de plus, à l'exemple de **reír**, demandent un accent écrit à certains temps.

Ind. présent :	**río**	**ríes**	**ríe**	**reímos**	**reís**	**ríen**
Sub. présent :	**ría**	**rías**	**ría**	**riamos**	**riáis**	**rían**
Passé simple :	**reí**	**reíste**	**rió**	**reímos**	**reísteis**	**rieron**

Exercices sur le groupe verbal

a. Exercice sur le **présent de l'indicatif**. Mettre au singulier :

1. estudiamos → **estudio**
2. escribimos
3. perdemos
4. contamos
5. dormimos
6. repetimos
7. incluimos
8. ofrecemos
9. producimos
10. continuamos
11. salimos → **salgo**
12. vamos
13. decimos
14. traemos
15. ponemos
16. podemos
17. cabemos
18. sabemos
19. queremos
20. vemos

b. Exercice sur le **passé simple**. Mettre le verbe à la personne requise :

1. (ayudar)	Él me .... mucho.
2. (leer)	Yo no .... este periódico.
3. (escribir)	Ella nos .... una carta.
4. (querer)	Ellos .... oír música.
5. (poder)	Tú no .... hacerlo solo.
6. (pedir)	Nosotros .... el menú.
7. (traducir)	Yo la .... correctamente.
8. (ir)	Nosotros .... al baile.
9. (salir)	Ellos .... inmediatamente.
10. (decir)	Uds no .... la verdad.

c. Mettre le verbe au **présent du subjonctif** :

1. colocar → **coloque**
2. aprender
3. venir
4. decir
5. tener
6. haber
7. hacer
8. poner
9. poder
10. ir

d. Mettre le verbe à la 1re forme du subjonctif imparfait :

1. escuchar → **escuchara**
2. vender
3. hacer
4. haber
5. tener
6. decir
7. traer
8. saber
9. ser
10. ir

e. Mettre le verbe au **passé composé** :

1. Llamé varias veces.
2. ¿ Leíste el periódico ?
3. Ella vivió aquí mucho tiempo.
4. Lo compramos en Buenos Aires.
5. ¿ Viajasteis mucho ?
6. Fueron ellos a la playa.
7. ¿ Puso Ud los papeles sobre la mesa ?
8. ¿ No dijeron Uds nada a nadie ?

f. Mettre le verbe à l'**imparfait de l'indicatif** :

1. Saldrán a la calle a la hora del paseo.
2. La empresa cuenta con más de dos mil empleados.
3. Tuvimos que estar allí a las ocho.
4. ¿ Querrán ellos visitar la fábrica ?
5. Van a bailar cada noche.
6. Serán muy felices y tendrán muchos hijos.
7. Salimos para ir de compras.
8. Desde la terraza se ve el mar.

g. Mettre le verbe à la **voix passive** :

1. Una secretaria traduce la carta.
2. Pablo cerró las ventanas.
3. El istmo de Panamá une las dos Américas.
4. Ana recibió al representante.
5. Mis amigos pondrán la casa en orden.
6. Un nuevo arquitecto ha hecho los planos.
7. Altas murallas rodeaban el castillo.
8. Mi abuelo construyó esta casa.

h. Exercice sur l'**impératif**. Mettre au pluriel :

1. escucha → **escuchad**	11. escuche Ud → **escuchen Uds**
2. come	12. coma Ud
3. escribe	13. escriba Ud
4. cierra	14. cierre Ud
5. juega	15. juegue Ud
6. traduce	16. traduzca Ud
7. haz	17. haga Ud
8. dime	18. dígame Ud
9. ponte	19. póngase Ud
10. vete	20. váyase Ud

i. Exercice sur l'**impératif**. Mettre à la forme affirmative :

1. no abras → **abre**	11. no abra Ud → **abra Ud**
2. no abráis	12. no abran Uds
3. no mires	13. no mire Ud
4. no miréis	14. no miren Uds
5. no lo pidas	15. no lo pida Ud
6. no lo pidáis	16. no lo pidan Uds
7. no te sientes	17. no se siente Ud
8. no os sentéis	18. no se sienten Uds
9. no lo sientas	19. no lo sienta Ud
10. no lo sintáis	20. no lo sientan Uds

j. Mettre le verbe à la personne requise de l'**impératif** :

1. Tú	(tener)	.. paciencia. Todo se arreglará.
2. Vosotros	(salir)	...... inmediatamente de aquí.
3. Ud	(divertirse)	.... pero no .... demasiado.
4. Uds	(mandárselas)	.... mañana por la mañana.
5. Nosotros	(esperarlos)	No ..... aquí, ... en casa.
6. Tú	(irse)	..... solo, no ..... con ellos.
7. Vosotros	(irse)	¡ Basta ya ! ¡ Callaos e .... !
8. Ud	(irse)	.. después de terminar la carta.
9. Uds	(irse)	No ...... hasta que volvamos.
10. Nosotros	(irse)	... pero no ... sin decir adiós.

II

Le groupe nominal

1. L'article défini et l'article neutre

	Singulier	Pluriel
Masculin	**el**	**los**
Féminin	**la**	**las**
Neutre	**lo**	

el pan *le pain* **los periódicos** *les journaux*
la cerveza *la bière* **las noticias** *les nouvelles*

1. Contractions

Il n'y a que deux cas de contraction :

a + el = al

Van al colegio. *Ils vont au lycée.*

de + el = del

Vuelven del colegio. *Ils reviennent du lycée.*

2. Emplois de l'article propres à l'espagnol

a. Devant un nom féminin singulier commençant par **a** ou **ha** accentué, on utilise **el** au lieu de **la**.

el agua *l'eau* **el alza** *la hausse*
el hambre *la faim* **el hacha** *la hache*

el África del Norte *l'Afrique du Nord*

Si un adjectif qualificatif suit le nom, cet adjectif se met au féminin.

el alza sistemática *la hausse systématique*
el hambre canina *la faim de loup*

b. Les articles **la** et **las** qui représentent **hora** et **horas** servent à exprimer l'heure.

Es la una. *Il est une heure.*
Eran las dos. *Il était deux heures.*
Se fue a las tres. *Il est parti à trois heures.*

c. L'article **los** est obligatoire pour exprimer l'âge auquel on fait quelque chose.

Desde los dieciocho años no acepta dinero de sus padres.
Depuis l'âge de dix-huit ans, il n'accepte pas d'argent de ses parents.

Mi hermana se casó a los veintitrés años.
Ma sœur s'est mariée à vingt-trois ans.

d. Devant le nom du jour de la semaine, l'article **el** désigne un jour particulier.

Vendré el martes.	*Je viendrai mardi.*

L'article **los** indique la périodicité.

Vendré los martes.	*Je viendrai le mardi.* (chaque mardi, tous les mardis)

e. L'article défini précède les mots **señor**, **señora**, **señorita** pour désigner les personnes dont on parle.

Ha salido la señora.	*Madame est sortie.*
Va a llegar el señor Tapia.	*M. Tapia va arriver.*

L'article disparaît si l'on s'adresse directement à la personne.

Señora, siéntese.	*Madame, asseyez-vous.*

f. Placé devant un infinitif, l'article **el** équivaut à *le fait de.*

El decirlo le daba vergüenza.
Le fait de le dire lui faisait honte.

Él no aguantaba el tener que hacerlo todo.
Il ne supportait pas le fait d'être obligé de tout faire.

g. L'article défini équivaut à un pronom démonstratif (*celui, celle, ceux, celles*) quand le nom est sous-entendu.

el alumno que responde bien	→	**el que responde bien**
l'élève qui répond bien		*celui qui répond bien*
las mujeres que se casan	→	**las que se casan**
les femmes qui se marient		*celles qui se marient*
la puerta de mi cuarto	→	**la de mi cuarto**
la porte de ma chambre		*celle de ma chambre*
los libros de mi padre	→	**los de mi padre**
les livres de mon père		*ceux de mon père*

h. L'article défini singulier précède le pourcentage considéré comme précis.

el veinticinco por ciento de los electores
vingt-cinq pour cent des électeurs

3. Omissions de l'article défini

a. Devant les noms de pays ou de régions sauf s'ils sont déterminés par un adjectif ou un complément.

España	*l'Espagne*	mais	**la España de los turistas**
Méjico	*le Mexique*	mais	**el Méjico revolucionario**

Il y a cependant quelques exceptions : **el Salvador**, **el Japón**, **el Brasil**, etc.

b. Devant certains mots :

• **casa** dans les expressions **en casa**, **de casa**, **a casa**, **por casa** qui sont la traduction de *chez* :

Durmieron en casa de un amigo.
Ils ont dormi chez un ami.
Volvían a casa. *Ils rentraient chez eux.*

• **clase** (*cours*), **misa** (*messe*), **caza** (*chasse*), sauf s'ils sont déterminés par un complément :

¿ Por qué no vas a clase ?
Pourquoi ne vas-tu pas en classe ?
Iba a misa cada domingo.
Il allait à la messe chaque dimanche.

mais

Nunca fui a la caza del jabalí.
Je ne suis jamais allé à la chasse au sanglier.

c. Lorsqu'un adjectif au superlatif est placé après le nom auquel il se rapporte (*le garçon le plus grand*) :

Es el chico más alto de la clase.
C'est le garçon le plus grand de la classe.
Son las chicas más guapas del barrio.
Ce sont les filles les plus jolies du quartier.

d. Dans de nombreuses tournures :

a principios / a mediados / a fines (finales) del año	*au début / au milieu / à la fin de l'année*
por primera vez	*pour la première fois*
por última vez	*pour la dernière fois*
por enésima vez	*pour la énième fois*
¿ de parte de quién ?	*de la part de qui ?*
tener paciencia para	*avoir la patience de*
tener tiempo para	*avoir le temps de*
tener valor para	*avoir le courage de*
etc.	
pedir limosna	*demander l'aumône*
pedir permiso	*demander la permission*
etc.	

4. L'article neutre **lo**

a. Employé devant un adjectif qualificatif ou un participe passé au masculin singulier, **lo** donne à la tournure une valeur abstraite et équivaut souvent à *ce qui est*, *ce qu'il y a de*.

Lo desagradable de esta situación...
Ce qu'il y a de désagréable dans cette situation...
Lo dicho, dicho (proverbe).
Ce qui est dit, est dit.
Quiero lo mismo.
Je veux la même chose.

b. lo ... que encadrant un adjectif, un participe passé — qui s'accordent avec le nom qu'ils qualifient — ou un adverbe, équivaut au français *comme*, *combien*, *ce que*.

¡ Lo buena que es usted !
Ce que vous êtes bonne !
No te puedes imaginar lo cansadas que estamos.
Tu ne peux pas t'imaginer ce que nous sommes fatiguées.
¡ Lo bien que habla !
Comme il parle bien !

c. lo que, **lo de**

• **lo** peut précéder le relatif **que** et **lo que** se traduit par *ce qui* ou *ce que*.

Eso es lo que me gusta.
C'est ce qui me plaît.
Le apasiona lo que dices.
Ce que tu dis le passionne.

• **lo** suivi de la préposition **de** équivaût aux tournures françaises du genre *l'histoire de*, *l'affaire de*, *la question de*, *en ce qui concerne*, etc.

Lo de esta mañana es inaceptable.
Ce qui s'est passé ce matin est inacceptable.
Lo de tu hermana, no lo creo.
L'histoire de ta sœur, je n'y crois pas.

2. L'article indéfini et l'article partitif

L'ARTICLE INDÉFINI

	Singulier	Pluriel
Masculin	**un**	**unos**
Féminin	**una**	**unas**

un caso *un cas* **una casa** *une maison*

D'une façon générale, l'espagnol n'utilise pas l'article indéfini pluriel.

Ha tenido dificultades.
Il a eu des difficultés.

No como sino naranjas españolas.
Je ne mange que des oranges espagnoles.

À noter l'emploi pronominal de **uno** (et non plus **un**) et de **una** que le français traduit par *en... un*, *en... une*.

Tengo uno.	*J'en ai un.*
He visto una.	*J'en ai vu une.*

1. Emplois de l'article singulier propres à l'espagnol

a. Devant un nom féminin singulier commençant par un **a** ou un **ha** accentué, l'espagnol utilise indifféremment **un** ou **una**.

un ou **una alma**	*une âme*
un ou **una alza**	*une hausse*
un ou **una hada**	*une fée*
un ou **una haya**	*un hêtre*

b. Devant un pourcentage considéré comme approximatif, l'espagnol utilise **un**.

un veinticinco de los electores
vingt-cinq pour cent environ des électeurs

2. Emplois de l'article pluriel **unos**, **unas**

a. unos (**unas**) est employé devant un adjectif qualificatif employé comme nom.

Son unos imbéciles.	*Ce sont des imbéciles.*
Sois unas ingenuas.	*Vous êtes des naïves.*

b. unos (**unas**) désigne un petit nombre, un groupe restreint ; il équivaut à *quelques* et est alors synonyme de **algunos** (**algunas**).

Tiene unos libros muy interesantes sobre este tema.
Il a des livres très intéressants sur ce sujet.

Nos ha hecho unas preguntas y se ha marchado sin decir nada.
Il nous a posé quelques questions et il est parti sans rien dire.

c. unos (**unas**) précède un nom pluriel désignant des choses qui vont par paire.

Le miró con unos ojos llenos de lágrimas.
Elle le regarda avec des yeux pleins de larmes.

Siempre lleva unos gemelos muy originales.
Il a toujours des boutons de manchettes très originaux.

d. unos (unas), devant un numéral, indique une quantité approximative.

Eran unos veinte.
Ils étaient une vingtaine.
Tenía unas quinientas pesetas, no más.
Il avait cinq cents pesetas environ, pas davantage.

e. unos (unas) précède un nom pluriel qui ne désigne qu'un seul objet.

Eran unas tijeras de acera sueco.
C'étaient des ciseaux en acier suédois.

f. unos (unas) précède en général un nom pluriel sujet en tête de phrase.

Unos gamberros le habían agredido en plena calle.
Des voyous l'avaient agressé en pleine rue.

Toutefois, cet emploi de l'article indéfini n'est pas systématique, surtout s'il y a plusieurs noms.

Chicos, chicas, padres e incluso abuelos se habían opuesto a la sustitución del director del instituto.
Des garçons, des filles, des parents et même des grands-parents s'étaient opposés au remplacement du directeur du lycée.

3. Omission de l'article indéfini

a. Devant **cierto**, *certain*, **cualquier**, *quelconque*, **igual**, *égal*, **medio**, *demi*, **otro**, *autre*, **semejante**, *semblable*, **tal**, *tel*, **tan**, *si*, **tanto** (+ nom), *tel* :

Manifestaba cierta preocupación.
Il manifestait une certaine préoccupation.
Lo veremos otro día.
Nous le verrons un autre jour.
En semejante situación yo reaccionaría como él.
Dans une situation semblable, je réagirais comme lui.
No se imaginaba que recibiera tal cantidad de telegramas.
Il ne s'imaginait pas qu'il recevrait une telle quantité de télégrammes.
Lo dijo con tanta violencia que me chocó.
Il l'a dit avec une telle violence que cela me choqua.

b. Devant le nom d'un complément de manière introduit par la préposition **con** :

Lo confesó con desconcertante ingenuidad.
Il l'a avoué avec une ingénuité déconcertante.
Nos acogió con sorprendente amabilidad.
Il nous a accueillis avec une surprenante amabilité.

c. Devant un nom présenté sous une forme comparative :

Nunca he visto mayor coche.
Je n'ai jamais vu une plus grande voiture.
¿ Existe mejor solución ?
Existe-t-il une meilleure solution ?

d. Devant un nom présentant un objet comme un genre, comme une catégorie et non comme un objet particulier :

Siempre llevaba traje negro.
Il portait toujours un costume noir.
Todos nuestros chalés tienen piscina y sauna.
Toutes nos villas ont piscine et sauna.

Mais :

En casa de mis primos hay una piscina y una sauna.
Chez mes cousins, il y a une piscine et un sauna.

L'ARTICLE PARTITIF

Les articles partitifs français *du*, *de la*, *des*, qui ont une valeur indéfinie et désignent une « part » de quelque chose, ne se traduisent pas en espagnol, sauf si le nom est suivi d'une relative.

Je bois du vin et je mange de la viande.
Bebo vino y como carne.

Mais :

Je ne boirai jamais du vin que fait ce monsieur.
Nunca beberé del vino que hace este señor.

3. Les possessifs

LES ADJECTIFS POSSESSIFS

Ils ont deux formes selon qu'ils précèdent ou suivent le nom qu'ils déterminent.

1. Les adjectifs qui précèdent le nom

mi	*mon, ma*	**mis**	*mes*
tu	*ton, ta*	**tus**	*tes*
su	*son, sa*	**sus**	*ses*
nuestro, a	*notre*	**nuestros, as**	*nos*
vuestro, a	*votre*	**vuestros, as**	*vos*
su	*leur*	**sus**	*leurs*

Son mis padres. *Ce sont mes parents.*
¿ Viene tu hermana ? *Ta sœur vient-elle ?*
Estamos preparando nuestras vacaciones.
Nous sommes en train de préparer nos vacances.

2. Les adjectifs qui suivent le nom

mío, a	*mon, ma*	**míos, as**	*mes*
tuyo, a	*ton, ta*	**tuyos, as**	*tes*
suyo, a	*son, sa*	**suyos, as**	*ses*
nuestro, a	*notre*	**nuestros, as**	*nos*
vuestro, a	*votre*	**vuestros, as**	*vos*
suyo, a	*leur*	**suyos, as**	*leurs*

No es asunto mío. *Ce n'est pas mon affaire.*
¿ Es una hermana tuya ? *C'est une de tes sœurs ?*
Un compañero vuestro os ha llamado.
Un de vos camarades vous a appelés.

LES PRONOMS POSSESSIFS

Ils s'obtiennent en mettant l'article défini devant la forme de l'adjectif placé après le nom.

el mío, la mía	*le mien, la mienne*
el tuyo, la tuya	*le tien, la tienne*
el suyo, la suya	*le sien, la sienne*
el nuestro, la nuestra	*le (la) nôtre*
el vuestro, la vuestra	*le (la) vôtre*
el suyo, la suya	*le (la) leur*
los míos, las mías	*les miens, les miennes*
los tuyos, las tuyas	*les tiens, les tiennes*
los suyos, las suyas	*les siens, les siennes*
los nuestros, las nuestras	*les nôtres*
los vuestros, las vuestras	*les vôtres*
los suyos, las suyas	*les leurs*

Esos libros, no son los míos.
Ces livres, ce ne sont pas les miens.
Esas maletas serán las tuyas, no hablemos más de esto.
Ces valises, ce seront les tiennes, n'en parlons plus.
Éstas son vuestras habitaciones, pero, ¿ dónde está la nuestra ?
Ce sont vos chambres, mais où est la nôtre ?

Remarques sur l'emploi des possessifs

• L'adjectif possessif s'emploie beaucoup moins en espagnol qu'en français ; en particulier lorsque l'auditeur ou le lecteur savent d'évidence qui est le possesseur, l'espagnol utilise l'article défini au lieu de l'adjectif possessif.

Me han robado la documentación durante el partido.
Ils m'ont volé mes papiers pendant le match.
¿ Cómo ? ¿ No habéis venido con la familia ?
Comment ? Vous n'êtes pas venus avec vos enfants ?

• Le remplacement du possessif par l'article défini est vérifié tout spécialement quand le verbe, qui a alors une construction pronominale, désigne les soins apportés au corps (le français procède de la même façon), ou se réfère aux vêtements portés.

Lávate el pelo. *Lave-toi les cheveux.*
Córtate las uñas. *Coupe-toi les ongles.*
Quítate el abrigo y ponte las zapatillas.
Enlève ton manteau et mets tes chaussons.

Il en va de même en espagnol avec les verbes d'absorption (*boire*, *manger*, *avaler*, *fumer*, etc.).

Bébete la cerveza y vámonos.
Bois ta bière et partons.
Fúmate el puro tranquilo y veremos después.
Fume ton cigare tranquillement et nous verrons après.

• Le possessif placé après le nom s'emploie essentiellement pour traduire les tournures françaises : *un de mes..., de nos..., de leur...*, etc.

un amigo mío... *un de mes amis...*
una vecina nuestra... *une de nos voisines...*

On le trouve également dans le dialogue pour interpeller.

¡ Hijo mío ! ¿ Qué estás diciendo ?
Mon fils ! Qu'est-ce que tu racontes ?

C'est avec cette valeur qu'on le trouve dans la correspondance d'affaires.

Muy Señor mío : *Cher Monsieur,*

À noter l'emploi de l'article neutre **lo** suivi du possessif pour traduire les tournures françaises : *ce qui est à..., en ce qui concerne...*, etc.

Lo mío, mío, y lo tuyo de entrambos. (proverbe)
Ce qui est à moi est à moi, ce qui est à toi est à nous deux.

• Il faut accorder une attention particulière à la traduction en espagnol du possessif de la 2e personne : *votre*, *le vôtre*. En raison des trois traductions de *vous* (voir les pronoms personnels p. 64), le possessif peut être :

vuestro, **el vuestro** si l'on s'adresse à plusieurs personnes individuellement tutoyées ;

su, **suyo**, **el suyo** si l'on s'adresse à une ou plusieurs personnes individuellement vouvoyées.

Amigos, tengo vuestra reserva.
Mes amis, j'ai votre réservation.
Señor, tengo su reserva.
Monsieur, j'ai votre réservation.
Señores, tengo su reserva.
Messieurs, j'ai votre réservation.

L'emploi de **su** est particulièrement équivoque puisqu'il peut aussi correspondre à la 3e personne du singulier ou du pluriel : on utilise alors, s'il y a un risque de confusion, après le nom, la préposition **de** et le pronom personnel complément adéquat.

Tengo su (la) reserva de él.
J'ai sa réservation.
Tengo su reserva de usted.
J'ai votre réservation (monsieur).
Tengo su reserva de ustedes.
J'ai votre réservation (messieurs).

4. Les démonstratifs

1. Les adjectifs et les pronoms démonstratifs

Il existe trois séries de démonstratifs : chacune correspond à une personne ou à un lieu.

Les adjectifs

		yo / aquí	tú / ahí	él / allí
Singulier	mas.	**este disco** *ce disque-ci*	**ese vaso** *ce verre-là*	**aquel camión** *ce camion-là*
	fém.	**esta maleta** *cette valise-ci*	**esa taza** *cette tasse-là*	**aquella ciudad** *cette ville-là*
Pluriel	mas.	**estos discos** *ces disques-ci*	**esos vasos** *ces verres-là*	**aquellos camiones** *ces camions-là*
	fém.	**estas maletas** *ces valises-ci*	**esas tazas** *ces tasses-là*	**aquellas ciudades** *ces villes-là*

Les pronoms

		yo / aquí	tú / ahí	él / allí
Singulier	mas.	**éste** (**disco**) *celui-ci*	**ése** (**vaso**) *celui-là*	**aquél** (**camión**) *celui-là*
	fém.	**ésta** (**maleta**) *celle-ci*	**ésa** (**taza**) *celle-là*	**aquélla** (**ciudad**) *celle-là*
Pluriel	mas.	**éstos** (**discos**) *ceux-ci*	**ésos** (**vasos**) *ceux-là*	**aquéllos** (**camiones**) *ceux-là*
	fém.	**éstas** (**maletas**) *celles-ci*	**ésas** (**tazas**) *celles-là*	**aquéllas** (**ciudades**) *celles-là*

Les adjectifs et les pronoms démonstratifs s'accordent en genre et en nombre avec le nom auquel ils se rapportent ou qu'ils remplacent.

este coche *cette voiture* **este archivo** *ces archives-là*
esta miel *ce miel* **aquella subasta** *ces enchères-là*

Il existe aussi des pronoms neutres qui correspondent aux formes françaises *ceci*, *cela*, *ça* : **esto**, **eso**, **aquello**.

2. Les démonstratifs et la personne

Este correspond à la 1re personne.

No tengo estos discos.
Je n'ai pas ces disques.
Nosotros tenemos éstos. ¿ Los quiere usted ?
Nous, nous avons ceux-ci. Les voulez-vous ?

Ese correspond à la 2e personne.

Si tienes ese proyecto, abandónalo.
Si tu as ce projet, renonces-y.
¡ No os preocupéis por esas cosas !
Ne vous inquiétez pas de ces choses-là !
¿ Es usted el que ha propuesto esa excursión ?
C'est vous qui avez proposé cette excursion ?

Aquel correspond à la 3e personne.

Carlos ocupará aquel asiento y yo éste.
Carlos occupera cette place-là et moi, celle-ci.
Ellas impusieron aquel modo de vestir tan extraño.
Elles imposèrent cette façon de s'habiller si étrange.

3. Les démonstratifs et la localisation

Les démonstratifs servent à situer dans l'espace ou dans le temps.

Este désigne ce qui est le plus proche.

Vivo aquí en este piso.
J'habite ici dans cet appartement.

No han venido este año.
Ils ne sont pas venus cette année.

Aquel désigne ce qui est le plus éloigné.

Nunca he ido a Asia, así que no conozco aquellos países.
Je ne suis jamais allé en Asie, si bien que je ne connais pas ces pays-là.

Nació en 1902 y en aquel tiempo los niños hacían lo que decidían los padres.
Il est né en 1902 et, à cette époque-là, les enfants faisaient ce que les parents décidaient.

Ese désigne ce qui se situe dans une zone ou une période intermédiaire.

Vive en ese barrio pero no sé dónde exactamente.
Il habite dans ce quartier mais je ne sais où exactement.

En ese año de 1968 ocurrieron muchas cosas.
En cette année 1968, il se passa beaucoup de choses.

4. Valeurs particulières des démonstratifs

• **ese** peut être utilisé, sans aucune référence à la personne ou à l'éloignement, pour présenter quelque chose supposé su de l'interlocuteur.

Esas revoluciones de América del Sur, ¿ las cree usted eficaces ?
Ces révolutions d'Amérique du Sud, vous les croyez efficaces ?

Ese est utilisé également à chaque fois que le locuteur veut faire entrer le mot auquel il se rapporte dans une catégorie particulière.

Ahora viven en una de esas casas modernas con grandes ventanales, sin visillos ni nada.
Maintenant ils habitent dans une de ces maisons modernes avec de grandes baies, sans rideaux ni rien.

• **ese** peut prendre une valeur péjorative.

Esos libros, para mí, no presentan ningún interés.
Ces livres, pour moi, ne présentent aucun intérêt.

¡ Mira ésa ! ¡ Nunca saluda !
Regarde-moi celle-là ! Elle ne dit jamais bonjour !

Si **ese** est placé après le nom, la valeur péjorative est renforcée.

el libro ese *ce livre (sans intérêt)*

• **aquel** peut prendre une valeur laudative.

¡ Ah ! ¡ aquellas vacaciones ! ¡ Qué felices fuimos !
Ah ! ces vacances ! Comme nous avons été heureux !

• **éste** et **aquél** sont les pronoms qu'il faut utiliser pour renvoyer aux mots antérieurement utilisés : **éste** renvoie au plus proche, **aquél**, au plus éloigné.

El hombre y la mujer se fueron : aquél en metro y ésta en taxi.
L'homme et la femme s'en allèrent : celui-là en métro et celle-ci en taxi.

• **ésta** et **ésa** peuvent dans la correspondance désigner respectivement la ville de celui qui écrit et la ville de celui à qui on a écrit.

En ésta, nada nuevo. Y, ¿ en ésa ?
Ici, rien de nouveau. Et chez vous ?

Pour la traduction de *celui de* et de *celui* + relatif, voir p. 225.

5. Les pronoms démonstratifs neutres

Esto, **eso** et **aquello** ne peuvent renvoyer qu'à un groupe de mots, à une idée.

Esto no lo puedo aceptar.
Cela, je ne peux l'accepter.
No sé si dijo aquello pensando en ti.
Je ne sais pas s'il a dit cela en pensant à toi.

Ces pronoms neutres suivis de la préposition **de** peuvent prendre le sens de *cette histoire de*, *cette affaire de*, etc., et être ainsi synonymes de **lo de** (voir p. 53).

Eso de salir todos mañana por la mañana, ¡ ni pensarlo !
Cette histoire de partir tous demain matin, il n'en est pas question !

Par ailleurs, ces formes neutres rentrent dans un certain nombre de tournures idiomatiques :

a eso de (**las cinco**)	*vers (cinq heures)*
con esto	*avec ça, malgré ça*
en eso	*sur ce*
eso es	*c'est cela, d'accord*
eso mismo	*c'est cela même. tout juste*
¡ eso sí !	*ça oui !*
¡ eso sí que no !	*ah, ça non !*
esto es	*c'est-à-dire*
no por esto...	*cela n'empêche pas que...*
por eso	*aussi, c'est pourquoi*
y eso que...	*et pourtant...*
etc.	

Pour la traduction de *ce*, voir p. 226.

6. Traduction de *voici*, *voilà*

• La tournure équivalente la plus employée est sans doute le démonstratif suivi du verbe **ser**, *être*, et ces deux éléments s'accordent avec le nom.

Voici mon père.	**Este es mi padre.**
Voici mes parents.	**Estos son mis padres.**
Voilà ma sœur.	**Esa es mi hermana.**
Voilà les vainqueurs.	**Aquellos son los vencedores.**

• On trouve aussi les adverbes **aquí** et **ahí** et :

— le verbe **estar** s'il n'y a pas de mouvement

Voici votre place, monsieur.	**Aquí está su sitio, señor.**
Me voici.	**Aquí estoy.**

— les verbes **llegar**, **venir**, etc., s'il y a mouvement

Voici mon petit frère.	**Ahí viene mi hermanito.**
Voilà les directeurs.	**Aquí llegan los directores.**

• On n'utilise plus guère les formes **he aquí**, **he ahí** qui pouvaient recevoir des pronoms personnels enclitiques.

Nous voici.	**Henos aquí.**
Te voilà.	**Hete aquí.**

• On trouve en espagnol d'autres équivalences :

Les voilà partis. **Ya se han marchado.**
Voici bientôt le jour des vacances.
Pronto será el día de las vacaciones.
Voilà une heure qu'il est là. **Hace una hora que está ahí.**
Voici (tenez), mademoiselle. **Tenga, señorita.**
Voilà tout. **Eso es todo.**
Nous y voilà. **Ya estamos.**

5. Les pronoms personnels

LES PRONOMS PERSONNELS SUJETS

1. Les pronoms personnels sujets ont les formes suivantes :

	Singulier	Pluriel
1re personne	**yo**	**nosotros, as**
2e personne	**tú**	**vosotros, as**
3e personne	**él, ella, usted**	**ellos, ellas, ustedes**
Neutre	**ello**	

• Attention aux formes féminines des 1re et 2e personnes du pluriel, qui n'existent pas en français : **nosotras**, **vosotras**.

• **usted** et **ustedes** sont souvent abrégées en **Ud**, **Uds** ou **Vd**, **Vds**.

• Le neutre **ello**, que le français traduit par *ceci*, *cela*, est devenu rare comme sujet ; on lui préfère les démonstratifs neutres **esto**, **eso**, **aquello**.

2. Traduction de *vous*

Vous, toujours suivi en français de la deuxième personne du pluriel, se traduit en espagnol de trois façons différentes :

• **vosotros, as** + 2e personne du pluriel du verbe si *vous* représente un groupe de personnes individuellement tutoyées, c'est le tutoiement pluriel (T.P.) :

Vous n'écoutez pas, mes enfants
Vosotros no escucháis, niños.

• **usted** + 3e personne du singulier du verbe si *vous* représente une seule personne que l'on vouvoie, c'est le vouvoiement singulier (V.S.) :

Vous n'écoutez pas, monsieur.
Usted (Ud) no escucha, señor.

• **ustedes** + 3e personne du pluriel du verbe si *vous* représente un groupe de personnes individuellement vouvoyées, c'est le vouvoiement pluriel (V.P.) :

Vous n'écoutez pas, messieurs.
Ustedes (Uds) no escuchan, señores.

L'emploi de ces différentes personnes — 2e du pluriel (T.P.), 3e du singulier (V.S.) ou du pluriel (V.P.) — se vérifie également lorsque *vous* est complément (*je vous regarde*, voir p. 67 ; *je vous parle*, voir p. 69) ou lorsqu'il s'agit de traduire le possessif *votre* (*j'ai vu votre frère*, voir p. 59).

3. L'emploi des pronoms personnels sujets est beaucoup moins fréquent en espagnol qu'en français : la terminaison du verbe suffit le plus souvent à identifier le sujet.

Traeré el periódico.
J'apporterai le journal.
¿ Habéis entendido ?
Avez-vous compris ?

¿ Qué hiciste mientras preparábamos la cena ?
Qu'as-tu fait pendant que nous préparions le dîner ?
Señor, puede pasar.
Monsieur, vous pouvez entrer.

Le pronom personnel sujet est employé cependant dans les cas suivants :

• pour éviter une confusion quand le verbe a la même terminaison pour des personnes différentes : 1re et 3e personnes du singulier à l'imparfait de l'indicatif, au conditionnel et aux temps du subjonctif :

Yo estaba seguro de que ella lo diría.
J'étais sûr qu'elle le dirait.
Él no quiere que yo vaya.
Il ne veut pas que j'y aille.
Ella no aceptó que él lo hiciera sin decir nada.
Elle n'a pas accepté qu'il le fasse sans rien dire.

• pour traduire les pronoms sujets employés sans verbe (*moi*, *toi*, *lui*, *elle*, *nous*, *vous*, *eux*, *elles*) :

¿ Quién acompañará al niño ? ¿ Tú ? — Sí, yo.
Qui accompagnera le petit ? Toi ? — Oui, moi.
¿ Quién va a pagar esto ? ¿ Usted o nosotros ? — Ustedes.
Qui va payer cela ? Vous ou nous ? — Vous.

• pour éviter une confusion quand une même forme verbale, la 3e du singulier ou du pluriel, peut avoir différents sujets :

Él vino.	**Ella vino.**	**Usted vino.**
Il est venu.	*Elle est venue.*	*Vous êtes venu.*
Ellos lo saben.	**Ellas lo saben.**	**Ustedes lo saben.**
Ils le savent.	*Elles le savent.*	*Vous le savez.*

• pour marquer l'insistance ; on les traduit alors en français par *moi*, *toi*, *lui*, *elle*, *nous*, *vous*, *eux*, *elles* :

Yo lo sé desde hace ocho días.
Moi, je le sais depuis huit jours.
Vosotros iréis.
Vous, vous irez.
¿ Qué piensas tú de esto ?
Que penses-tu de cela, toi ?

Il faut noter pourtant que lorsqu'un nom se trouve en opposition à *nous* ou *vous* sujets (*nous les hommes...*, *vous les femmes...*) les pronoms *nous* et *vous*, en dépit de l'insistance qu'ils marquent, ne se traduisent pas.

Nous, les hommes, nous pensons que...
Los hombres pensamos que...
Vous, les femmes, vous estimez que...
Las mujeres estimáis que...

LES PRONOMS PERSONNELS COMPLÉMENTS

Ils sont de deux sortes : complément d'objet direct (*Je vois mon fiancé. Je vois qui ? mon fiancé*, il n'y a pas de préposition, le complément est direct : *je le vois*) et complément d'objet indirect (*Je parle à mon fiancé. Je parle à qui ? à mon fiancé*, il y a une préposition, *à*, le complément est indirect : *Je lui parle*).

1. Les pronoms personnels compléments d'objet direct ont les formes suivantes :

	Singulier	Pluriel
1re personne	**me** *me*	**nos** *nous*
2e personne	**te** *te*	**os** *vous*
3e personne	**lo**, **le**, **la** *le*, *la*	**los**, **las** *les*
Neutre	**lo** *le*	

Aux 1res et 2es personnes du singulier et du pluriel, les pronoms s'utilisent dans les mêmes conditions qu'en français.

Carlos me escucha un poco y te admira mucho.
Carlos m'écoute un peu, et il t'admire beaucoup.
Nos han invitado ya y sé que os invitarán también.
Ils nous ont déjà invités et je sais qu'ils vous inviteront également.

2. L'emploi des pronoms de la 3e personne est parfois un peu délicat :

• ***au singulier***

- **lo**, masculin, représente un objet ou un animal :

Este disco, no lo tengo.
Ce disque, je ne l'ai pas.

- **le**, masculin, représente une personne de sexe masculin :

¿ No conoces a mi marido ? — No, no le conozco.
Tu ne connais pas mon mari ? — Non, je ne le connais pas.

Mais l'emploi de **lo**, qu'on appelle **loísmo**, est fréquent et admis, à la place de **le**, surtout en Amérique latine.

A este actor, no lo aprecio mucho.
Cet acteur, je ne l'apprécie pas beaucoup.

- **la**, féminin, représente un objet ou une personne de sexe féminin :

Esta canción, no la conozco.
Cette chanson, je ne la connais pas.
¿ Quién es aquella mujer ? La encuentro muy hermosa.
Qui est cette femme ? Je la trouve très belle.

- **lo**, neutre, remplace un groupe d'idées, un verbe, un adjectif (ou un participe passé) :

Todo lo que habéis dicho hasta ahora, lo comprendo pero no lo acepto.
Tout ce que vous avez dit jusqu'à maintenant, je le comprends mais je ne l'accepte pas.
Lola se pasa el día cocinando pero nadie lo hace tan bien como ella.
Lola passe sa journée à cuisiner mais personne ne le fait mieux qu'elle.
¿ Estáis convencidos ? — Sí, señor, lo estamos.
Êtes-vous convaincus ? — Oui, monsieur, nous le sommes.

• ***au pluriel***

- **los** représente ce qui est masculin :

Esos zapatos, ya no los llevo.
Ces chaussures, je ne les porte plus.
A estos jóvenes los encuentro muy simpáticos.
Ces jeunes gens, je les trouve très sympathiques.

(**Les**, que l'on trouve parfois en espagnol à la place de **los**, n'est pas « académiquement » recommandable.)

- **las** représente ce qui est féminin :

Esas bebidas, no las tolera Jaime.
Ces boissons, Jacques ne les tolère pas.
¡ Que las chicas se vistan como chicas ! Las preferimos así.
Que les filles s'habillent comme des filles ! Nous les préférons comme ça.

3. *vous*, complément d'objet direct, se traduit par :

• **os**, 2e personne du pluriel, si l'on s'adresse à un groupe de personnes individuellement tutoyées :

Mes enfants, je vous attends immédiatement.
Niños, os espero ahora mismo.

• **le**, **la**, 3e personne du singulier, si l'on s'adresse à une seule personne vouvoyée :

Monsieur, je vous attends. Madame, je vous attends aussi.
Señor, le espero. Señora, la espero también.

• **los**, **las**, 3e personne du pluriel, si l'on s'adresse à un groupe de personnes individuellement vouvoyées :

Messieurs, je vous écoute. Mesdames, je vous écoute aussi.
Señores, los escucho. Señoras, las escucho también.

Si l'emploi de ces pronoms prête à confusion, puisque **le** et **la** traduisent aussi bien *le*, *la* que *vous* (V.S.) et que **los** et **las** traduisent *les* ou *vous* (V.P.), l'espagnol fait suivre le verbe d'un complément à préposition.

Le veo	**a él.**	*Je le vois.*
	a usted.	*Je vous vois.*
La admiro	**a ella.**	*Je l'admire.*
	a usted.	*Je vous admire.*
Los oigo	**a ellos.**	*Je les entends.*
	a ustedes.	*Je vous entends.*
Las felicito	**a ellas.**	*Je les félicite.*
	a ustedes.	*Je vous félicite.*

4. Les pronoms personnels compléments d'objet indirects ont les formes suivantes :

	Singulier	Pluriel
1re personne	**me** *me*	**nos** *nous*
2e personne	**te** *te*	**os** *vous*
3e personne	**le** *lui*	**les** *leur*

L'emploi de ces pronoms ne pose pas de problèmes particuliers, en dehors de la traduction de *vous*.

Nunca me habla el portero.
Le concierge ne me parle jamais.
Alberto nos ha escrito que te enviaría el libro.
Albert nous a écrit qu'il t'enverrait le livre.

Il faut noter toutefois l'habitude qu'a l'espagnol d'utiliser le pronom (complément d'objet indirect) alors même que le nom (complément d'objet indirect) est exprimé : cet emploi redondant est fréquent et n'a pas de valeur expressive particulière.

Les dije a tus amigos (ou **a tus amigos les dije**) **que yo no podía venir.**
J'ai dit à tes amis que je ne pouvais pas venir.

Là encore, *vous* complément d'objet indirect se traduit par :

• **os**, si l'on s'adresse à un groupe de personnes individuellement tutoyées :

Je vous dis la vérité, mes amis.
Os digo la verdad, amigos.

• **le**, si l'on s'adresse à une seule personne vouvoyée :

Je vous dis la vérité, madame.
Le digo la verdad, señora.

• **les**, si l'on s'adresse à un groupe de personnes individuellement vouvoyées :

Je vous dis la vérité, mesdames et messieurs.
Les digo la verdad, señoras y señores.

Si **le** et **les** prêtent à confusion, puisqu'ils peuvent traduire *lui*, *leur*, *vous* (V.S. et V.P.), l'espagnol fait suivre le verbe d'un complément à préposition.

Le hablo	**a él (a ella).**	*Je lui parle (à lui, à elle).*
	a usted, señor (señora).	*Je vous parle, monsieur (madame).*
Les escribo	**a ellos (a ellas).**	*Je leur écris (à eux, à elles).*
	a ustedes, señores (señoras).	*Je vous écris, messieurs (mesdames).*

5. Quand deux pronoms compléments se suivent, c'est toujours le pronom complément d'objet indirect qui précède le pronom complément d'objet direct.

El director me lo ha dado a entender y te lo repito.
Le directeur me l'a laissé entendre et je te le répète.
Nos la ha propuesto Pili. *Pili nous l'a proposée.*
¿ No os lo habíamos dicho ?
Nous ne vous l'avions pas dit ?

Quand les deux pronoms compléments sont de la 3e personne (*le lui*, *la leur*, *les lui*, etc.), le pronom indirect **le** ou **les**, placé avant un pronom direct **lo**, **le**, **la**, **los**, **las**, se transforme en **se**.

Se lo he prometido. *Je le lui ai promis.*

Le pouvant être la traduction de *lui* ou de *vous* (V.S.), et **les**, de *leur* ou de *vous* (V.P.), le risque de confusion est évité en utilisant après le verbe le pronom personnel à préposition correspondant.

Se lo he prometido	**a él.**	*Je le lui ai promis (à lui).*
	a ella.	*Je le lui ai promis (à elle).*
	a usted.	*Je vous l'ai promis (à vous, monsieur ou madame).*
	a ellos.	*Je le leur ai promis (à eux).*
	a ellas.	*Je le leur ai promis (à elles).*
	a ustedes.	*Je vous l'ai promis (à vous, messieurs ou mesdames).*

6. Les pronoms personnels compléments peuvent dans certains cas être précédés d'une préposition (*je le fais pour lui* ; *il va avec eux* ; *il croit en nous* ; etc.). Ces pronoms ont les formes suivantes :

	Singulier	Pluriel
1re personne	**mí** *moi*	**nosotros**
2e personne	**ti** *toi*	**vosotros**
3e personne	**él**, **ella**, **usted**	**ellos**, **ellas**, **ustedes**
Neutre	**ello**	

En dehors des deux premières personnes du singulier — **mí** et **ti** — les autres pronoms sont en réalité, comme en français, les pronoms personnels sujets.

Ha dicho que lo haría sin ti y sin mí.
Il a dit qu'il le ferait sans toi et sans moi.

¿ Vendrás con ella ?
Viendras-tu avec elle ?

No hay que decepcionarle : cree en vosotros y en nosotros.
Il ne faut pas le décevoir : il croit en vous et en nous.

Lo hago por ellos.
Je le fais pour eux.

7. Après les prépositions **según**, *selon*, **incluso**, **hasta**, *même*, *excepté*, **menos**, **salvo**, *sauf*, **entre**, *entre*, on utilise, au lieu de **mí** et **ti**, les pronoms sujets **yo** et **tú**.

Todos estaban informados excepto yo.
Tous étaient informés, sauf moi.

Según tú, ¿ no sería posible hacerlo en un día ?
D'après toi, ce ne serait pas possible de le faire en un jour ?

À ces mêmes personnes et avec la préposition **con**, *avec*, on a les formes **conmigo**, *avec moi*, et **contigo**, *avec toi*.

¿ Viene Mauricio contigo o conmigo ?
Maurice vient-il avec toi ou avec moi ?

Pour la forme **consigo**, voir p. 71.

8. Ces pronoms précédés d'une préposition s'emploient en particulier

• pour insister :

Te lo ha dicho a ti ?
Il te l'a dit à toi ?

• pour lever une équivoque possible :

Se lo doy [**a él.** / **a usted.**] — *Je le lui donne.* / *Je vous le donne.*

9. Le pronom neutre **ello**, que le français traduit par *ceci*, *cela*, se réfère à un groupe d'idées ou de faits déjà exprimés.

No sigas pensando en ello.
Ne continue pas à penser à cela.

10. Les pronoms personnels réfléchis ont les formes suivantes :

	Singulier	Pluriel
1re personne	**me** *me*	**nos** *nous*
2e personne	**te** *te*	**os** *vous*
3e personne	**se** *se*	**se** *se*
	sí	**sí**

Ces pronoms réfléchis s'utilisent pour conjuguer les verbes pronominaux et ceux qui reçoivent une construction pronominale.

11. Le pronom **sí** a la particularité de désigner la même personne que le sujet, sans distinction de genre ni de nombre ; il n'est employé que précédé d'une préposition ; il peut être renforcé par **mismo** qui s'accorde avec la personne désignée par **sí**.

Lola no confía en sí.
Lola n'a pas confiance en elle.

Estos chicos siempre están seguros de sí mismos.
Ces garçons sont toujours sûrs d'eux.

Avec la préposition **con**, la forme réfléchie est **consigo**.

Hay que llevarlo consigo.
Il faut l'avoir sur soi.

12. L'emploi des pronoms réfléchis correspond souvent en espagnol à une valeur particulière que le français ne traduit pas toujours.

• Une participation plus grande du sujet à l'action :

Me lo sé de memoria.
Je le sais par cœur.

Me quedo porque me gusta quedarme.
Je reste parce que ça me plaît de rester.

• Il donne une valeur possessive à la phrase et dispense de l'emploi de l'adjectif possessif :

¿ No te quitas el abrigo ?
Tu n'enlèves pas ton manteau ?

Os bebéis el café mientras voy a telefonear.
Vous buvez votre café pendant que je vais téléphoner.

• À la 3e personne, il peut correspondre :

— à l'une des traductions de *on* (voir p. 193) :

No se oye nada. *On n'entend rien.*

Se distinguen varias etapas en la evolución de la enfermedad.
On distingue plusieurs étapes dans l'évolution de la maladie.

— à l'une des équivalences du passif français (voir p. 39) :

Se pagará la factura a fines del mes.
La facture sera payée à la fin du mois.

13. L'enclise est un phénomène grammatical qui consiste à reporter le pronom complément après le verbe et à l'y souder sans trait d'union. L'allongement de la forme verbale dû à l'adjonction des pronoms compléments ne modifie pas l'accentuation du verbe, aussi faut-il écrire l'accent, là où il est sur la forme verbale, avant l'enclise, lorsqu'il y a un risque de déplacement.

Cette enclise se produit :

• à l'impératif affirmatif, comme en français

Dime lo que te interesa.
Dis-moi ce qui t'intéresse.

Acuérdate de lo que te digo.
Souviens-toi de ce que je te dis.

Siéntese usted, póngase cómodo.
Asseyez-vous, mettez-vous à l'aise.

• à l'infinitif et au gérondif

Es inútil repetírselo.
Il est inutile de le lui répéter.

No creía haberte molestado.
Je ne croyais pas t'avoir dérangé.

Estoy haciéndolo.
Je suis en train de le faire.

Habiéndolo prometido en público tenía que hacerlo.
L'ayant promis publiquement, il était obligé de le faire.

Toutefois, si l'infinitif et le gérondif sont précédés d'un verbe semi-auxiliaire — **ir**, *aller*, **poder**, *pouvoir*, **estar**, *être*, **seguir**, *continuer*, etc. — le ou les pronoms peuvent se mettre avant le verbe semi-auxiliaire.

Voy a explicártelo. Te lo voy a explicar.
Je vais te l'expliquer.
Puedo haberlo dicho. Lo puedo haber dicho.
Je peux l'avoir dit.
Sigo pensándolo. Lo sigo pensando.
Je continue à le penser.

6. L'adjectif qualificatif

L'adjectif qualificatif est le mot qui donne au nom auquel il est adjoint une qualité : *léger*, *lourd*, *beau*, *laid*, etc. Le participe passé peut être employé comme l'adjectif qualificatif : *fatigué*, *maquillé*, *perverti*, etc.

1. Formation du féminin de l'adjectif

• L'adjectif terminé par **~o** au masculin forme son féminin en remplaçant **o** par **a**.

alto	*grand*	→	**alta**
ancho	*large*	→	**ancha**
pequeño	*petit*	→	**pequeña**
serio	*sérieux*	→	**seria**

Exception : les adjectifs composés de couleur restent invariables.
una chaqueta rojo oscuro *une veste rouge foncé*

• L'adjectif qui se termine par une autre lettre que **~o** n'a qu'une seule forme pour le masculin et le féminin.

idiota	*idiot*	→	**idiota**
alegre	*gai*	→	**alegre**
caqui	*kaki*	→	**caqui**
hindú	*hindou*	→	**hindú**
fácil	*facile*	→	**fácil**
ruin	*minable*	→	**ruin**
mejor	*meilleur*	→	**mejor**
cortés	*courtois*	→	**cortés**
capaz	*capable*	→	**capaz**

etc.

Cas particuliers :

- Les adjectifs terminés par les suffixes **~dor**, **~tor**, **~sor**, **~ín**, **~án**, **~ón** forment leur féminin en ajoutant **~a**.

admirador	*admirateur*	→	**admiradora**
reductor	*réducteur*	→	**reductora**
previsor	*prévoyant*	→	**previsora**
chiquitín	*tout petit*	→	**chiquitina**
holgazán	*paresseux*	→	**holgazana**
chillón	*braillard*	→	**chillona**

etc.

- Les adjectifs qui indiquent la nationalité ou l'appartenance à une région ou à une ville et qui sont terminés par une consonne forment leur féminin en ajoutant **~a**.

español	*espagnol*	→	**española**
alemán	*allemand*	→	**alemana**
francés	*français*	→	**francesa**
inglés	*anglais*	→	**inglesa**

etc.

barcelonés	*barcelonais*	→	**barcelonesa**
mallorquín	*majorquin*	→	**mallorquina**
leonés	*de Léon*	→	**leonesa**
andaluz	*andalou*	→	**andaluza**

etc.

- Les adjectifs terminés en **~ete** et **~ote** forment leur féminin en remplaçant le **e** par **a**.

pobrete	*malheureux*	→	**pobreta**
francote	*très franc*	→	**francota**

etc.

2. Formation du pluriel de l'adjectif

- L'adjectif terminé par une voyelle non accentuée forme son pluriel en ajoutant **~s**.

bonito	*joli*	→	**bonitos**
optimista	*optimiste*	→	**optimistas**
verde	*vert*	→	**verdes**
caqui	*kaki*	→	**caquis**

etc.

- L'adjectif terminé par une consonne ou par **~í** forme son pluriel en ajoutant **~es**

igual	*égal*	→	**iguales**

común	*commun*	→	**comunes**
interior	*intérieur*	→	**interiores**
berlinés	*berlinois*	→	**berlineses**
gris	*gris*	→	**grises**
precoz	*précoce*	→	**precoces**
iraní	*iranien*	→	**iraníes**

etc.

3. Accord de l'adjectif

L'adjectif qualificatif s'accorde en genre et en nombre avec le nom auquel il se rapporte.

Los árboles eran muy altos.
Les arbres étaient très grands.

Las casas grises y cerradas le dejaban una impresión extraña.
Les maisons grises et fermées lui laissaient une impression étrange.

Toutefois, si l'adjectif se rapporte à plusieurs noms et s'il les précède, il ne s'accorde en général qu'avec le premier.

Lo declaró con asombrosa fuerza y autoridad.
Il le déclara avec une force et une autorité surprenantes.

Pour l'adjectif composé de couleur, voir p. 73.

4. Place de l'adjectif

La place de l'adjectif est à peu près la même en espagnol qu'en français ; elle dépend pour beaucoup de la volonté d'expression, du style, de l'effet recherché. Il est difficile de fixer des normes précises, voici seulement quelques orientations :

a. Se trouvent placés après le nom :

• l'adjectif qui fait entrer le nom auquel il se rapporte dans une catégorie sociale, religieuse, administrative, de forme, de couleur, de dimension, etc.

el pueblo español	*le peuple espagnol*
la religión católica	*la religion catholique*
la energía nuclear	*l'énergie nucléaire*
una sala rectangular	*une salle rectangulaire*
un pantalón negro	*un pantalon noir*

etc.

• le participe passé employé comme adjectif

un niño cansado	*un enfant fatigué*
una mujer embarazada	*une femme enceinte*
un cielo encapotado	*un ciel couvert*

etc.

• l'adjectif suivi d'un complément

una promesa agradable de oír
une promesse agréable à entendre

un ejemplo característico de su modo de actuar
un exemple caractéristique de sa façon d'agir

una caja llena de golosinas
une boîte pleine de friandises

etc.

b. Se trouvent placés avant le nom :

• certains adjectifs pris au sens figuré ; placés après le nom, ces mêmes adjectifs ont leur sens propre.

un buen chico *un brave garçon*	**un chico bueno** *un garçon généreux*
un gran proyecto *un grand projet*	**una casa grande** *une grande maison*
un nuevo piso *un nouvel appartement*	**una camisa nueva** *une chemise neuve*
un pobre hombre *un pauvre homme*	**un hombre pobre** *un homme pauvre*
una pura coincidencia *une pure coïncidence*	**un aire puro** *un air pur*

etc.

• les comparatifs **mayor**, **menor**, **mejor**, **peor** (voir p. 78)

su mayor ambición *sa plus grande ambition*	**el menor ruido** *le moindre bruit*
las mejores condiciones *les meilleures conditions*	**la peor solución** *la pire solution*

Pourtant, quand **mayor** et **menor** ont le sens de *aîné* et *plus jeune, cadet*, ils se placent après le nom.

el hermano mayor	*le frère aîné*
la hermana menor	*la sœur cadette*

Il en va de même dans les tournures figées :

la plaza mayor	*la grand-place*
la misa mayor	*la grand-messe*
Asia menor	*l'Asie Mineure*
las órdenes menores	*les ordres mineurs*

etc.

• les adjectifs numéraux

— l'adjectif ordinal, jusqu'à *dixième*

Felipe segundo	*Philippe II*
capítulo quinto	*cinquième chapitre*

el canto décimo de la Odisea
le dixième chant de l'Odyssée

— l'adjectif cardinal quand il remplace l'ordinal à partir de *onzième*

Luis trece	*Louis XIII*
capítulo quince	*quinzième chapitre*
el siglo veinte	*le vingtième siècle*

Pour l'indication des étages d'un immeuble, on dit aussi bien **primer piso** que **piso primero**, *premier étage*, etc.

5. Le comparatif de l'adjectif

Le comparatif peut être de supériorité, d'infériorité ou d'égalité.

supériorité :	**más alto**	*plus grand*
infériorité :	**menos alto**	*moins grand*
égalité :	**tan alto**	*aussi grand*

Si la comparaison comporte un deuxième élément, il est introduit par **que** pour la supériorité et l'infériorité et par **como** pour l'égalité.

Él es más alto que tú (**que tu padre**, **que antes**).
Il est plus grand que toi (que ton père. qu'avant).

Son menos amables que usted.
Ils sont moins gentils que vous.

Eran tan ricas como generosas.
Elles étaient aussi riches que généreuses.

Attention : il ne faut pas confondre **tan... como** et **tan... que**, qui marque la conséquence.

Eran tan ricas que no sabían qué hacer con su dinero.
Elles étaient si riches qu'elles ne savaient pas quoi faire de leur argent.

Si le deuxième élément de la comparaison est, non plus un pronom personnel, un adjectif, un nom ou un adverbe, mais une proposition, **que** est remplacé par **de lo que** (voir la proposition complément d'un comparatif, p. 211).

Eran más ricas de lo que me imaginaba.
Elles étaient plus riches que je ne me l'imaginais.

Il y a en espagnol quatre comparatifs irréguliers :

bueno	→	**mejor**	*meilleur*
malo	→	**peor**	*pire*
grande	→	**mayor**	*majeur, plus grand*
pequeño	→	**menor**	*mineur, plus petit*

Mais, dans la langue courante, les comparatifs réguliers de ces quatre adjectifs sont aussi fréquents que les formes irrégulières.

más bueno **más malo** **más grande** **más pequeño**

Il n'y a que pour l'expression de l'âge qu'on utilise obligatoirement **mayor** et **menor**.

Es mayor que tú pero menor que yo.
Il est plus âgé que toi, mais plus jeune que moi.

6. Le superlatif de l'adjectif

Le superlatif peut être relatif ou absolu.

• Le superlatif relatif peut être de supériorité ou d'infériorité et s'obtient en mettant l'article défini devant **más** ou **menos**.

Es el más hábil de nosotros.
C'est le plus habile d'entre nous.

Son las más inteligentes de todas las que conozco.
Ce sont les plus intelligentes de toutes celles que je connais.

Attention : si le superlatif est placé après le nom ou s'il est dans une proposition relative, l'article défini (**el**, **la**, **los**, **las**) disparaît.

Es el libro más interesante que he leído.
C'est le livre le plus intéressant que j'aie lu.

Es éste el que es más interesante.
C'est celui-ci qui est le plus intéressant.

Aux comparatifs irréguliers de **bueno**, **malo**, **grande**, **pequeño**, correspondent les mêmes formes irrégulières au superlatif.

el mejor	*le meilleur*	**el mayor**	*le plus grand, l'aîné*
el peor	*le pire*	**el menor**	*le plus petit, le cadet*

• Le superlatif absolu se forme avec le suffixe **~ísimo** qui remplace la voyelle finale de l'adjectif ou s'ajoute à sa consonne finale.

guapo	*joli*	→	**guapísimo**	*très joli*
grande	*grand*	→	**grandísimo**	*très grand*
personal	*personnel*	→	**personalísimo**	*très personnel*

Attention à la disparition de l'accent de l'adjectif et aux modifications d'orthographe :

frágil	*fragile*	→	**fragilísimo**	*très fragile*
frío	*froid*	→	**friísimo**	*très froid*
simpático	*sympathique*	→	**simpatiquísimo**	*très sympathique*
precoz	*précoce*	→	**precocísimo**	*très précoce*

Tous les superlatifs en **~ísimo** peuvent être remplacés par **muy** + l'adjectif : **muy frágil**, **muy frío**, etc. Cet emploi de **muy** est d'ailleurs plus fréquent que le recours au suffixe **~ísimo** dans la langue courante et plus sûr puisqu'il existe des superlatifs irréguliers (**amable → amabilísimo**, par exemple).

Il existe par ailleurs d'autres façons d'exprimer le superlatif dans la langue familière : **hiper~**, **super~**, **re~**, **requete~**.

hipersensible	*très sensible*
superfino	*très fin*
rebién	*très bien*
requetebién	*très, très bien*

7. Le nom

Il n'y a pas de nom neutre en espagnol, aussi le genre d'un nom ne peut-il être que masculin ou féminin.

1. Les noms masculins

Sont masculins :

• les noms terminés en **~o**

el acto	*l'acte*	**el minuto**	*la minute*
el cuento	*le conte*	**el pánico**	*la panique*
el labio	*la lèvre*	**el segundo**	*la seconde*

etc.

Exceptions :

la mano, *la main*, et des mots abrégés : **la foto(grafía)**, *la photo*, **la moto(cicleta)**, *la moto*, **la radio(difusión)**, *la radio*, etc.

• les noms terminés en **~or**

el ardor	*l'ardeur*	**el olor**	*l'odeur*
el color	*la couleur*	**el sudor**	*la sueur*

etc.

Exceptions :

la coliflor, *le chou-fleur*, **la flor**, *la fleur*, **la labor**, *le travail*, **la sor**, *la sœur* (en religion).

Sont également masculins, quelle que soit leur terminaison, les noms qui désignent :

- la couleur (**el color**)

el naranja	*l'orange*	**el violeta**	*le violet*

- une rivière (**el río**)

el Sena	*la Seine*	**el Amazonas**	*l'Amazone*
el Loira	*la Loire*	**el Guadiana**	*le Guadiana*

etc.

- une mer (**el mar**)

el Mediterráneo	*la Méditerranée*	**el Egeo**	*le mer Egée*
el Negro	*la mer Noire*	**el Báltico**	*la Baltique*

etc.

- une chaîne de montagnes (**los montes**)

los Andes	*les Andes*	**los Pirineos**	*les Pyrénées*

etc.

- une voiture (**el coche**)

un citroen	*une Citroën*	**un seat**	*une Seat*

etc.

2. Les noms féminins

Sont féminins :

- la plupart des noms terminés en **~a**

la casa	*la maison*	**la costa**	*la côte*
la calma	*le calme*	**la tarifa**	*le tarif*

Les exceptions sont très nombreuses. Parmi les plus fréquentes :

el día	*le jour*	**el programa**	*le programme*
el problema	*le problème*	**el mapa**	*la carte* (de géographie)
el alerta	*l'alerte*	**el centinela**	*la sentinelle*
el cometa	*la comète*	**el planeta**	*la planète*
el enigma	*l'énigme*	**el recluta**	*la recrue*

etc.

- les noms terminés en **~ad**

la actividad	*l'activité*	**la dificultad**	*la difficulté*
la bondad	*la bonté*	**la facultad**	*la faculté*
la verdad	*la vérité*	**la libertad**	*la liberté*

etc.

- les noms terminés en **~ie**

la barbarie	*la barbarie*	**la serie**	*la série*
la especie	*l'espèce*	**la superficie**	*la surface*

etc.

- la plupart des noms terminés en **~ión**

la nación	*la nation*	**la operación**	*l'opération*
la pensión	*la pension*	**la televisión**	*la télévision*
la religión	*la religion*	**la reunión**	*la réunion*
la rebelión	*la rébellion*	**la región**	*la région*

etc.

- les noms terminés en :

~ed	**la pared**	*le mur*	**la red**	*le filet*
~ez	**la timidez**	*la timidité*	**la vejez**	*la vieillesse*
~is	**la crisis**	*la crise*	**la tesis**	*la thèse*

Il y a quelques exceptions : **el análisis** *l'analyse*
el cutis *la peau*
el paréntesis *la parenthèse*

3. Remarques sur le genre de certains mots

a. Un certain nombre de mots désignant une activité, une profession, sont masculins ou féminins selon qu'ils sont exercés par un homme ou une femme, et seul le déterminant prend la forme du masculin ou du féminin.

el ou **la artista**	*l'artiste*
el ou **la guía**	*le* ou *la guide*
el ou **la intérprete**	*l'interprète*
el ou **la negociante**	*le négociant, la négociante*
el ou **la pianista**	*le* ou *la pianiste*
el ou **la socialista**	*le* ou *la socialiste*
el ou **la testigo**	*le témoin*
el ou **la viajante**	*le représentant, la représentante*

b. Un même mot peut changer de sens selon qu'il est masculin ou féminin.

el capital	*le capital*	**la capital**	*la capitale*
el cometa	*la comète*	**la cometa**	*le cerf-volant*
el frente	*le front* (1re ligne)	**la frente**	*le front* (visage)
el mar	*la mer*	**la mar (de)**	*une grande quantité* *une montagne de*

el orden	*l'ordre* *le rangement*	**la orden**	*l'ordre, le commandement* *l'ordre (religieux, militaire)*
el parte	*le bulletin* *le communiqué*	**la parte**	*la part, la partie*
el pendiente	*la boucle d'oreille*	**la pendiente**	*la pente*
el vista	*le douanier*	**la vista**	*la vue*

c. Le mot **arte**, *art*, est masculin quand il est singulier, et féminin quand il est pluriel.

el arte de Velázquez	*l'art de Vélasquez*

Mais :

las bellas artes	*les beaux-arts*
las artes gráficas	*les arts graphiques*

4. Formation du féminin

Seuls les mots se référant aux métiers, à la parenté ou aux animaux et qui se rapportent aux êtres des deux sexes peuvent avoir un féminin.

a. Les noms terminés en **~o** font leur féminin en remplaçant le **o** par **a**.

el peluquero	*le coiffeur*	→	**la peluquera**
el primo	*le cousin*	→	**la prima**
el perro	*le chien*	→	**la perra**

etc.

b. Les noms terminés par une consonne font en général leur féminin en ajoutant un **~a**.

el huésped	*l'hôte*	**la huéspeda**	*l'hôtesse*
el oficial	*l'officier*	**la oficiala**	*la femme officier*
el león	*le lion*	**la leona**	*la lionne*
el patrón	*le patron*	**la patrona**	*la patronne*
el director	*le directeur*	**la directora**	*la directrice*
el dios	*le dieu*	**la diosa**	*la déesse*
el juez	*le juge*	**la jueza**	*la femme juge*

S'il s'agit d'un adjectif employé comme nom, l'ajout du **a** ne se fait pas :

el joven	*le jeune homme*	**la joven**	*la jeune fille*

c. Les noms terminés en **~e** tendent, dans l'espagnol contemporain, à faire leur féminin en remplaçant le **e** par **a**.

el jefe	*le chef*	**la jefa**	*le chef*
el monje	*le moine*	**la monja**	*la nonne*

el presidente	*le président*	**la presidenta**	*la présidente*
el sastre	*le tailleur*	**la sastra**	*la couturière*
el sirviente	*le domestique*	**la sirvienta**	*la servante*

etc.

S'il s'agit d'un adjectif employé comme nom, la substitution du **e** par **a** ne se fait pas.

el ou **la estudiante** *l'étudiant, l'étudiante*

d. Un certain nombre de mots ont pour féminin des formes particulières.

el alcalde	*le maire*	**la alcaldesa**	*la mairesse*
el conde	*le comte*	**la condesa**	*la comtesse*
el duque	*le duc*	**la duquesa**	*la duchesse*
el emperador	*l'empereur*	**la emperatriz**	*l'impératrice*
el héroe	*le héros*	**la heroína**	*l'héroïne*
el rey	*le roi*	**la reina**	*la reine*

D'autres ont pour féminin des noms différents.

el marido	*le mari*	**la mujer**	*la femme*
el macho	*le mâle*	**la hembra**	*la femelle*
el toro	*le taureau*	**la vaca**	*la vache*
el yerno	*le gendre*	**la nuera**	*la belle-fille*

e. D'autres encore n'ont qu'une seule forme pour le masculin et le féminin et c'est le déterminant seul qui varie (voir p. 81).

el ou **la colega**	*le* ou *la collègue*
el ou **la mártir**	*le martyr, la martyre*
el ou **la modelo**	*le modèle*
el ou **la nomada**	*le* ou *la nomade*
el ou **la reo**	*l'accusé, l'accusée*

etc.

5. La formation du pluriel

a. Les noms terminés par une voyelle non accentuée font leur pluriel en ajoutant **~s**.

el problema	*le problème*	→	**los problemas**
la liebre	*le lièvre*	→	**las liebres**
la metrópoli	*la métropole*	→	**las metrópolis**
el disco	*le disque*	→	**los discos**
el espíritu	*l'esprit*	→	**los espíritus**

etc.

b. Les noms terminés par une voyelle accentuée se répartissent pour la formation de leur pluriel en deux catégories :

• ceux qui sont terminés par **~á**, **~é**, **~ó** font leur pluriel en ajoutant **~s**

el sofá	*le sofa*	→	**los sofás**
el café	*le café*	→	**los cafés**
el dominó	*le domino*	→	**los dominós**

• ceux qui sont terminés par **~í** et **~ú** font leur pluriel tantôt en **~íes** et **~úes** (formes plus académiques, plus littéraires), tantôt en **~ís** et **~ús** (formes plus spontanées, plus populaires)

el bigudí	*le bigoudi*	→	**los bigudíes** ou **bigudís**
el frenesí	*la frénésie*	→	**los frenesíes** ou **frenesís**
el bambú	*le bambou*	→	**los bambúes** ou **bambús**
el tabú	*le tabou*	→	**los tabúes** ou **tabús**

etc.

Dans ces séries de noms, le pluriel en **~s** semble l'emporter pour des mots comme **el bisturí**, *le bistouri*, **el esquí**, *le ski*, **la gachí**, *la fille*, **el pirulí**, *le sucre d'orge* → **bisturís**, **esquís**, **gachís**, **pirulís**, et **el champú**, *le shampoing*, **la interviú**, *l'interview*, **el menú**, *le menu* → **champús**, **interviús**, **menús**.

c. Les noms terminés par une consonne autre que **~s** ou **~x** ou par **~y** font leur pluriel en ajoutant **~es**.

la edad	*l'âge*	→	**las edades**
el reloj	*l'horloge*	→	**los relojes**
el sol	*le soleil*	→	**los soles**
el álbum	*l'album*	→	**los álbumes**
el jardín	*le jardin*	→	**los jardines**
el calamar	*le calmar*	→	**los calamares**
el rey	*le roi*	→	**los reyes**
la voz	*la voix*	→	**las voces**

d. Les noms terminés au singulier par **~s** se répartissent pour la formation de leur pluriel en deux catégories :

• si c'est la dernière syllabe, celle terminée par **~s**, qui est accentuée, le pluriel s'obtient en ajoutant **~es**

el cabás	*le cabas*	→	**los cabases**
el mes	*le mois*	→	**los meses**
el interés	*l'intérêt*	→	**los intereses**
el lis	*le lis*	→	**los lises**
el país	*le pays*	→	**los países**
la tos	*la toux*	→	**las toses**

etc.

• si la dernière syllabe n'est pas accentuée, le mot n'a pas de marque du pluriel

el atlas	*l'atlas*	→	**los atlas**
el lunes	*lundi*	→	**los lunes**
el miércoles	*mercredi*	→	**los miércoles**
la dosis	*la dose*	→	**las dosis**
la crisis	*la crise*	→	**las crisis**
el tétanos	*le tétanos*	→	**los tétanos**
el virus	*le virus*	→	**los virus**

etc.

6. Remarques sur certaines particularités du singulier et du pluriel

a. Comme en français, certains noms n'existent en espagnol qu'au singulier ou qu'au pluriel.

el archivo	*les archives*	**los alrededores**	*les environs*
la basura	*les ordures*	**las tinieblas**	*les ténèbres*

etc.

b. Certains noms, en passant au pluriel, peuvent prendre un autre sens.

el celo	*le zèle*	**los celos**	*la jalousie*
la esposa	*l'épouse*	**las esposas**	*les menottes*
el trabajo	*le travail*	**los trabajos**	*les peines*

etc.

Ainsi le masculin pluriel de noms de parenté ou de grade peut désigner le couple ou un groupe des deux sexes.

el hermano	*le frère*	→	**los hermanos**	*les frères*	ou *les frère et sœur*
el hijo	*le fils*	→	**los hijos**	*les fils*	ou *les enfants*
el padre	*le père*	→	**los padres**	*les pères*	ou *les parents*
el rey	*le roi*	→	**los reyes**	*les rois*	ou *le roi et la reine*
el tío	*l'oncle*	→	**los tíos**	*les oncles*	ou *l'oncle et la tante*

etc.

c. En passant du singulier au pluriel, certains noms peuvent prendre ou perdre l'accent écrit (voir p. 259).

el joven	*le jeune homme*	→	**los jóvenes**
el volumen	*le volume*	→	**los volúmenes**

etc.

el anís	*l'anis*	→	**los anises**
la operación	*l'opération*	→	**las operaciones**

etc.

d. Le **~z** final des noms singuliers se transforme en **~c** devant **~es**.

la cruz	*la croix*	→	**las cruces**
el pez	*le poisson*	→	**los peces**
la voz	*la voix*	→	**las voces**

etc.

7. Le pluriel des mots d'origine étrangère et des noms composés

a. Les noms d'origine étrangère obéissent aux règles générales quand leur orthographe est adaptée à celle de l'espagnol.

el carné	*le carnet*	→	**los carnés**
el club	*le club*	→	**los clubes**
el chalé	*la villa*	→	**los chalés**
el estándar	*le modèle*	→	**los estándares**
el mítin	*le meeting*	→	**los mítines**

etc.

Si l'orthographe n'est pas encore adaptée à celle de l'espagnol, le nom soit prend un **~s** qui ne se prononce pas, soit reste invariable.

el bistec	*le bifteck*	→	**los bistecs** ou **bistec**
el complot	*le complot*	→	**los complots** ou **complot**
el coñac	*le cognac*	→	**los coñacs** ou **coñac**
el déficit	*le déficit*	→	**los déficits** ou **déficit**
el smoking	*le smoking*	→	**los smokings** ou **smoking**
el soviet	*le soviet*	→	**los soviets** ou **soviet**

etc.

b. Pour les noms composés, l'usage n'a pas encore bien arrêté la formation du pluriel. Semblent se dégager les formations suivantes :

• si le nom composé est terminé au singulier par **~s**, il reste invariable

el limpiabotas	*le cireur de chaussures*	→	**los limpiabotas**
el paraguas	*le parapluie*	→	**los paraguas**
el portaviones	*le porte-avions*	→	**los portaviones**

etc.

• si le nom composé est formé de deux adjectifs ou d'un nom et d'un adjectif, seul le dernier élément s'accorde

el claroscuro	*le clair-obscur*	→	**los claroscuros**
el latinoamericano	*le latino-américain*	→	**los latinoamericanos**

el camposanto	*le cimetière*	→	**los camposantos**
el semicírculo	*le demi-cercle*	→	**los semicírculos**

Pour les autres noms composés, il est préférable de consulter le dictionnaire.

8. La dérivation

La dérivation consiste à former des mots nouveaux en ajoutant à un mot existant un autre élément : *mignon* → *mignonnet* ; *riche* → *richard* ; *homme* → *hommasse*, etc. La dérivation se limitera ici aux suffixes diminutifs, augmentatifs, collectifs et à ceux qui expriment le coup. L'ajout de ces suffixes entraîne un déplacement de l'accent (voir p. 259) et, parfois, une modification orthographique.

LES DIMINUTIFS

Ils sont très nombreux et très utilisés. Le plus employé est **~ito**, **~ita** (**~cito**, **~cita** ; **~ecito**, **~ecita**) ; parmi les autres sont à retenir **~illo**, (**~cillo**, **~ecillo**), **~uelo** (**~zuelo**, **~ezuelo**).

1. Formation des diminutifs

Si le mot se termine par une consonne, on ajoute le suffixe ; s'il se termine par une voyelle, le suffixe s'y substitue.

- On utilise **~ito**, **~ita** :

— si le mot se termine par une consonne autre que **~n** et **~r**

árbol	*arbre*	→	**arbolito**
clavel	*œillet*	→	**clavelito**
portugués	*portugais*	→	**portuguesito**

etc.

— si le mot se termine par **~o** ou **~a**

vaso	*verre*	→	**vasito**
mesa	*table*	→	**mesita**
ahora	*maintenant*	→	**ahorita**

etc.

— si le mot se termine par **~e** et a plus de deux syllabes

príncipe	*prince*	→	**principito**
paquete	*paquet*	→	**paquetito**

etc.

• On utilise **~cito**, **~cita** :

— si le mot se termine par **~e** et comporte deux syllabes

golpe	*coup*	→	**golpecito**
hombre	*homme*	→	**hombrecito**

etc.

— si le mot se termine par **~n** ou **~r**

joven	*jeune*	→	**jovencito**
reacción	*réaction*	→	**reaccioncita**
calor	*chaleur*	→	**calorcito**
mujer	*femme*	→	**mujercita**

etc.

Une exception dans la langue courante :

señor	*monsieur*	→	**señorito**

• On utilise **~ecito**, **~ecita** :

— si le mot est d'une seule syllabe

sol	*soleil*	→	**solecito**
pan	*pain*	→	**panecito**
tos	*toux*	→	**tosecita**
voz	*voix*	→	**vocecita**

etc.

— si le mot a une diphtongue accentuée

piedra	*pierre*	→	**piedrecita**
pueblo	*village*	→	**pueblecito**
fuente	*fontaine*	→	**fuentecita**

etc.

Une irrégularité dans la langue courante :

pie	*pied*	→	**piececito**

• Les autres suffixes diminutifs s'utilisent de la même façon :

vaca	*vache*	→	**vaquilla**
ave	*oiseau*	→	**avecilla**
mozo	*jeune homme*	→	**mozuelo**
hombre	*homme*	→	**hombrezuelo**

etc.

Les exceptions à la formation des diminutifs sont très nombreuses ; il est préférable de n'utiliser que ceux qui sont attestés.

2. Valeur des diminutifs

Le diminutif peut désigner un objet plus petit.

una casita	*une petite maison*
una mesita	*une petite table*
un pajarito	*un petit oiseau*
etc.	

Il arrive aussi que le diminutif désigne un autre objet ; dans ce cas, c'est souvent le diminutif **~illo** qui apparaît.

una casilla	*une case, un casier*
una mesilla (de noche)	*une table (de nuit)*
una cucharilla	*une petite cuiller (à dessert, à café)*
una ventanilla	*un guichet*
etc.	

Cependant, la valeur la plus fréquente du diminutif est une valeur affective ; il exprime un sentiment de peine, de joie, de tendresse, d'affection, etc. : **un pajarito**, c'est bien sûr *un petit oiseau*, mais c'est surtout un oiseau qui émeut parce qu'il est blessé, parce qu'il chante, etc. Aussi l'emploi des diminutifs, tant à cause de leur formation qu'à cause de leur valeur affective, doit-il se faire avec prudence et discernement. Les diminutifs des prénoms, si éloignés parfois du mot de départ, témoignent bien de cette valeur : ils ne désignent pas nécessairement un petit enfant, mais toujours l'intimité, la bonhomie, la familiarité.

Concepción	→	**Concha**, **Conchita**
Dolores	→	**Lola**, **Lolita**
Francisco	→	**Paco**, **Paquito**, **Pancho**, **Frasquito**
Jesús	→	**Chucho**
José	→	**Pepe**, **Pepito**
Pedro	→	**Perico**
etc.		

LES AUGMENTATIFS

Moins nombreux et sans doute moins utilisés que les diminutifs, les augmentatifs ajoutent souvent à la valeur proprement augmentative une valeur péjorative. Leur formation connaît davantage d'irrégularités que celle des diminutifs et requiert encore plus de prudence dans l'emploi.

1. Le suffixe **~ón**, **~ona**

Il exprime une idée de grandeur, de force.

un hombre	*un homme*	**un hombrón**	*un costaud, un gaillard*
una mujer	*une femme*	**una mujerona**	*une grande femme*

La formation de l'augmentatif peut parfois entraîner :

• un changement de genre

una culebra	*une couleuvre*	**un culebrón**	*une grosse couleuvre*

• une disparition de diphtongue

una puerta	*une porte*	**un portón**	*une grande porte*

• un changement de sens

una mosca	*une mouche*	**un moscón**	*une mouche bleue* ou *à viande*

• l'ajout d'un autre élément entre le mot et le suffixe

una nube	*un nuage*	**un nubarrón**	*un gros nuage*

Le suffixe **~ón** peut se substituer à la terminaison d'un infinitif :

llorar	*pleurer*	**llorón**	*pleurnicheur*
pelear	*lutter*	**peleón**	*bagarreur*

À sa valeur augmentative, le suffixe peut ajouter :

• une valeur péjorative

el soltero	*le célibataire*	**el solterón**	*le vieux garçon*
valiente	*courageux*	**valentón**	*fanfarron*

• une valeur figurée

el intento	*la tentative*	**la intentona**	*la tentative téméraire*
la merienda	*le goûter*	**la merendona**	*le goûter magnifique*

Il peut exceptionnellement prendre une valeur de diminutif :

una calle	*une rue*	**un callejón**	*une ruelle*
triste	*triste*	**tristón**	*un peu triste* *tristounet*

2. Le suffixe **~ote**, **~ota**

Il exprime le plus souvent une idée péjorative, de laideur, de ridicule, de vulgarité, d'antipathie, etc.

aldeano	*villageois*	**aldeanote**	*"bouseux", "plouc"*
libro	*livre*	**librote**	*bouquin, pavé*
lugar	*lieu*	**lugarote**	*trou, "bled"*
palabra	*mot*	**palabrota**	*gros mot*

etc.

Il peut exceptionnellement prendre une valeur de diminutif :

camara	*chambre*	**camarote**	*cabine de bateau*

3. Le suffixe **~azo**, **~aza**

Ce suffixe ajoute souvent, à la grandeur ou la grosseur, une nuance péjorative :

bueno	*bon*	**buenazo**	*bonasse*
dedo	*doigt*	**dedazo**	*gros doigt*
mano	*main*	**manaza**	*battoir*
ojo	*œil*	**ojazo**	*gros œil*

etc.

Ce même suffixe **~azo** peut également exprimer un coup (voir p. 93).

4. Les suffixes **~acho**, **~acha** et **~ucho**, **~ucha**

Moins fréquents que les précédents, ils ne se trouvent que dans un petit nombre de mots ; ils ont très souvent une nuance péjorative :

pueblo	*village*	**poblacho**	*trou, "bled"*
delgado	*mince*	**delgaducho**	*maigrichon*

Le suffixe **~acho** peut devenir **~achón** et prendre une valeur péjorative plus nette :

bueno	*bon*	**bonachón**	*bonasse, "pauvre type"*
puerco	*porc*	**porcachón**	*cochon, sale*

LES COLLECTIFS

Les suffixes collectifs désignent les lieux où abonde ce qu'exprime le nom auquel ils sont adjoints.

1. Les suffixes **~al**, **~ar**, **~edo**, **~eda**.

Ils indiquent généralement le lieu où abondent des arbres, des plantes, des animaux ou des matériaux :

el roble	*le chêne*	**el robledal** **el robledo** **la robleda**	*ı rouvraie, la chênaie*
el pino	*le pin*	**el pinar**	*la pinède*
el arroz	*le riz*	**el arrozal**	*la rizière*
la arena	*le sable*	**el arenal**	*le banc de sable*
el conejo	*le lapin*	**el conejar** **el conejal**	*le clapier*

etc.

2. Les suffixes **~ío**, **~ería**

Ils ne désignent en principe que des groupes de personnes ou d'animaux :

la mujer	*la femme*	**el mujerío**	*les femmes*
el judío	*le juif*	**la judería**	*le quartier juif*
el marinero	*le marin*	**la marinería**	*l'équipage*
el ganado	*le bétail*	**la ganadería**	*l'élevage*
la vaca	*la vache*	**la vaquería**	*le troupeau de vaches*
el gato	*le chat*	**la gatería**	*la bande de chats*

etc.

On trouve le suffixe **~erío** pour désigner un ensemble plus abstrait :

el grito	*le cri*	**el griterío**	*les cris, la criaillerie*
la voz	*la voix*	**el vocerío**	*les clameurs*

etc.

On peut remarquer que les mots qui désignent la plupart des lieux où s'exerce une activité commerciale sont formés avec le suffixe **~ería** :

la cafetería	*le café*	**la pescadería**	*la poissonnerie*
la carnicería	*la boucherie*	**la ferretería**	*la quincaillerie*
la camisería	*la chemiserie*	etc.	

3. Le suffixe **~ada**

Il exprime généralement le coup donné avec un objet coupant ou piquant :

un puñal	*un poignard*	**una puñalada**	*un coup de poignard*
un cuchillo	*un couteau*	**una cuchillada**	*un coup de couteau*
una lanza	*une lance*	**una lanzada**	*un coup de lance*

etc.

Il est préférable de vérifier dans le dictionnaire l'existence du mot, car les exceptions sont nombreuses :

el alfiler	*l'aiguille*	**un alfilerazo**	*un coup d'aiguille*

À côté de **cuchillada**, on trouve aussi **cuchillazo**, etc.

Le suffixe **~ada** peut également exprimer un coup donné — quel que soit l'objet utilisé — sans violence :

la cabeza	*la tête*	**la cabezada**	*le coup de tête*
el pincel	*le pinceau*	**la pincelada**	*le coup de pinceau*

etc.

Le suffixe **~ada** peut avoir également un sens figuré :

el corazón	*le cœur*	**la corazonada**	*le coup de cœur, l'élan*
la red	*le filet*	**la redada**	*le coup de filet, la rafle*

etc.

4. Le suffixe **~azo**

Il exprime le coup tiré avec une arme à feu ou le coup donné avec force ou violence :

el cañón	*le canon*	**el cañonazo**	*le coup de canon*
el fusil	*le fusil*	**el fusilazo**	*le coup de fusil*
el bastón	*le bâton*	**el bastonazo**	*le coup de bâton*
el codo	*le coude*	**el codazo**	*le coup de coude*

etc.

Les exceptions sont nombreuses et, là encore, il est plus prudent de consulter le dictionnaire.

Le suffixe **~azo** peut également avoir un sens figuré :

el teléfono	*le téléphone*	**el telefonazo**	*le coup de téléphone*
la vista	*la vue*	**el vistazo**	*le coup d'œil*

etc.

Par ailleurs, **~azo** peut être un suffixe augmentatif (voir p. 91).

5. Le suffixe **~ón**

Ce suffixe — qui peut être augmentatif (voir p. 89) — peut exprimer un coup ou un choc. Il a la particularité de se substituer à la terminaison des infinitifs, essentiellement ceux du premier groupe (**~ar**) :

agarrar	*attraper*	**un agarrón**	*un coup* *une secousse*
empujar	*pousser*	**empujón**	*une poussée* *une bourrade*
encontrar	*heurter*	**un encontrón**	*un choc* *une collision*
estirar	*étirer*	**un estirón**	*une secousse* *une saccade*
sacudir	*secouer*	**un sacudón**	*une secousse* (amér.)
tropezar	*trébucher*	**un tropezón**	*un faux pas*

etc.

9. Les indéfinis

1. Les indéfinis **algo** et **nada**

Les indéfinis **algo**, *quelque chose*, et **nada**, *rien*, ont une fonction de nom : ils peuvent être sujet, attribut ou complément ; l'adjectif qui s'y rapporte se met au masculin singulier.

¿ Es algo auténtico ?
C'est quelque chose d'authentique ?

¡ Algo es algo !
C'est toujours quelque chose ! (ou *C'est mieux que rien !*)

Quieren hacer algo.
Ils veulent faire quelque chose.

No hay nada más importante.
Il n'y a rien de plus important.

• Lorsque **nada** précède le verbe, la négation **no** n'est pas utilisée.

No veo nada. → **Nada veo.**
Je ne vois rien. *Je ne vois rien.*

• **algo** et **nada** peuvent aussi avoir une fonction d'adverbe, ils signifient alors *un peu* et *pas du tout*.

Estás algo decepcionada, ¿ verdad ?
Tu es un peu déçue, n'est-ce pas ?

La excursión no les ha gustado nada.
L'excursion ne leur a pas plu du tout.

2. Les indéfinis **alguien** et **nadie**

Les indéfinis **alguien**, *quelqu'un*, et **nadie**, *personne*, ne peuvent représenter que des personnes.

Alguien ha dejado esto para ti.
Quelqu'un a laissé cela pour toi.

No lo creía nadie.
Personne ne le croyait.

• Lorsque **nadie** précède le verbe, la négation **no** ne doit pas être utilisée.

No ha venido nadie. → **Nadie ha venido.**
Personne n'est venu. *Personne n'est venu.*

• Lorsque **alguien** et **nada** sont complément d'objet direct, ils sont précédés de la préposition **a** (voir p. 113).

Conozco a alguien que lo haría.
Je connais quelqu'un qui le ferait.

No conozco a nadie.
Je ne connais personne.

• Lorsque *quelqu'un* désigne une personne dans un groupe, ce n'est plus **alguien** qu'on utilise, mais **alguno**.

¿ Alguno de vosotros le ha visto ?
Quelqu'un d'entre vous l'a-t-il vu ?

3. Les indéfinis **alguno** (**alguna**, **algunos**, **algunas**), *quelque* (*quelques*), et **ninguno** (**ninguna**, **ningunos**, **ningunas**), *aucun* (*aucune*, *aucuns*, *aucunes*), peuvent être adjectifs ou pronoms et ils s'accordent avec le nom auquel ils se rapportent ou qu'ils remplacent. Devant un nom masculin singulier, **alguno** et **ninguno** deviennent **algún** et **ningún** (voir p. 102).

• Au singulier, **alguno** et **alguna** ont un sens proche de l'article indéfini **un**, **una** mais ils donnent au nom auquel ils se rapportent une valeur plus indéfinie.

¿ Has tenido una dificultad ?
As-tu eu une difficulté (particulière) ?

¿ Has tenido alguna dificultad ?
As-tu eu une difficulté (quelconque) ?

• Au pluriel, **algunos** et **algunas** ont une valeur quantitative, sans doute légèrement inférieure à **unos**, **unas**.

La he visto, en algunas ocasiones.
Je l'ai vue, en quelques occasions.

Llegarán en algunos días.
Ils arriveront dans quelques jours.

• Dans une construction négative, **alguno**, placé après le nom auquel il se rapporte, prend le sens de *aucun*.

No hay dificultad alguna.
Il n'y a aucune difficulté.

Lo ha hecho sin dar explicación alguna.
Il l'a fait sans donner aucune explication.

• **ninguno** (**ningún**), **ninguna**, placés devant le verbe, suppriment la négation **no**.

En ningún caso lo haría. = **No lo haría en ningún caso.**
En aucun cas, il ne le ferait.

• **ningunos**, **ningunas** ne se trouvent que devant des noms qui existent seulement au pluriel.

No tengo ningunas ganas de quedarme.
Je n'ai aucune envie de rester.

• Employés comme pronoms, **alguno** et **ninguno** ont les mêmes valeurs que comme adjectifs (pour **alguno** avec la valeur de **alguien**, voir p. 94).

¿ Algunos han creído que era posible ?
Quelques-uns ont-ils cru que c'était possible ?

— No, señor, ninguno lo ha creído.
— Non, monsieur, aucun ne l'a cru.

¿ Alguno de vosotros le ha visto ?
Quelqu'un d'entre vous l'a-t-il vu ?

4. Les indéfinis **mucho**, **poco**, **demasiado**, **bastante**

Ces indéfinis s'emploient de deux façons : comme adjectifs (ou pronoms) ou comme adverbes.

• Placés devant un nom, **mucho**, *beaucoup*, **poco**, *peu*, **demasiado**, *trop*, **bastante**, *assez*, sont des adjectifs et s'accordent en genre et en nombre avec le nom auquel ils se rapportent ou qu'ils remplacent quand ils sont pronoms (**mucho**, **mucha**, **muchos**, **muchas** ; **poco**, **poca**, **pocos**, **pocas** ; **demasiado**, **demasiada**, **demasiados**, **demasiadas** ; **bastante**, **bastantes**).

No sé si gana mucho dinero, pero tiene poca ambición.
Je ne sais pas s'il gagne beaucoup d'argent, mais il a peu d'ambition.

Hay demasiados alumnos en cada clase.
Il y a trop d'élèves dans chaque classe.

Tengo bastantes motivos para no estar orgulloso de él.
J'ai assez de raisons pour ne pas être fier de lui.

Que hayan venido muchos o pocos tiene significación, ¿ no ?
Qu'il en soit venu beaucoup ou peu a une signification, non ?

• **mucho** s'accorde même s'il est séparé du nom par **más** ou **menos**.

Ella tiene muchas más excusas.
Elle a beaucoup plus d'excuses.

Tienes muchos menos méritos que tu hermano.
Tu as beaucoup moins de mérite que ton frère.

• Placés devant un adjectif qualificatif ou bien qualifiant un verbe ou un adverbe, **mucho**, **poco**, **demasiado**, **bastante** sont adverbes et donc invariables ; dans cet emploi, **mucho** devient **muy**, *très*, devant l'adjectif ou l'adverbe.

Son muy ricas pero demasiado presuntuosas a mi parecer.
Elles sont très riches, mais trop prétentieuses à mon avis.

Es una chica bastante guapa pero poco comprensiva respecto a sus compañeras.
C'est une fille assez jolie mais peu compréhensive à l'égard de ses camarades.

No creo que estudiéis bastante.
Je ne crois pas que vous travailliez assez.

Reaccionó muy violentamente.
Il a réagi très violemment.

À noter l'expression **estar harto de**, *en avoir assez de* :

Estamos hartos de todas esas complicaciones.
Nous en avons assez de toutes ces complications.

5. L'indéfini **todo**

L'indéfini **todo**, *tout*, est adjectif ou pronom et s'accorde en genre et en nombre avec le nom auquel il se rapporte ou qu'il remplace (**todo**, **toda**, **todos**, **todas**).

Se les comunicarán todos los detalles a su debido tiempo.
On vous communiquera tous les détails en temps utile.

Ha dormido durante toda la excursión.
Il a dormi pendant toute l'excursion.

Todas estaban, atentas y serviciales.
Toutes étaient là, attentives et dévouées.

• **todo** peut être pronom neutre.

Todo ha cambiado, ¿ verdad ?
Tout a changé, n'est-ce pas ?

Avec cette acception, si **todo** est sujet du verbe **ser**, le verbe peut rester au singulier ou passer au pluriel si le nom attribut est au pluriel.

Todo era alusiones ou **todo eran alusiones.**
Tout était allusions.

Si **todo** est complément d'objet direct, il est annoncé par **lo**.

Lo sé todo porque lo veo todo.
Je sais tout parce que je vois tout.

Si tienes hambre, cómelo todo (puedes comerlo todo).
Si tu as faim, mange tout (tu peux tout manger).

• **todo** peut aussi avoir une fonction adverbiale. Si le sujet du verbe est singulier, **todo** peut passer au féminin ; si le sujet est pluriel, **todo** reste en principe invariable.

Él está todo oídos. Ella también está toda oídos.
Il est tout ouïe. Elle aussi est tout ouïe.

Ellos están todo oídos. Ellas tambien están todo oídos.
Ils sont tout ouïe. Elles aussi sont tout ouïe.

• Attention : *tout* adverbe ne se traduit pas nécessairement par **todo** et il existe de nombreuses tournures idiomatiques (voir traduction de *tout* p. 221).

tout à coup	**de repente**
tout à fait	**completamente**
tout à l'heure	**hace un rato** (*il y a un instant*)
	dentro de poco (*d'ici peu*)
tout au moins	**al menos, por lo menos**
tout de suite	**en seguida**
tout doucement	**muy despacito**
tout seul	**solito, completamente solo**
etc.	

• *tous* suivi d'un numéral ne se traduit pas en espagnol.

tous les deux	**los dos, ambos**
tous les trois	**los tres**
etc.	

6. L'indéfini **cada**

L'indéfini **cada**, *chaque*, est invariable.

cada segundo	*chaque seconde*
cada minuto	*chaque minute*
cada hora	*chaque heure*

• Suivi de **uno** ou de **una**, il équivaut à *chacun, chacune*.

Cada uno puede decidir.
Chacun peut décider.

Cada una tiene derecho a escoger.
Chacune a le droit de choisir.

cada uno, **cada una** peuvent être remplacés par **cada cual**.

• Suivi d'un numéral et d'un nom, **cada** prend une valeur distributive et équivaut à *tous, toutes*.

Cada quince días.
Tous les quinze jours.

Cada seis semanas.
Toutes les six semaines.

• Dans une phrase exclamative, **cada** prend une valeur d'insistance et se traduit par *de ces*.

¡ Organizaba cada banquete !
Il organisait de ces banquets !

¡ Agarraba cada tajada !
Il prenait de ces cuites !

7. L'indéfini **cualquiera**

L'indéfini **cualquiera**, *n'importe quel*, *quelconque*, *n'importe lequel*, *n'importe qui*, peut être adjectif, pronom ou nom (pour l'emploi de **cualesquiera**, voir traduction de *quoi que*, p. 192).

• Adjectif, il subit l'apocope devant un nom singulier (voir p. 102) et n'est jamais précédé de l'article indéfini (voir p. 55).

Lo hará cualquier día, le da igual.
Il le fera n'importe quel jour, ça lui est égal.

Dale cualquier pretexto pero no le acompañes.
Donne-lui un prétexte quelconque, mais ne l'accompagne pas.

• Pronom, il peut représenter une chose (*n'importe lequel*) ou une personne (*n'importe lequel*, *n'importe qui*).

Cualquiera de estas soluciones le conviene.
N'importe laquelle de ces solutions lui convient.

Cualquiera hubiera aceptado con gusto.
N'importe qui aurait accepté avec plaisir.

Cualquiera suivi de **que** équivaut à *quiconque* et est en espagnol toujours suivi du subjonctif.

Cualquiera que lo haya visto lo puede contar.
Quiconque l'a vu peut le raconter.

• Dans une phrase exclamative, **cualquiera** peut prendre un sens négatif et signifier *personne*.

¡ Cualquiera los comprende !
Personne ne les comprend !

• Nom, il varie en nombre, **cualquiera**, **cualquieras**, il est précédé de l'article indéfini et signifie : *un homme* ou *une femme de rien*, *le premier venu*, *la première venue*, etc.

No le hagas caso, es un cualquiera.
Ne l'écoute pas, c'est un pauvre type.

Todos dicen que son unos cualquieras.
Tout le monde dit que ce sont des gens de rien.

8. L'indéfini **otro**

L'indéfini **otro**, **otra**, **otros**, **otras** signifie *autre*, *autres* ; il peut être adjectif ou pronom. Il n'est jamais précédé de l'article indéfini, à la différence du français (voir p. 55).

Yo creo que era otro día, pero quizá me equivoco.
Moi, je crois que c'était un autre jour, mais je me trompe peut-être.

En otras circunstancias, hubiera sido posible.
En d'autres circonstances, cela aurait été possible.

Los otros dijeron que no.
Les autres ont dit que non.

• Quand *les autres* signifie *tous les autres, ceux qui restent*, au lieu de **otros**, l'espagnol peut utiliser **los demás**.

Amparo et Lola avaient accepté, mais (toutes) les autres refusèrent catégoriquement.
Amparo y Lola habían aceptado pero las demás se negaron tajantemente.

Lo demás signifie *le reste, tout le reste, ce qui reste.*

• Dans la traduction de *l'un..., l'autre...*, l'article défini espagnol ne s'emploie généralement que devant **otro**.

L'un était habillé en rouge et l'autre, en noir.
Uno se vestía de rojo y el otro, de negro.

• Dans la traduction de *les uns..., les autres...*, l'usage est en espagnol de n'utiliser aucun article défini.

Les uns entraient, les autres sortaient.
Unos entraban, otros salían.

• Lorsque *autres* est précédé d'un numéral (*deux autres*), l'espagnol met toujours l'indéfini avant le numéral.

Deux autres se sont présentés.
Otros dos se presentaron.
Trois autres personnes viennent de mourir à la suite de leurs blessures.
Otras tres personas acaban de morir a consecuencia de sus heridas.

9. L'indéfini **tal**

L'indéfini **tal**, *tel*, a les particularités d'emploi suivantes :

• Devant un nom commun singulier, il n'est jamais précédé de l'article indéfini, à la différence du français (voir p. 55).

Tal afirmación era provocativa.
Une telle affirmation était provocante.

• Devant un nom propre ou un prénom et précédé de l'article indéfini, il équivaut à *un certain*.

Un tal Pérez te ha llamado.
Un certain Pérez t'a appelé.

Una tal Rosita te está esperando.
Une certaine Rosita t'attend.

• Au pluriel, **tales** est pratiquement l'équivalent de l'adjectif démonstratif.

Tales alusiones eran intolerables.
De telles allusions étaient intolérables.

• Précédé d'un nom et de **de**, **Tal** équivaut au français *Un tel*. S'il y a répétition de *Un tel*, l'espagnol traduit le deuxième par **de Cual**.

Se presentó el señor de Tal pero no insistió.
M. Untel s'est présenté, mais il n'a pas insisté.
Discutían con mucha animación el señor de Tal y la señora de Cual.
M. Untel et Mme Unetelle discutaient avec beaucoup d'animation.

On trouve aussi très souvent **fulano de Tal**.

10. L'indéfini **tanto**

L'indéfini **tanto**, **tanta**, **tantos**, **tantas**, *tant de*, *autant de*, indique une quantité indéterminée.

¡ Tantos años sin saber nada de ella !
Tant d'années sans rien savoir d'elle !

• **tanto** reçoit les corrélatifs **como** ou **que** :

— **tanto** (**~a**, **~os**, **~as**) **... como** exprime la comparaison
Lo haré tantas veces como me lo pidas.
Je le ferai autant de fois que tu me le demanderas.

— **tanto** (**~a**, **~os**, **~as**) **... que** exprime la conséquence
Lo he hecho tantas veces que no quiero repetir.
Je l'ai fait tant de fois que je ne veux pas recommencer.

10. L'apocope

L'apocope est un phénomène grammatical qui consiste en la chute de la voyelle ou d'une ou plusieurs syllabes finales.

L'apocope se produit sur certains adjectifs et, dans certaines conditions, sur les adverbes terminés en **~mente**.

1. Apocope de **bueno**, **malo**, **santo**, **grande**

• Les adjectifs qualificatifs **bueno**, *bon*, et **malo**, *mauvais*, deviennent **buen** et **mal** devant un nom masculin singulier.

una buena mujer *une brave femme*	→	**un buen hombre** *un brave homme*
una mala noticia *une mauvaise nouvelle*	→	**un mal momento** *un mauvais moment*

• L'adjectif **santo**, *saint*, devient **san** devant un prénom masculin.

Santa Antonia *sainte Antoinette*	→	**San Antonio** *saint Antoine*
Santa Luisa *sainte Louise*	→	**San Luis** *saint Louis*
Santa Marcela *sainte Marcelle*	→	**San Marcelo** *saint Marcel*

Cette apocope de **santo** ne se produit pas devant les prénoms masculins commençant par **Do~** ou **To~** :

Santo Domingo	**Santo Tomás**
Santo Tomé	**Santo Toribio**

• L'adjectif **grande**, *grand*, devient **gran** devant un nom singulier masculin ou féminin.

un gran hombre *un grand homme*	**una gran mujer** *une grande femme*

2. Apocope de **alguno**, **ninguno**, **cualquiera**

• **alguno**, *quelque*, **ninguno**, *aucun*, deviennent **algún** et **ningún** (attention à l'accent écrit) devant un nom masculin singulier, même si entre les deux s'intercale un autre adjectif.

algún beneficio *quelque bénéfice*	**algún otro beneficio** *quelque autre bénéfice*
en ningún caso *en aucun cas*	**en ningún otro caso** *en aucun autre cas*

• **cualquiera**, *quelconque*, *n'importe quel*, devient **cualquier** devant un nom singulier masculin ou féminin, même si entre les deux s'intercale un autre adjectif.

en cualquier edificio
dans n'importe quel immeuble

en cualquier nuevo edificio
dans n'importe quel nouvel immeuble

en cualquier casa
dans n'importe quelle maison

en cualquier vieja casa
dans n'importe quelle vieille maison

3. Apocope de **uno**, **primero**, **tercero**, **postrero**, **ciento**

• **uno** devient **un** devant un nom masculin singulier.

una charca	*une mare*	**un charco**	*une flaque*
una libra	*une livre*	**un libro**	*un livre*
una novia	*une fiancée*	**un novio**	*un fiancé*

C'est également la forme **un** qu'on peut utiliser devant un nom féminin singulier commençant par un **a** accentué (voir article indéfini p. 54).

un ou **una alma**	*une âme*
un ou **una alza**	*une hausse*

L'apocope de **uno** se produit devant un nom masculin pluriel si **uno** se trouve en composition avec un autre numéral.

treinta y un huéspedes
trente et un invités

ciento un casos
cent un cas

• **primero**, *premier*, **tercero**, *troisième*, **postrero**, *dernier*, deviennent **primer**, **tercer** et **postrer** devant un nom masculin singulier.

el primer golpe	*le premier coup*
el tercer niño	*le troisième enfant*
el postrer encuentro	*la dernière rencontre*

• **ciento**, *cent*, devient **cien** devant un nom masculin ou féminin, devant **mil** et **millones**.

cien pilotos y cien azafatas
cent pilotes et cent hôtesses

cien mil francos	**cien millones de seres humanos**
cent mille francs	*cent millions d'êtres humains*

Cette apocope peut également se produire lorsque le nom est à l'évidence sous-entendu.

¿ Cuántos corredores has visto ?
Combien de coureurs as-tu vus ?

— No sé exactamente pero más de cien.
— Je ne sais pas exactement, mais plus de cent.

Pour la traduction de *cent pour cent*, on trouve **ciento por ciento** mais aussi, dans la langue parlée, **cien por cien**.

Dans les autres cas, *cent* se traduit toujours par **ciento**.

4. Apocope de **tanto** et **cuanto**

• **tanto**, *tant*, *si*, *tellement*, et **cuanto**, *combien*, deviennent **tan** et **cuan** devant un adjectif ou un adverbe.

tanta sabiduría	→ **tan sabio**
tant de sagesse	*si sage*
con tanta violencia	→ **tan violentamente**
avec tant de violence	*si violemment*
¡ Con cuánta desenvoltura !	→ **¡ Cuán desenvuelto está !**
Avec quelle désinvolture !	*Ce qu'il est désinvolte !*

• **tanto** et **cuanto** ne subissent pas l'apocope devant **mejor**, **peor**, **más** et **menos**.

¿ Tanto peor o tanto mejor ?
Tant pis ou tant mieux ?

Cuanto más la veo, más la aprecio.
Plus je la vois, plus je l'apprécie.

5. Apocope des adverbes en **~mente**

• Lorsque deux ou plusieurs adverbes en **~mente** sont coordonnés, seul le dernier prend la terminaison **~mente** (voir p. 144) et les autres se présentent sous la forme de l'adjectif au féminin (pour la formation du féminin, voir p. 73).

Hablaba lenta pero firmemente.
Il parlait lentement mais fermement.

Ella le miró fija, amable y trágicamente al mismo tiempo.
Elle le regarda fixement, gentiment et tragiquement en même temps.

L'adverbe **recientemente**, *récemment*, devient **recién** devant un participe passé et prend le sens de *nouveau*, *il y a peu*, etc.

la recién casada	*la nouvelle mariée*
los recién nacidos	*les nouveau-nés*
los recién llegados	*ceux qui viennent d'arriver*
	les nouveaux venus

11. La numération

Les numéraux se divisent en cardinaux, qui indiquent la quantité, et en ordinaux, qui indiquent le rang.

LES CARDINAUX

1. Forme des cardinaux

0	cero	17	diecisiete	200	doscientos, ~as
1	uno, una	18	dieciocho	300	trescientos, ~as
2	dos	19	diecinueve	400	cuatrocientos, ~as
3	tres	20	veinte	500	quinientos, ~as
4	cuatro	21	veintiuno (veintiún)	600	seiscientos, ~as
5	cinco	22	veintidós	700	setecientos, ~as
6	seis	23	veintitrés	800	ochocientos, ~as
7	siete	30	treinta	900	novecientos, ~as
8	ocho	31	treinta y uno	1 000	mil
9	nueve	32	treinta y dos	1 020	mil veinte
10	diez	40	cuarenta	2 000	dos mil
11	once	50	cincuenta	7 500	siete mil quinientos
12	doce	60	sesenta	10 000	diez mil
13	trece	70	setenta	100 000	cien mil
14	catorce	80	ochenta	1 000 000	un millón
15	quince	90	noventa	2 000 000	dos millones
16	dieciséis	100	ciento (cien)	10^{12}	un billón

2. Remarques sur les cardinaux

• La conjonction **y** ne se met qu'entre dizaine et unité.

treinta y cinco mais **ciento dos**

Exception : **las mil y una noches** *les mille et une nuits*

• De 16 à 29, l'espagnol contemporain n'emploie que les formes contractées : **dieciséis** et non **diez y seis**. Attention à l'accent écrit : **veintiún** (apocope de **veintiuno** devant un nom masculin pluriel), **veintidós**, **veintitrés**, **veintiséis**.

• Les seuls cardinaux qui varient en genre sont **uno** et les centaines de 200 à 900.

veintiún chicos mais **veintiuna chicas**
doscientas personas *deux cents personnes*
mil quinientas pesetas *mille cinq cents pesetas*

Les centaines qui se rapportent à un nom féminin se mettent au féminin, même si elles en sont séparées par d'autres numéraux.

doscientos milliones quinientas mil pesetas
deux cents millions cinq cent mille pesetas

- **mil** est invariable au sens de *mille* ; au pluriel, **miles**, il signifie *milliers* et est synonyme de **millares**.

miles (ou **millares**) **de visitantes**
des milliers de visiteurs

- Attention à la traduction de *milliard* : **mil millones**

cinq milliards **cinco mil millones**
cinq milliards huit cents millions
cinco mil ochocientos mil millones

- 0,65 se lit **cero coma sesenta y cinco**
1,50 se lit **uno coma cincuenta**
(ou **uno cincuenta** ; ou **uno y medio**)
2,125 se lit **dos coma ciento veinticinco**
(ou **dos coma uno, dos, cinco**)

- Pour l'apocope de **uno** et de **ciento**, voir p. 103.

3. Remarques sur la traduction de *deux*

Deux peut se traduire par **dos**.

Los dos han llegado al mismo tiempo.
Les deux sont arrivés en même temps.

Mais on peut, en espagnol, utiliser la forme **ambos**, **ambas** qui peut être adjectif ou pronom, et qui a la particularité de désigner une paire, un couple, dont les parties ont déjà été associées dans le contexte.

Margarita y Rosalia llegaron muy puntuales y ambas llevaban un ramo de flores.
Margarita et Rosalia arrivèrent, très ponctuelles, et toutes deux apportaient un bouquet de fleurs.

4. Sendos, **sendas**, adjectif, signifie *chacun un*, *chacune un*.

Margarita y Rosalia llegaron con sendos ramos de flores.
Margarita et Rosalia arrivèrent chacune avec un bouquet de fleurs.

Cet emploi de **sendos** est littéraire ou recherché et la langue courante le remplace par **cada uno con**, **cada una con**.

Margarita y Rosalia llegaron cada una con un ramo de flores.
Margarita et Rosalia arrivèrent chacune avec un bouquet de fleurs.

5. Forme des ordinaux

1er	primero (primer)	20e	vigésimo
2e	segundo	21e	vigésimo primero
3e	tercero (tercer)	30e	trigésimo
4e	cuarto	40e	cuadragésimo
5e	quinto	50e	quincuagésimo
6e	sexto	60e	sexagésimo
7e	séptimo	70e	septuagésimo
8e	octavo	80e	octogésimo
9e	noveno	90e	nonagésimo
10e	décimo	100e	centésimo
11e	undécimo	1 000e	milésimo
12e	duodécimo	1 000 000e	millonésimo
13e	décimo tercero	1 000 000 000e	mil millonésima parte
14e	décimo cuarto	dernier	postrero (postrer)

6. Remarques sur les ordinaux

- Les ordinaux sont d'un usage courant jusqu'à **décimo**.

  el quinto y el sexto capítulo
  le cinquième et le sixième chapitre

  la octava edición
  la huitième édition

À partir de *onzième*, l'espagnol utilise le cardinal correspondant et le place après le substantif, comme le fait le français pour indiquer le rang des souverains (*Louis XIV*) :

  Subo a la planta dieciséis.
  Je monte au seizième étage.

  Es el encuentro treinta entre los dos hombres.
  C'est la trentième rencontre entre les deux hommes.

- Pour l'apocope de **primero**, **tercero** et **postrero**, voir p. 103.

7. L'approximation numérique

- Si la quantité exprimée est inférieure à l'unité, on utilise :

  — **casi**, *presque*, **menos de**, *moins de*, **a lo más**, *tout au plus*, **cerca de**, *près de*

  Eran casi las siete cuando me llamó.
  Il était presque sept heures quand il m'a appelé.

  Creo que son menos de veinticinco.
  Je crois qu'ils sont moins de vingt-cinq.

Son veinticinco a lo más.
Ils sont vingt-cinq tout au plus.

Son cerca de veinticinco.
Ils sont près de vingt-cinq.

— l'adjectif **escaso**, qui s'accorde en genre et en nombre avec le nom qui le précède et qui correspond au français *petit*, *tout juste*, *à peine*

La casa está a un kilómetro escaso del pueblo.
La maison est à un petit kilomètre du village.

- Si la quantité exprimée est supérieure à l'unité, on utilise :

— **más de**, *plus de*, **por lo menos**, *au moins*

Son más de veinticinco.
Ils sont plus de vingt-cinq.

Son veinticinco por lo menos.
Ils sont vingt-cinq au moins.

— **y pico**, *et quelques*, *un peu plus de*

Son veinticinco y pico.
Ils sont vingt-cinq et quelques.

— **y tantos**, **y tantas**, *et quelques*, qui se place après les dizaines, de **veinte** à **noventa**

En aquel momento, tu padre tenía veinte y tantos años.
À ce moment-là, ton père avait vingt et quelques années.

veinte y tantos peut aussi s'écrire **veintitantos**.

— l'adjectif **largo**, qui s'accorde en genre et en nombre avec le nom qui le précède et qui correspond au français *bon*, *bien compté*, *au bas mot*

La casa está a un kilómetro largo del pueblo.
La maison est à un bon kilomètre du village.

- Si la quantité est plus ou moins égale à l'unité, on utilise :

— **unos**, **unas**, *quelque*, *environ*, **más o menos**, *à peu près*, *environ*, **aproximadamente**, *approximativement*, *environ*, **alrededor de**, *autour de*

Son unos (ou **más o menos** ; ou **aproximadamente** ; ou **alrededor de**) **veinticinco.**
Ils sont vingt-cinq environ.

— si l'approximation concerne l'heure, **hacia**, **sobre**, *vers*, **más o menos**, **aproximadamente**, *environ*

Era hacia (ou **sobre**) **las cinco.**
C'était vers cinq heures.

Son las siete más o menos (ou **aproximadamente**).
Il est environ sept heures.

— **(como) cosa de**, *quelque chose comme*
El piso le costó (como) cosa de cinco millones.
L'appartement lui a coûté quelque chose comme cinq millions.

— des collectifs formés sur les cardinaux auxquels on ajoute **~ena** le plus souvent

diez	*dix*	→	**una decena**	*une dizaine*
doce	*douze*	→	**una docena**	*une douzaine*
veinte	*vingt*	→	**una veintena**	*une vingtaine*

etc.

À noter : **un centenar**, *une centaine*, **un millar**, *un millier.*

Cependant, ces collectifs sont moins utilisés qu'en français et l'espagnol préfère dire **son unos veinte**, plutôt que **son una veintena**.

8. Les opérations

• *l'addition*, **la suma** ; **sumar**, *additionner*
Dos y (ou **más**) **dos son cuatro.**
Deux et deux font quatre.

• *la soustraction*, **la resta**, **la sustracción** ; **restar**, **sustraer**, *soustraire*
Dos menos dos son cero.
Deux moins deux égale zéro.

• *la multiplication*, **la multiplicación** ; **multiplicar**, *multiplier*
Dos por dos son cuatro.
Deux fois deux égale quatre.

• *la division*, **la división** ; **dividir**, *diviser*
Dos divididos por dos son uno.
Deux divisé par deux égale un.

Remarques :

• Le verbe **ser** peut être remplacé pour les quatre opérations par **igual a**.

• L'élévation à la puissance se dit ainsi :
3^4 = **tres elevado a cuatro**
9^8 = **nueve elevado a ocho**

• L'espagnol dispose des multiplicateurs **el doble**, *le double*, **el triple**, *le triple*, **el cuadruple**, *le quadruple*, **el quintuple**, *le quintuple*, **el séxtuplo**, *le sextuple*, etc., mais il utilise bien plus souvent : **dos** (**tres**, **cuatro**, **cinco**, **seis**, etc.) **veces más** (ou **mayor**) **que**.

Pesa el doble de su hermano mayor.
= **Pesa dos veces más que su hermano mayor.**
Il pèse le double de son frère aîné.

9. Le pourcentage

Il a en espagnol la particularité d'être précédé :

• de l'article défini **el** si le pourcentage est précis
El 31% de los matriculados aprobó el examen final.
31% des inscrits ont réussi l'examen final.

• de l'article indéfini **un** si le pourcentage est approximatif
Un 30% de los matriculados aprobó el examen final.
30 % environ des inscrits ont réussi l'examen final.

Mais l'article **el** n'est généralement pas utilisé si la phrase est un titre d'article de journal ou un commentaire de document et ne comporte pas de verbe.

Inflación del mes pasado : 0,3 %
Inflation du mois dernier : 0,3 %

10. Les fractions

• Si le numérateur est égal à *un*, l'espagnol utilise jusqu'à 1/10, dans le langage courant, l'article défini ou indéfini suivi de l'ordinal et du mot féminin **parte**.

1/3 **una tercera parte**
1/7 **una séptima parte**
1/10 **una décima parte**

On dit pourtant :

un décimo (de lotería) — *un dixième (de loterie)*
una décima — *un dixième*

pour la fièvre :

Tiene treinta y ocho y cinco décimas. *Il a 38°5.*

ou pour le chronométrage :

Corrió en diez segundos y tres décimas.
Il a couru en dix secondes et trois dixièmes.

Au-delà de 1/10, on utilise le cardinal auquel on soude le suffixe **~ava** suivi du féminin **parte**.

la onceava parte	*le onzième*
la treinta y cincoava parte	*le trente-cinquième*

Dans le langage mathématique, on utilise :

un medio	*un demi*
un tercio	*un tiers*
un quinto	*un cinquième*
un noveno	*un neuvième*
un onceavo	*un onzième*
un treinta y cincoavo	*un trente-cinquième*
etc.	

• Si le numérateur est supérieur à *un*, quel que soit le dénominateur, l'espagnol utilise les cardinaux, et le cardinal qui traduit le dénominateur est suivi du suffixe **~avos**, qui peut lui être soudé ou non.

les 3/16	**los tres dieciseisavos** (ou **dieciséis avos**)
les 5/28	**los cinco veintiochoavos**

12. Les différents compléments

1. Le complément de nom

Il est normalement introduit par la préposition **de**.

la moto de Carlos
la moto de Charles

los hijos de esta señora
les enfants de cette dame

Toutefois, quand il s'agit d'un nom exprimant un sentiment — l'amour, la peur, etc. —, l'espagnol opère une distinction que le français n'observe pas.

L'amour des parents, par exemple :
→ les parents peuvent être le « sujet », ce sont les parents qui aiment.
→ les parents peuvent être l'« objet », ce sont les enfants qui aiment les parents.

Pour lever cette ambiguïté, l'espagnol construit avec **de** le complément qui a valeur de « sujet » et avec **a** le complément qui a valeur d'« objet ».

el amor de los padres
l'amour des parents (que les parents portent)

el amor a los padres
l'amour des parents (porté aux parents)

el miedo del enemigo
la peur de l'ennemi (que l'ennemi éprouve)

el miedo al enemigo
la peur de l'ennemi (qu'on éprouve de l'ennemi)

Ainsi :

el amor a lo hermoso	*l'amour du beau*
el terror a lo desconocido	*la terreur de l'inconnu*
la afición al fútbol	*la passion du football*

Cette construction avec **a** est souvent étendue — sans être une obligation — à d'autres catégories de nom que celle qui exprime un sentiment.

el olor a cera	*l'odeur de cire*
el sabor a miel	*la saveur du miel*
el hedor a basura	*la puanteur des ordures*

etc.

2. Le complément d'agent

Dans le cas de la voix passive, le complément d'agent est le plus souvent introduit par **por**.

Fue matado por unos desconocidos.
Il fut tué par des inconnus.

El cuadro ha sido comprado por un japonés.
Le tableau a été acheté par un Japonais.

Il peut parfois, comme en français, être introduit par **de**.

Era odiado de todos.
Il était haï de tous.

3. Le complément d'objet direct (COD)

Le complément d'objet direct — ainsi appelé en français parce qu'on passe « directement » du verbe au complément, sans l'intermédiaire d'une préposition — a la particularité d'être, dans certains cas, introduit en espagnol par la préposition **a**.

Le COD est précédé de la préposition **a** :

• quand il s'agit d'un nom propre de personne ou d'animal

Esta tarde he encontrado a Maruja.
Cet après-midi, j'ai rencontré Maruja.

Mis abuelos están muy tristes porque han perdido a Sultán, su gato.
Mes grands-parents sont tout tristes, parce qu'ils ont perdu Sultan, leur chat.

• quand il s'agit d'un nom commun représentant une personne ou un animal et précédé d'un article défini, d'un adjectif démonstratif ou possessif

No conozco al marido de tu hermana.
Je ne connais pas le mari de ta sœur.

Sí, veo a esta chica pero no sé quien es.
Oui, je vois cette fille, mais je ne sais pas qui c'est.

Quisiera saludar a tus padres.
Je voudrais saluer tes parents.

• quand il s'agit de pronoms — démonstratifs, possessifs, indéfinis, personnels — qui représentent des personnes

No conozco a ésos.
Je ne connais pas ceux-là.

Voy a saludar a los tuyos.
Je vais saluer les tiens.

No veo a ninguno.
Je n'en vois aucun.

Le escucho a usted señor.
Je vous écoute, vous monsieur.

¿ Imaginas a alguien que se atrevería a oponerse a él ?
Tu imagines quelqu'un qui oserait s'opposer à lui ?

Attention : si le COD précédé de la préposition est suivi d'un complément d'objet indirect introduit lui aussi par la préposition **a**, le COD est construit directement, sans préposition, et se place tout de suite après le verbe.

Prefiero a Maruja.
Je préfère Maruja.

Mais :

Prefiero Maruja a Lola.
Je préfère Maruja à Lola.

En dehors de ces cas, le COD est, comme en français, construit directement, sans préposition.

Buscamos dos representantes.
Nous recherchons deux représentants.

Tendrán un hijo.
Ils auront un enfant.

Il est cependant des cas où le COD est précédé de la préposition **a** pour des raisons autres que de détermination.

• La construction de la phrase espagnole est telle que parfois il est nécessaire de distinguer par la préposition **a** le COD du sujet.

El dolor precede a la enfermedad.
La douleur précède la maladie.

El dolor precede la enfermedad pourrait se traduire *La douleur précède la maladie* ou *La maladie précède la douleur*.

• Un certain nombre de verbes qui ont normalement un COD de personne sont suivis de la préposition **a** même si le COD représente une chose.

llamar a la muerte	*appeler à la mort*
temer al sol	*craindre le soleil*
matar al vicio	*tuer le vice*
respetar a la justicia	*respecter la justice*

etc.

• Le verbe **mirar**, *regarder*, est très fréquemment suivi de la préposition **a**, peut-être surtout pour marquer la direction et la précision du regard.

Miraba al techo. *Il regardait le plafond.*

Au lieu de **a**, on peut avoir **hacia**, *vers*, mais alors le regard est plus imprécis, plus « large ».

Miraba hacia el techo. *Il regardait le plafond.*

4. Le complément d'objet indirect (COI)

Le COI d'un verbe est normalement introduit par la préposition **a**.

Escribo a mis padres.
J'écris à mes parents.

Lo traeré a tu vecina.
Je l'apporterai à ta voisine.

On peut parfois avoir la préposition **para**.

Han comprado un ramo de flores para la abuela.
Ils ont acheté un bouquet de fleurs à la grand-mère.

Pour le pronom personnel COI, voir p. 68.

Pour la construction des différents compléments circonstanciels (temps, lieu, manière, but, cause), voir les chapitres sur les prépositions.

Exercices sur le groupe nominal

a. Mettre devant le nom **l'article défini** qui convient et traduire :

1. asta
2. pavor
3. Garona
4. advertencia
5. ambición
6. agua
7. fiebre
8. intemperie
9. asco
10. timidez
11. verdad
12. conquista
13. día
14. calefacción
15. ave
16. provecho
17. vez
18. precio
19. sudor
20. hambre

b. Mettre au **pluriel** (attention aux accents écrits) et traduire :

1. el pulmón
2. la tienda
3. la tos
4. el compás
5. el jardín
6. el humo
7. el joven
8. el perfil
9. la voz
10. la libertad

c. Mettre au **singulier** (attention aux accents écrits) et traduire :

1. los ángeles
2. las crisis
3. las raciones
4. los tíos
5. las patrias
6. los caracteres
7. los salones
8. los reyes
9. los jueves
10. las alzas

d. Remplacer le nom complément d'objet direct par le **pronom personnel** qui convient :

¿ Ves este árbol ? → ¿ Lo ves ?

1. Ustedes llamarán a su vecina.
2. ¿ Has leído el periódico ?
3. No molestes a tus padres.
4. ¿ Llamas a tu amigo ?
5. Siempre está viendo la televisión.

6. Usted busca los errores.
7. No temáis a vuestro profesor.
8. Tú no comprendes el inglés.
9. ¿ Comprenden ustedes la situación ?
10. ¿ Comprenden ustedes a esta mujer ?

e. Remplacer le nom complément d'objet indirect par le **pronom personnel** qui convient :

Hablo a este chico. → Le hablo.

1. ¿ Qué propones a tu hermana ?
2. ¿ Has contestado a tu madre ?
3. ¿ Ha contestado usted a los alumnos ?
4. ¿ Has prometido a tus hermanas acompañarlas ?
5. ¿ No traes nada a tus hijos ?

f. Répondre en remplaçant le nom complément par le **pronom personnel** qui convient. Attention à la modification du pronom indirect ***le*** ou ***les*** devant un pronom d'objet direct de la 3e personne.

El libro, ¿ lo prestas a tu compañero ? → Se lo presto.

1. El coche, ¿ lo prestas a Carlos ?
2. El coche, ¿ lo prestas a Sofía ?
3. El coche, ¿ lo prestas a Carlos y a Sofía ?
4. Estos libros, ¿ los das a tu hermano ?
5. Estos libros, ¿ los das a tu hermana ?
6. Estos libros, ¿ los das a tus hermanos ?

g. Répondre aux questions en modifiant **verbe** et **pronoms** comme il convient :

¿ Me enseñas la foto ? → Te la enseño.

1. ¿ Me lo explicas, por favor ?
2. ¿ Nos lo explicas, por favor ?
3. Señor, ¿ me lo promete usted ?
4. Señores, ¿ nos lo prometen ustedes ?
5. ¿ Ya me lo has dado ?
6. ¿ Se lo han regalado a usted ?
7. ¿ Se lo han regalado a ustedes ?
8. ¿ Se lo han regalado a ellos ?
9. ¿ Nos los habéis mandado ?
10. ¿ Me los habéis mandado ?

h. Remplacer les noms par les **pronoms** qui conviennent e procéder à l'enclise :

Estoy preparando la cena. → Estoy preparándola.

1. No puedo darte la respuesta.
2. Digan ustedes la verdad.
3. Trae el periódico.
4. Dé usted la dirección a mi secretaria.
5. No me gusta prestar el coche a tu hermano.

i. Mettre les mots suivants à la **forme diminutive** avec la série ***~ito*** :

casa → casita

1. error
2. estrella
3. cartón
4. despacio
5. ave
6. cuerno
7. cruel
8. noble
9. señor
10. partido
11. pastel
12. siesta
13. jardín
14. pierna
15. pájaro

j. Mettre au **singulier** :

1. los buenos hombres
2. las grandes películas
3. algunos casos
4. los primeros intentos
5. las buenas mujeres
6. los terceros platos
7. las malas intenciones
8. las primeras veces
9. las terceras posibilidades
10. ningunos argumentos
11. los grandes acontecimientos
12. algunas dificultades
13. los postreros encuentros
14. los malos días
15. ningunas ocasiones

k. Mettre ***san***, ***santo*** ou ***santa*** devant les mots suivants :

1. Luis
2. Emilio
3. el ... Papa
4. Eulalia
5. Francisco
6. el ... hombre
7. Tomás
8. Jorge
9. la ... mujer
10. Domingo

l. **Traduire** en espagnol :

1. C'est quelque chose d'important ?
2. Cela n'est rien.
3. Personne ne le croit.
4. Il n'a vu personne.
5. Ils ont vu beaucoup de choses.

6. J'ai beaucoup moins de difficultés maintenant.
7. La maison est trop petite.
8. Ils sont venus tous les deux.
9. Je viendrai tous les deux mois.
10. Je peux venir n'importe quel jour ?

m. Écrire en lettres les **chiffres** suivants :

1. 16	6. 721
2. 126	7. 1 995
3. 12	8. 101 325
4. 555	9. 9 999
5. 1 002	10. 1 500 000 000

III

Les mots invariables

1. Les prépositions

LA PRÉPOSITION a

1. a indique le lieu

• Après un verbe ou un nom qui expriment le mouvement, **a** indique le terme du mouvement :

> **Voy al casino.**
> *Je vais au casino.*
>
> **Todos los años viajaba a Venezuela.**
> *Tous les ans, il faisait un voyage au Venezuela.*
>
> **la caída al agua**
> *la chute dans l'eau*
>
> **la subida al tren**
> *la montée dans le train*
>
> **la vuelta al mundo**
> *le tour du monde*

• Après un verbe qui n'exprime pas le mouvement, **a** indique le lieu précis :

> **Todos los jóvenes se habían agrupado a la entrada del pueblo.**
> *Tous les jeunes s'étaient regroupés à l'entrée du village.*
>
> **Me esperarás a la salida del teatro.**
> *Tu m'attendras à la sortie du théâtre.*

Mais :

> **Me esperarás en la calle.** *Tu m'attendras dans la rue.*
> (**en** parce que le lieu est moins précis)

2. a indique le but

• Après un verbe de mouvement :

> **Corrió a informarse.**
> *Il courut s'informer.*
>
> **¿ A qué venís ?**
> *Pourquoi venez-vous ?* ou *Que venez-vous faire ?*

• Après les verbes qui n'expriment pas à proprement parler le mouvement physique, mais l'intention, le projet :

> **Voy a pensarlo.**
> *Je vais y réfléchir.*
>
> **No me atrevo a decírselo.**
> *Je n'ose pas le lui dire.*

Ainsi :

empujar a aceptar
pousser à accepter
enseñar a cantar
apprendre à chanter
incitar a oponerse
inciter à s'opposer
inducir a cambiar
amener à changer
invitar a cenar
inviter à dîner
obligar a hacer
obliger à faire
etc.

3. a indique le temps

A indique le moment relativement précis où quelque chose se produit.

Sale a las cinco.
Il sort à cinq heures.
A los treinta años seguía viviendo con sus padres.
A trente ans, il vivait toujours chez ses parents.
Estamos a doce de octubre.
Nous sommes le douze octobre.

En particulier :

• **a** suivi de l'article défini singulier et d'une indication temporelle indique la périodicité :

Le pagan a la hora.
Ils le payent à l'heure.
Trabaja sólo veinte días al mes.
Il ne travaille que vingt jours par mois.
No sé lo que gana al año pero es mucho.
Je ne sais pas ce qu'il gagne par an, mais c'est beaucoup.

• **a** suivi de l'article défini pluriel, d'un numéral, d'une indication temporelle et éventuellement de **de** + infinitif, exprime la durée et le terme auquel se produit quelque chose :

A las dos horas (de esperar) no podía más.
Au bout de deux heures (d'attente), il n'en pouvait plus.
A los dos meses (de estar en Bogotá) quiso volver.
Au bout de deux mois (de séjour à Bogota), il voulut revenir.

4. a indique la manière

A introduit de nombreuses locutions circonstancielles de manière.

a carcajadas (reír) *aux éclats (rire)*
a ciegas *à l'aveuglette*
a lo más *tout au plus*
a manos llenas *à pleines mains*

a cual mejor	*à qui mieux mieux*	**a todo correr**	*à toute vitesse*
a hurtadillas	*en cachette*	etc.	

5. a indique le prix unitaire d'une marchandise

¿ Cuánto vale la gasolina ahora ? — A 50 pesetas el litro, señor.
Combien vaut l'essence maintenant ? — 50 pesetas le litre, monsieur.
¿ Qué manzanas quiere usted ? — De las de a 150 pesetas el kilo.
Quelles pommes voulez-vous ? — De celles à 150 pesetas le kilo.

6. Autres valeurs de **a**

- **a** introduit le complément d'objet direct, voir p. 113.
- **a** introduit certains compléments de nom, voir p. 112.

LA PRÉPOSITION en

1. en indique le lieu

- sans mouvement :

Me esperarás en el pasillo.
Tu m'attendras dans le couloir.
Están en España.
Ils sont en Espagne.
El vino está en la mesa.
Le vin est sur la table.

- avec mouvement si le complément dépend de verbes comme **entrar**, *entrer*, **penetrar**, *pénétrer*, **introducir**, *introduire*, **ingresar**, *entrer, être admis*, **integrar**, *intégrer*, etc. :

Entró en la habitación sin llamar.
Il entra dans la chambre sans frapper.
Penetró en el edificio sin que nadie le viera.
Il pénétra dans l'immeuble sans que personne ne le voie.
Ingresé en el hospital el mismo día que él.
J'ai été admis à l'hôpital le même jour que lui.

2. en indique le temps

- **en** indique le temps d'une façon moins précise que **a** (voir p. 121) :

Llegó en 1950.
Il est arrivé en 1950.
En aquel tiempo el pueblo no tenía agua corriente.
En ce temps-là, le village n'avait pas l'eau courante.

• **en** indique une durée :

Lo hicimos en cinco minutos.
Nous l'avons fait en cinq minutes.

Attention, le délai dans l'avenir — *dans cinq minutes*, par exemple — se traduit par **dentro de** :

Lo haremos dentro de cinco minutos.
Nous le ferons dans cinq minutes.

3. **en** introduit un complément de quantité

Le condenaron en 15 000 pesetas.
Ils le condamnèrent à 15 000 pesetas.

Te lo dejo en mil pesos.
Je te le laisse pour mille pesos.

La quiebra se cifra en millones de francos.
La faillite se chiffre à des millions de francs.

4. **en** introduit le complément de verbe ou d'adjectif

complacerse en	*avoir plaisir à*
confiar en	*faire confiance à*
creer en	*croire dans*
participar en	*participer à*
tardar en	*tarder à*
hábil en	*habile à*
lento en	*lent à*
parco en	*avare de*
resuelto en	*résolu à*
etc.	

5. **en** introduit de nombreuses locutions circonstancielles de manière

en broma	*pour rire*	**en secreto**	*en secret*
en cambio	*en échange*	**en serio**	*sérieusement*
en cueros	*tout nu*	**en total**	*en tout*
en general	*en général*	etc.	

En particulier, tous les compléments exprimant un moyen de transport sont introduits par **en** :

en barco	*en bateau*	**en tren**	*en train*
en avión	*en avion*	**en metro**	*en métro*

Il y a deux exceptions : **a pie**, *à pied*, et **a caballo**, *à cheval*.

1. de indique la possession, l'appartenance

¿ De quién es esto ?
À qui cela appartient-il ?
Estos zapatos son de mi hermano.
Ces chaussures sont à mon frère.

À noter :

la señora de Gómez	*Mme Gomez*
los señores de Gómez	*M. et Mme Gomez*

2. de indique l'origine

Todos los Llorente son de Segovia.
Tous les Llorente sont de Ségovie.
¿ De dónde vienes ?
D'où viens-tu ?
Este tren llega de Málaga.
Ce train arrive de Malaga.

3. de exprime une caractérisation

À ce titre, il indique :

- le trait physique ou moral considéré comme essentiel

Es un chico de ojos azules.
C'est un garçon aux yeux bleus.
La muchacha de la honestidad a toda prueba
La jeune fille à l'honnêteté à toute épreuve (F.-J. Alcántara)

- la matière dont est fait un objet

una pluma de oro	*une plume d'or*
un vaso de cristal fino	*un verre en cristal*
una mesa de mármol	*une table en marbre*
una bolsa de plástico	*un sac en plastique*

- la finalité d'un objet

una máquina de escribir	*une machine à écrire*
una cocina de gas	*une cuisinière à gaz*
un barco de vela	*un bateau à voile*
un avión de reacción	*un avion à réaction*

etc.

4. de introduit le complément de certains verbes ou adjectifs

gritar de alegría	*crier de joie*
llorar de emoción	*pleurer d'émotion*
morirse de frío	*mourir de froid*
falto de recursos	*dépourvu de moyens*
loco de atar	*fou à lier*
satisfecho del resultado	*satisfait du résultat*

5. de exprime la durée, le temps au cours duquel quelque chose se produit

de día	*le jour*	**de niño**	*quand il était jeune*
de mañana	*le matin*	**de viejo**	*quand il était vieux*
de noche	*le soir*	etc.	

6. de introduit de nombreuses locutions circonstancielles de manière

de buena gana	*volontiers*	**de broma**	*pour rire*
de antemano	*d'avance*	**de mala gana**	*à contrecœur*
de paso	*en passant*	**de balde**	*gratis, pour rien*
de prisa	*vite*	**de veras**	*vraiment*

En particulier, **de** introduit le complément indiquant la position du corps :

de bruces	*sur le ventre*	**de puntillas**	*sur la pointe des pieds*
de espaldas	*sur le dos*	**de rodillas**	*à genoux*
de pie	*debout*	etc.	

7. de, après certains verbes, introduit le complément qui indique une activité

estar de secretaria	*faire fonction de secrétaire*
ir de paseo	*aller en promenade*
estar de vacaciones	*être en vacances*
ir de caza	*aller à la chasse*
etc.	

8. de + infinitif peut équivaloir à une subordonnée conditionnelle, voir p. 158.

De tener dinero no trabajaría.
Si j'avais de l'argent, je ne travaillerais pas.

1. con indique l'accompagnement

¿ Has venido con tus hijos ?
Es-tu venue avec tes enfants ?

Siempre viaja con sus perros y sus gatos.
Il voyage toujours avec ses chiens et ses chats.

¿ Tomas café con leche ?
Prends-tu du café au lait ?

Attention : quand le mot qui suit la préposition **con** est un pronom personnel — *avec moi*, par exemple —, l'espagnol a pour les deux 1ères personnes du singulier et la 3e personne réfléchie (singulier et pluriel) une forme propre (voir p. 70 et 71) :

¿ Vienes conmigo ? — Sí voy contigo.
Est-ce que tu viens avec moi ? — Oui, je vais avec toi.

Hay que tener siempre consigo dinero y documentación.
Il faut toujours avoir sur soi de l'argent et ses papiers.

2. con introduit le complément circonstanciel de manière et de moyen

luchar con entusiasmo	*lutter avec enthousiasme*
olvidar con el tiempo	*oublier avec le temps*
recibir con amabilidad	*recevoir avec amabilité*
hablar con firmeza	*parler avec fermeté*
amenazar con represalias	*menacer de représailles*
etc.	
arrancar con unas tenazas	*arracher avec des tenailles*
apretar con unos alicates	*serrer avec des pinces*
cerrar con llave	*fermer à clé*
seducir con halagos	*séduire par des flatteries*
señalar con el dedo	*montrer du doigt*

Les compléments de manière construits en français sans préposition — *il sortit les yeux pleins de larmes* — ou introduits par une autre préposition que *avec* — *sur un ton désagréable* — sont construits en espagnol avec la préposition **con** :

Salió del cuarto con los ojos llenos de lágrimas.
Il sortit de la pièce, les yeux pleins de larmes.

Me respondió con un tono muy displicente.
Il m'a répondu sur un ton très désagréable.

3. con, au contraire de **de** (voir p. 124), introduit un complément de caractérisation présentée comme secondaire, accessoire, superficielle

Es la chica con la blusa azul.
C'est la fille au chemisier bleu.

Vino el señor con gafas de acero y preguntó por ti.
Le monsieur aux lunettes en acier est venu et il t'a demandé.

4. con introduit le complément qui exprime une idée de choc, de coup, de rencontre fortuite ou non

chocar con	*heurter*
encontrarse con	*rencontrer*
dar con	*heurter*
	tomber sur quelqu'un, quelque chose
estrellarse con	*s'écraser sur*
topar con	*se heurter*
tropezar con	*trébucher sur*
etc.	

5. con apparaît dans des expressions idiomatiques

con ello	*pour cela*
con esto y con todo	*néanmoins, cependant*
con que	*ainsi, ainsi donc, alors*
con todo	*malgré tout*

Pour **con** suivi d'un infinitif, voir p. 185.

LA PRÉPOSITION hacia

Hacia exprime :

- la direction, le sens d'un mouvement ; **hacia** signifie *vers*

  Se dirigían hacia su casa.
  Ils se dirigeaient vers leur maison.

  Todos volvían la mirada hacia el oeste.
  Tous tournaient le regard vers l'ouest.

- sans idée de mouvement, la localisation imprécise ; **hacia** signifie *vers, du côté de*

  Eso cae, creo yo, hacia la Ciudad Universitaria.
  Cela se trouve, je crois, du côté de la cité universitaire.

  Había nubes hacia el oeste.
  Il y avait des nuages vers l'ouest.

• l'approximation temporelle ; **hacia** signifie *vers*

Estaremos allí hacia las siete.
Nous serons là-bas vers sept heures.

Hacia el año dos mil.
Vers l'an deux mille.

• après un verbe ou un nom exprimant un sentiment ; **hacia** désigne le destinataire du sentiment et se traduit par *à l'égard de*, *pour*, *envers*

Experimentaba hacia él una aversión inexplicable.
Il éprouvait pour lui une aversion inexplicable.

Siente un gran afecto hacia vosotros.
Il ressent une grande affection pour vous.

LA PRÉPOSITION hasta

Hasta, *jusqu'à*, exprime dans le temps, dans l'espace ou pour la quantité, le point à ne pas dépasser :

Te esperaré hasta las tres.
Je t'attendrai jusqu'à trois heures.

Hasta Madrid no hay más de ochenta kilómetros.
Jusqu'à Madrid, il n'y a pas plus de quatre-vingts kilomètres.

En el aula caben hasta quinientos estudiantes.
Dans l'amphithéâtre, il tient jusqu'à cinq cents étudiants.

LA PRÉPOSITION entre

Entre, *entre*, exprime :

• l'intervalle dans le temps ou l'espace

Te lo traeré entre las dos y las tres.
Je te l'apporterai entre deux et trois heures.

Entre Aranjuez y Toledo hay cien kilómetros.
Entre Aranjuez et Tolède il y a cent kilomètres.

• l'alternative après les verbes qui expriment le doute, l'hésitation, le choix

Dudaba entre ducharme o tomar un baño.
J'hésitais entre me doucher ou prendre un bain.

Nunca sabía escoger entre dos corbatas.
Il ne savait jamais choisir entre deux cravates.

• le jugement incertain quand il est suivi de deux adjectifs qualificatifs ou deux participes passés coordonnés par **y** ; **entre** se traduit par *mi-..., mi-...*

Tiene siempre un aspecto entre contento y severo.
Il a toujours un air mi-content, mi-sévère.

Sigue entre inquieto y satisfecho.
Il est encore mi-inquiet, mi-satisfait.

• l'endroit au milieu duquel se trouve quelqu'un ou quelque chose ; **entre** se traduit par *entre*, *parmi*, *au milieu de*

Entre tanta gente encontró a la que no quería encontrar.
Au milieu de tant de gens, il rencontra celle qu'il ne voulait pas rencontrer.

Yo creo que entre todos los que están, él es el más apto.
Je crois que parmi tous ceux qui sont là, c'est lui le plus apte.

• la coopération entre plusieurs personnes

Entre los tres se bebieron toda la botella.
À eux trois, ils ont bu toute la bouteille.

Avec ce sens de coopération, **entre** est suivi aux deux 1ères personnes des pronoms personnels sujets (voir p. 70) :

Entre tú y yo, nos la beberemos, ¿ no ?
À nous deux, nous la boirons, non ?

Si **entre** signifie *en*, *à l'intérieur de*, il est suivi, à ces mêmes personnes, de **mí** et **ti** :

Me decía entre mí que eso no podía seguir así.
Je me disais en moi-même que cela ne pouvait pas continuer comme ça.

Pour **entre** avec le sens de *chez*, voir traduction de *chez*, p. 237.

PRÉPOSITION ET LOCUTIONS PRÉPOSITIVES

1. ante, *devant*, **bajo**, *sous*, **tras**, *derrière*

À ces prépositions simples correspondent des locutions prépositives : **delante de**, *devant*, **debajo de**, *sous*, **detrás de**, *derrière*. Prépositions et locutions se traduisent de la même façon en français, mais leur emploi en espagnol n'est pas le même : les prépositions peuvent avoir un sens propre ou figuré, les locutions n'ont qu'un sens propre.

ante las leyes	**ante** ou **delante de la casa**
devant les lois	*devant la maison*

bajo la tutela *sous la tutelle*	**bajo** ou **debajo de la casa** *sous la maison*
tras las apariencias *derrière les apparences*	**tras** ou **detrás de la casa** *derrière la maison*

2. sobre et **encima de**

Sobre et **encima de** se traduisent tous les deux par *sur* et expriment la superposition d'une chose sur l'autre mais **encima de** situe l'objet à une certaine hauteur.

Siempre deja su ropa sobre la silla.
Il laisse toujours ses vêtements sur la chaise.

Ha puesto la foto de su novia encima del televisor.
Il a mis la photo de sa fiancée sur le téléviseur.

Par ailleurs, **sobre** et **encima de** peuvent exprimer une position dans un plan vertical, sans qu'il y ait contact.

Había sobre el mar una neblina muy espesa.
Il y avait sur la mer un brouillard très épais.

Siempre se imagina estar por encima de los demás.
Il s'imagine toujours être au-dessus des autres.

3. Un certain nombre de locutions prépositives s'obtiennent en ajoutant **de** à un adverbe. La confusion entre adverbe et locution prépositive est fréquente et à éviter soigneusement.

adverbe	locution prépositive
• **además**, *en plus* **Además se calló.** *En plus il s'est tu.*	• **además de**, *en plus de, outre* **Además de la casa dejó dinero.** *En plus de la maison, il laissa de l'argent.*
• **antes**, *avant* **Llegó antes.** *Il est arrivé avant.*	• **antes de** ou **que**, *avant* **Llegó antes que tú.** *Il est arrivé avant toi.*
• **cerca**, *près, auprès* **Cerca no había nadie.** *Auprès, il n'y avait personne.*	• **cerca de**, *près de* **Cerca de él no había nadie.** *Auprès de lui, il n'y avait personne.*
• **dentro**, *dedans* **Se cayó dentro.** *Il est tombé dedans.*	• **dentro de**, *dans* **Dentro de la caja no había nada.** *Dans la caisse, il n'y avait rien.*
• **después**, *après* **Lo dijo después.** *Il l'a dit après.*	• **después de**, *après* **Después del discurso se sentó.** *Après son discours, il s'assit.*

• **fuera**, *dehors*
Le echó fuera.
Il le jeta dehors.

• **fuera de**, *hors de, en dehors de*
Fuera de ti no vendrá nadie.
En dehors de toi, il ne viendra personne.

• **lejos**, *loin*
Se fue muy lejos.
Il partit très loin.

• **lejos de**, *loin de*
Se fue lejos de sus padres.
Il partit loin de ses parents.

2. Les conjonctions de coordination

Ce sont les mots qui servent à lier deux mots ou deux propositions de même nature ou de même fonction : *mais*, *ou*, *et*, *donc*, *or*, *ni*, *car*.

1. Traduction de *mais*

a. Lorsque *mais* marque une réserve, une atténuation, une précision, il se traduit par **pero**.

Il n'est plus malade, mais il ne sort pas encore.
Ya no está enfermo pero no sale todavía.
Il boit mais il ne s'enivre pas.
Bebe pero no se emborracha.

Mas (sans accent), à ne pas confondre avec **más**, *plus*, *davantage*, peut remplacer **pero** dans la langue littéraire.

b. Lorsque *mais*, s'opposant à une phrase négative, marque la restriction, l'opposition, il se traduit par :

• **sino**, si l'opposition se fait entre deux mots
Cette chemise n'est pas grise mais bleue.
Esta camisa no es gris sino azul.
Ce n'étaient pas ses parents, mais ses voisins.
No eran sus padres sino sus vecinos.

• **sino que**, si l'opposition se fait entre deux propositions
Je ne souhaite pas que tu le lui donnes, mais que tu le lui prêtes.
No deseo que se lo des sino que se lo prestes.
Ce n'est pas qu'il ne veuille pas, mais il ne peut pas.
No es que no quiera sino que no puede.

c. Lorsque *mais* est renforcé par *aussi* ou *encore* et qu'il s'oppose à *non seulement*, **no sólo**, il se traduit par **sino también**.

Il avait invité non seulement ses intimes mais aussi ses collègues de travail.
Había invitado no sólo a sus íntimos sino también a sus compañeros de trabajo.

Il travaillait non seulement tous les jours de la semaine mais encore le dimanche et les jours fériés.
Trabajaba no sólo todos los días de la semana sino también el domingo y los días festivos.

d. Lorsque *mais* est renforcé par *en revanche* ou *par contre*, il se traduit par **pero sí**.

Ils ne mangent pas beaucoup, mais en revanche ils boivent.
No comen mucho pero sí beben.

Jamais il n'écrit, mais par contre il téléphone toujours.
Nunca escribe pero sí telefonea siempre.

2. Traduction de *ou*

a. *ou* se traduit par **o** ; ce **o** est remplacé par **u** si le mot qui suit commence par **o~** ou **ho~**.

Tu restes ou tu m'accompagnes ?
¿ Te quedas o me acompañas ?

Je crois qu'ils ont sept ou huit enfants.
Creo que tienen siete u ocho hijos.

Quel pays préfères-tu, la Belgique ou la Hollande ?
¿ Qué país prefieres ? ¿ Bélgica u Holanda ?

Placé entre deux chiffres (écrits en chiffres), **o** prend un accent écrit pour éviter la confusion avec **0** (zéro).

Deux ou trois sont venus, pas davantage.
Han venido 2 ó 3, no más.

b. Si *ou*, souvent renforcé par *bien*, est répété pour marquer une alternative, il se traduit par **o... o...**, **ya...**, **ya...**, **bien... bien...**

Ou tu restes ou tu m'accompagnes, mais décide-toi.
O te quedas o me acompañas, pero decídete.

Ou tu le fais par amour ou tu le fais par compassion, mais fais-le.
Ya lo haces por amor, ya lo haces por compasión, pero hazlo.

3. Traduction de *et*

Et se traduit par **y** ; ce **y** est remplacé par **e** si le mot qui le suit commence par le son **i**, orthographié **i** ou **hi**.

Travailler toute la journée et aller chez eux le soir, c'était trop.
Trabajar todo el día e ir a casa de ellos por la noche, era demasiado.

Les deux matières qu'il préférait étaient mathématiques et histoire.
Las dos asignaturas que le gustaban más eran matemáticas e historia.

Attention : c'est **y** — et non **e** — qu'on emploie devant **hie** et devant un mot commençant par **i ~** (ou **hi ~**) si *et* est en tête d'une phrase interrogative ou exclamative.

Tout était de bois et de fer.
Todo era de madera y hierro.

Et Inés ne le sait pas ?
¿ Y Inés no lo sabe ?

4. Traduction de *donc*

a. Lorsque *donc* exprime la conséquence, la conclusion d'une proposition, d'un raisonnement, il se traduit par **luego** ou par **pues** placé après le sujet ou le verbe.

Je pense, donc je suis.
Pienso, luego existo.

Je suis très fatigué, donc je ne sors pas.
Estoy muy cansado, no salgo pues.

Dans la langue courante, on utilise souvent **entonces**.

J'ai beaucoup à faire, donc je n'y vais pas.
Tengo mucho que hacer, entonces no voy.

b. Lorsque *donc* renforce une interrogation ou une injonction, il se traduit par **pero** ou **pues**.

Qu'ont-ils donc ?
Pero, ¿ qué tienen ?

Venez donc !
¡ Pues vengan !

5. Traduction de *or*

Cette conjonction se traduit par **ahora bien**.

Tu n'as pas voulu le voir. Or je t'avais dit que c'était la dernière fois qu'il venait. Tant pis pour toi !
No quisiste verle. Ahora bien yo te había dicho que era la última vez que venía él. ¡ Allá tú !

Ahora bien est également la traduction de *cela dit*.

Je t'ai déjà expliqué toutes mes raisons. Cela dit, pense ce que tu veux, ça m'est égal.
Ya te he explicado todas mis razones. Ahora bien, piensa lo que quieras, me da igual.

6. Traduction de *ni*

Ni se traduit par **ni**. Les particularités d'emploi sont les suivantes :

• Si, en espagnol, les mots précédés de **ni** sont placés après le verbe, **ni** n'est obligatoire que devant le dernier mot quand il y a une énumération.

Il n'a obtenu ni considération, ni honneurs, ni argent.
No obtuvo (ni) consideración, (ni) honores ni dinero.

Ni Carmen ni Lola ne viendront.
No vendrán (ni) Carmen ni Lola.

• Si, en espagnol, les mots précédés de **ni** sont placés avant le verbe, **ni** est obligatoire devant chacun s'il y a énumération et la négation **no** n'apparaît pas.

Ni la considération, ni les honneurs, ni l'argent ne rendent heureux.
Ni la consideración, ni los honores ni el dinero hacen feliz.

Ni Carmen ni Lola ne viendront.
Ni Carmen ni Lola vendrán.

7. Traduction de *car*

a. Cette conjonction se traduit par **pues**.

Ils ne veulent pas sortir, car il pleut.
No quieren salir, pues está lloviendo.

Il n'ose pas rentrer chez lui, car il n'a plus d'argent.
No se atreve a volver a casa, pues ya no tiene dinero.

b. Au lieu de **pues**, on trouve plus fréquemment, surtout dans la langue parlée, la conjonction **porque**, qui rend alors la proposition qu'elle introduit subordonnée et non plus coordonnée à la première partie de la phrase.

Il ne veut pas sortir, car il pleut.
No quiere salir porque está lloviendo.

Il n'ose pas rentrer chez lui, car il n'a plus d'argent.
No se atreve a volver a casa porque ya no tiene dinero.

Porque est souvent réduit à **que**, particulièrement quand la première phrase est à l'impératif.

Je ne sais pas comment faire, car il ne m'a laissé aucune consigne.
No sé cómo hacer, que no me ha dejado ningunas instrucciones.

Ne partez pas, car il va arriver dans un instant.
No os vayáis, que va a llegar dentro de un momento.

3. Les adverbes

1. Les adverbes d'affirmation et la phrase affirmative

Les adverbes d'affirmation les plus courants sont les suivants :

¡ Bueno !	*Bon !*	**¡ Naturalmente !**	*Naturellement !*
¡ Cierto !	*Sûrement !*	**¡ Perfectamente !**	*Parfaitement !*
¡ Por cierto !	*Bien sûr !*	**¡ Perfecto !**	*Parfait !*
¡ Claro !	*Évidemment !*	**¡ Seguramente !** **¡ Seguro !**	*Sûrement !*
¡ Por supuesto !	*Bien entendu !*	**¡ Sí !**	*Oui !*
¡ Conforme !	*D'accord !*	**¡ Vale !**	*D'accord !*
¡ Entendido !	*Entendu !*		*C'est entendu !*
¡ Exactamente !	*Exactement !*	**¡ Verdaderamente !**	*Vraiment!*
¡ Ya !	*D'accord ! Oui !*	etc.	

• **claro** suivi de **que** sert souvent à introduire une réponse affirmative :

¡ Claro que tengo razón !
Bien sûr que j'ai raison !

• Dans la langue parlée, on utilise souvent la forme :

¡ Cómo no ! *Bien sûr que oui !*

• **sí** suivi de **que** est d'un emploi fréquent pour donner plus de force à l'affirmation :

Sí que se lo he dicho ! *Je le lui ai dit, bien sûr !*

À noter :

¡ Porque sí ! *Parce que ! Parce que c'est comme ça !*
decir que sí *dire oui*

2. Les adverbes de négation et la phrase négative

Les adverbes ou locutions adverbiales de négation les plus fréquents sont :

no	*non, ne... pas*	**ni**	*ni*
tampoco	*non plus*	**en absoluto**	*pas du tout*

de ningún modo	*en aucune façon, pas du tout*
ni con mucho	*loin de là*
ni mucho menos	*il s'en faut de beaucoup*
ni por asomo	*en aucune manière* *pas le moins du monde*
etc.	

• **no** est la négation de base et se place toujours devant le verbe :

No iré con vosotros.
Je n'irai pas avec vous.

Lorsqu'un indéfini à valeur négative — **ninguno**, *aucun*, **nada**, *rien*, **nadie**, *personne* — ou un adverbe à sens négatif — **nunca**, **jamás**, *jamais*, **tampoco**, *non plus* — sont placés avant le verbe, l'adverbe **no** n'apparaît jamais :

De ningún modo iré con vosotros.
En aucune façon je n'irai avec vous.

Por nada en el mundo iré con vosotros.
Pour rien au monde je n'irai avec vous.

Nadie irá con vosotros.
Personne n'ira avec vous.

Nunca iré con vosotros.
Je n'irai jamais avec vous.

Si ces mots sont placés après le verbe, **no** réapparaît :

No irá nadie con vosotros.
Personne n'ira avec vous.

• Traduction des différents systèmes négatifs français

a. *ne... que* peut toujours se traduire par **sólo** généralement placé avant le verbe :

Je ne l'ai vue qu'une fois.
Sólo la he visto una vez.

On peut cependant, pour être plus précis, employer :

- **no... más que** pour marquer l'aspect quantitatif

Je ne l'ai vue qu'une fois.
No la he visto más que una vez.

- **no... sino** pour marquer la manière

Je ne l'ai vue qu'avec ses parents.
No la he visto sino con sus padres.

- **no... hasta**, **no... antes de**, surtout avec un verbe au futur, pour marquer le temps

Je ne la verrai que lundi prochain.
No la veré antes del lunes (ou **hasta el lunes**).

b. *ne... plus* se traduit par **no... más** si l'on veut ne marquer que la quantité :

Je n'en veux plus, merci.
No quiero más, gracias.

On peut utiliser aussi **ya no** + verbe pour marquer la quantité ou la fin d'une activité :

Il ne veut plus venir avec nous.
Ya no quiere venir con nosotros.

On peut d'ailleurs trouver **ya no** + verbe + **más** pour marquer l'insistance :

Je ne travaille plus.
Ya no trabajo más.

Ne... plus que se traduit par **ya no... más que** et aussi par **ya sólo** + verbe :

Il ne reste plus que cinq minutes.
Ya no quedan más que cinco minutos.
Ya sólo quedan cinco minutos.

c. *ne... guère* se traduit **no... mucho** :

Je ne crois guère aux efforts qu'il prétend faire.
No creo mucho en los esfuerzos que pretende hacer.

d. *ne... pas... même* ou *ne... même pas* se traduit par **no** + verbe + **siquiera**, **ni siquiera** + verbe ou, particulièrement dans la langue parlée, **ni** + verbe :

Tu ne m'as même pas salué.
No me has saludado siquiera.
Ni siquiera me has saludado.
Ni me has saludado.

e. *ne... pas... du tout* se traduit par **no... en absoluto** ou **no... nada** :

La réaction de Paco ne l'a pas du tout impressionné.
No le impresionó en absoluto la reacción de Paco.
Cela ne me plaît pas du tout.
Esto no me gusta nada.

Attention, **en absoluto** suffit à traduire *pas du tout* :

¿ Te gusta el vino blanco ? — En absoluto.
Tu aimes le vin blanc ? — Pas du tout.

f. *ne... presque pas* se traduit par **casi no** + verbe :

Sa femme ne mange presque pas.
Su esposa casi no come.

3. Les adverbes de doute

Les adverbes ou locutions adverbiales de doute les plus fréquents sont les suivants :

acaso	*peut-être*	**a lo mejor**	*peut-être, si ça se trouve*
quizás	*peut-être*	**probablemente**	*probablement*
quizá	*peut-être*	**posiblemente**	*probablement*
tal vez	*peut-être*	**puede ser**	*c'est possible*

• **acaso** a aussi le sens, dans une phrase interrogative, de *est-ce que par hasard... ?*

¿ Acaso no es verdad ?
Est-ce que par hasard ce n'est pas vrai ?

Précédé de **si**, **acaso** a la même nuance :

Si acaso se presenta, me avisas en el acto.
Si jamais il se présente, tu me préviens immédiatement.

• Pour le mode utilisé — indicatif ou subjonctif — après les adverbes de doute, voir p. 189.

4. Les adverbes de temps

Les adverbes et les locutions de temps sont très nombreux. Voici les plus fréquents :

ayer *hier* **anteayer** *avant-hier*

ayer por la mañana	*hier matin*
ayer por la tarde	*hier après-midi*
anoche	*hier soir*

hoy *aujourd'hui*

esta mañana	*ce matin*
esta tarde	*cet après-midi*
esta noche	*ce soir*
por la mañana	*le matin*
por la tarde	*l'après-midi*
por la noche	*le soir*

mañana *demain* **pasado mañana** *après-demain*

mañana por la mañana	*demain matin*
mañana por la tarde	*demain après-midi*
mañana por la noche	*demain soir*

antes	*avant*	**en adelante** / **desde ahora** / **en lo sucesivo**	*désormais* / *à l'avenir*
en otros tiempos / **antiguamente** / **antaño**	*autrefois* / *jadis*		
		desde (v. p. 220)	*depuis*
luego	*ensuite*	**después**	*après, depuis*
tarde	*tard*	**ahora**	*maintenant*
pronto	*tôt, vite*	**en seguida**	*tout de suite*
a menudo	*souvent*	**temprano**	*tôt, de bonne heure*
siempre	*toujours*	**nunca**, **jamás**	*jamais*
todavía, **aún**	*encore*	**ya**	*déjà, maintenant*

Remarques :

• Au-delà de **anteayer** — attention à **anteanoche**, *avant-hier soir* —, on utilise **hace** suivi du numéral et de **días** :

hace tres días
il y a (cela fait) trois jours

• Au-delà de **pasado mañana**, on utilise **dentro de** :

dentro de tres días
dans trois jours

• **nunca** et **jamás** ont même valeur et mêmes emplois. Ils peuvent s'associer : **nunca jamás**, *au grand jamais*.

• Le sens de **ya** varie selon le temps du verbe qu'il accompagne :

— avec un présent, il prend le sens de *bien*, *parfaitement*, *maintenant*

Ya lo sé.
Je le sais bien.

Ya es viejo.
Il est vieux maintenant.

— avec un passé, il prend le sens de *déjà*

Ya lo sabía.
Je le savais déjà.

¿ Ya hemos llegado ?
Nous sommes déjà arrivés ?

— avec un futur, il prend le sens de *plus tard*

Ya te lo daré.
Je te le donnerai plus tard.

Ya veremos.
Nous verrons plus tard.

• Attention à ne pas confondre les adverbes **antes**, *avant*, et **después**, *après*, avec les locutions prépositives **antes de** ou **antes que**, *avant*, et **después de**, *après* (voir les locutions prépositives, p. 130).

Llegó antes.	**Llegó antes que tú.**
Il est arrivé avant.	*Il est arrivé avant toi.*
Salió después.	**Salió después de su padre.**
Il est parti après.	*Il est parti après son père.*

Remarque : après **después de**, l'infinitif passé français est souvent traduit en espagnol par l'infinitif présent :

Il est parti après avoir éteint la lumière.
Salió después de apagar la luz.

• **aún** (avec un accent écrit) est synonyme de **todavía**, *encore*.

Aún (ou **todavía**) **no han llamado.**
Ils n'ont pas encore appelé.

Il ne faut pas le confondre avec **aun**, adverbe lui aussi, mais qui signifie *même* et qui est synonyme de **hasta**, **incluso** :

Aun los niños me han ayudado.
Même les enfants m'ont aidé.

5. Les adverbes de lieu

Les adverbes et locutions adverbiales de lieu sont nombreux. Voici les principaux :

aquí, **acá**	*ici*	**alrededor**	*autour*
ahí, **por ahí**	*là*	**dentro**	*dedans*
allí, **allá**	*là, là-bas*	**fuera**	*dehors*
cerca	*près*	**arriba**	*en haut*
lejos	*loin*	**abajo**	*en bas*
debajo	*dessous*	**delante**	*devant*
encima	*dessus*	**detrás**	*derrière*
a la derecha	*à droite*	**enfrente**	*en face*
a la izquierda	*à gauche*	etc.	

Remarques :

a. **aquí**, **ahí** et **allí** ont les mêmes valeurs d'éloignement que les démonstratifs **este**, **ese** et **aquel** (voir p. 59).

Aquí désigne le lieu le plus proche :

Siéntate aquí.
Assieds-toi ici (près de moi).

Allí désigne le lieu le plus éloigné :

Han ido allí pero no han dicho cuando volverían.
Ils sont allés là-bas mais ils n'ont pas dit quand ils reviendraient.

Ahí désigne un lieu intermédiaire :

Nos detendremos ahí.
Nous nous arrêterons là.

• **acá**, **allá** et **por ahí** ont les mêmes nuances d'éloignement que **aquí**, **allí** et **ahí**, mais désignent d'une façon plus approximative :

Estará por ahí.
Il doit être par là.

Seuls **acá** et **allá** peuvent être utilisés dans des comparaisons, ils se traduisent alors par *près* et *loin* :

Ponte más allá, por favor.
Mets-toi plus loin, s'il te plaît.

En Amérique latine, **acá** et **allá** sont très souvent employés à la place et avec la valeur de **aquí** et **allí**.

• Ces adverbes peuvent être précédés d'une préposition, requise par le sens de la phrase :

Vengo de allí : es impresionante.
Je viens de là-bas : c'est impressionnant.

¿ Pasarás por aquí o no ?
Tu passeras ici ou non ?

• **aquí** et **allí**, comme *ici* et *là* en français, peuvent avoir un sens temporel quand ils sont précédés de **hasta**, *jusqu'à* :

Hasta aquí no tenemos dificultades.
Jusqu'ici, nous n'avons pas de difficultés.

Hasta allí todo iba bien.
Jusque-là, tout allait bien.

b. Un grand nombre de ces adverbes de lieu peuvent se transformer en locutions prépositives par l'adjonction de **de** (voir p. 130). La confusion est fréquente entre les deux formes : l'adverbe est employé seul et se rapporte au verbe ; les locutions prépositives, quand elles indiquent le lieu, sont suivies d'un nom ou d'un pronom.

debajo, *dessous*	**debajo de**, *sous*
Seguro que hay algo debajo.	**Debajo del colchón había dinero.**
Sûr qu'il y a quelque chose dessous.	*Sous le matelas, il y avait de l'argent.*

encima, *dessus, au-dessus*	**encima de**, *au-dessus de*
Nos sentamos encima.	**No quiere a nadie encima de él.**
Nous nous sommes assis dessus.	*Il ne veut personne au-dessus de lui.*
delante, *devant*	**delante de**, *devant*
Delante no hay nada.	**Delante de él no hay nada.**
Devant, il n'y a rien.	*Devant lui, il n'y a rien.*
detrás, *derrière*	**detrás de**, *derrière*
Detrás estaban los amigos.	**El huerto está detrás de la casa.**
Les amis étaient derrière.	*Le jardin est derrière la maison.*
enfrente, *en face*	**enfrente de**, *en face de*
Enfrente está el supermercado.	**Estabas enfrente de ella.**
En face, il y a le supermarché.	*Tu étais en face d'elle.*

c. Placés après un nom employé sans article, **arriba** et **abajo** indiquent le sens d'un mouvement, d'une direction :

río arriba	*en remontant la rivière*
calle abajo	*en descendant la rue*

d. Les formes **adelante**, **adentro** et **afuera** s'emploient de préférence avec des verbes ou des expressions de mouvement :

ir adelante	*aller de l'avant*
¡ Adelante !	*Entrez !* ou *Continuez !*
tierra adentro	*en s'enfonçant dans les terres*
¡ Adentro !	*Entrez !*
¡ Vámonos afuera !	*Allons dehors !*

6. Les adverbes de manière

Les adverbes et locutions adverbiales de manière sont innombrables. Il faut leur ajouter tous les adverbes en **~mente** faits à partir des adjectifs.

a. Les principaux adverbes de manière :

adrede	*exprès*	**despacio**	*lentement, doucement*
apenas	*à peine*	**gratis**	*gratuitement, gratis*
aprisa	*vite*	**mal**	*mal*
así	*ainsi, comme ça*	**mejor**	*mieux*
bien	*bien*	**peor**	*pire*
casi	*presque*	**regular**	*comme ci, comme ça*

b. Les principales locutions adverbiales de manière :

a escondidas	*en cachette*	**de prisa**	*rapidement*
a tontas y locas	*à tort et à travers*	**de antemano**	*à l'avance*
a cual mejor	*à qui mieux mieux*	**de paso**	*en passant, au passage*
a lo sumo / **a lo más**	*tout au plus*	**de pie**	*debout*
		de rodillas	*à genoux*
de buena gana	*volontiers*	**boca abajo**	*sur le ventre*
de mala gana	*à contrecœur*	**boca arriba**	*sur le dos*
de verdad	*vrai, vraiment*	**por casualidad**	*par hasard*
de veras	*pour de bon*	**con gusto**	*volontiers*
de broma	*en plaisantant*	**sin razón**	*à tort*

etc.

c. L'adjectif qualificatif à valeur adverbiale

• Certains adjectifs peuvent, en espagnol et parfois en français, être utilisés comme des adverbes et, dans ce cas, ils restent invariables.

bajo	*bas*	**alto** *haut*	→	**hablar bajo, alto**	*parler bas, haut*
claro	*clair*		→	**expresarse claro**	*s'exprimer clairement*
fuerte	*fort*		→	**pegar fuerte**	*taper fort*
justo	*juste*		→	**sonar justo**	*sonner juste*
quedo	*doux, bas*		→	**hablar quedo**	*parler bas*

etc.

• Parfois, ces adjectifs peuvent cumuler la fonction d'adjectif, et donc s'accorder avec le sujet, et la fonction d'adverbe.

> **Las horas pasan lentas, ¿ no ?**
> *Les heures passent lentement, n'est-ce pas ?*
>
> **Las cosas no se presentaban claras.**
> *Les choses ne se présentaient pas clairement.*

d. Les adverbes en **~mente**

Tous les adjectifs qualificatifs peuvent se transformer en adverbes de manière par adjonction au féminin du suffixe **~mente**.

atento	*attentif*	→	**atenta**	→	**atentamente**	*attentivement*
cierto	*certain*	→	**cierta**	→	**ciertamente**	*certainement*
rápido	*rapide*	→	**rápida**	→	**rápidamente**	*rapidement*

Si l'adjectif n'a pas de forme spécifique pour le féminin (voir p. 73), on lui ajoute simplement le suffixe **~mente**.

anterior	*antérieur*	→	**anteriormente**	*antérieurement*
fuerte	*fort*	→	**fuertemente**	*fortement*
útil	*utile*	→	**útilmente**	*utilement*

etc.

L'adverbe ainsi obtenu conserve son accent, écrit ou non.

Quand ces adverbes en **~mente** sont coordonnés, le ou les premiers subissent l'apocope du suffixe **~mente** que seul le dernier conserve (voir p. 104).

Hablaba lenta y difícilmente.
Il parlait lentement et difficilement.

En dehors des ordinaux **primero**, *premier*, et **último**, *dernier*, sur lesquels sont construits **primeramente**, *premièrement*, et **últimamente**, *dernièrement*, seuls les adjectifs qualificatifs peuvent se transformer en adverbe de manière ; il faut donc faire attention à la traduction d'adverbes faits en français à partir d'adjectifs indéfinis (*autrement*) ou d'adjectifs ordinaux (*deuxièmement*).

aucunement	**de ningún modo**, **de ninguna manera**
autrement	**de otro modo**, **de otra manera**
deuxièmement	**en segundo lugar**, **segundo**
etc.	

Il est toujours préférable, quand cela est possible, de remplacer les adverbes en **~mente** par les locutions adverbiales de même signification.

casualmente	*par hasard*	→ **por casualidad**
gravemente	*gravement*	→ **de gravedad**
seriamente	*sérieusement*	→ **en serio**
etc.		

7. Les adverbes de quantité

Les adverbes et locutions adverbiales de quantité les plus fréquents sont les suivants :

algo	*un peu*	**casi**	*presque*
a lo sumo / **cuando más**	*tout au plus*	**demasiado**	*trop*
		más	*plus, davantage*
a lo menos / **cuando menos**	*tout au moins*	**menos**	*moins*
		mucho	*beaucoup*
apenas	*à peine*	**muy**	*très*
aproximadamente	*environ*	**nada**	*pas du tout*
bastante	*assez*	**poco**	*peu*
cada día más / **cada vez más**	*de plus en plus*	**poco más o menos**	*environ*
		sólo	*seulement*
cada día menos / **cada vez menos**	*de moins en moins*	**tan**, **tanto**	*si, tant*
		etc.	

Remarques :

a. Attention à **mucho**, **poco**, **demasiado** et **bastante**, qui, placés devant un nom ou s'ils le remplacent, sont des adjectifs en espagnol et donc s'accordent.

¿ Han tenido muchas dificultades ? — No, muy pocas.
Avez-vous eu beaucoup de difficultés ? — Non, très peu.
Habéis intervenido demasiadas veces.
Vous êtes intervenus trop souvent.

b. Attention de ne pas confondre **poco**, *peu*, et **un poco de**.

Ha tenido poca suerte.
Il a eu peu de chance.
Ha tenido un poco de suerte.
Il a eu un peu de chance.

c. **algo** et **nada**, adverbes de quantité, sont suivis de **de** quand ils précèdent un nom.

Si sentís algo de amargura, no os extrañéis.
Si vous éprouvez un peu d'amertume, ne vous étonnez pas.
Creo que no has tenido nada de paciencia.
Je crois que tu n'as pas eu de patience du tout.

d. Pour la traduction de *à demi, à moitié*, voir p. 233.

Pour la traduction de *plus* et de *moins* dans différentes locutions, voir p. 234.

Exercices sur les mots invariables

a. Compléter en choisissant la **préposition** qui convient : ***a*** ou ***en***.

1. Ayer, ¿ dieron ustedes un paseo . . . coche o . . . pie ?
2. Tengo una casa . . . . . el campo.
3. Ahora voy . . . . . casa de mis amigos.
4. Ha subido . . . . . una silla.
5. ¿ Dónde quieres que te espere ? ¿ . . . . . la calle ?
6. Subió al piso superior . . . . . explicárselo.
7. Estamos . . . . . 24 de marzo.
8. Sí señor, ... cien pesetas el kilo.
9. Lo habían hecho . . . . . cinco minutos.
10. Le han condenado . . . . . mil francos.

b. Compléter en choisissant la **préposition** qui convient : ***de*** ou ***con***.

1. ¿ . . . . . quién es ?
2. ¿ . . . . . quién sales ?
3. ¿ Es la chica . . . . . un clavel en el pelo ?
4. El presidente era un hombre . . . . . mirada severa.
5. Me gustan más las camisas . . . . . algodón.
6. Se fueron . . . . . paseo.
7. Cerró la puerta . . . . . llave.
8. Se murieron . . . . . hambre.
9. Lo dijo . . . . . mucha melancolía.
10. . . . . . todo, lo haré, te lo prometo.

c. Compléter en choisissant la forme qui convient : ***ante***, ***antes***, ***cerca***, ***delante***, ***encima***, ***entre***, ***hacia***, ***hasta***, ***sobre***.

1. La esperó . . . . . las ocho de la tarde pero no vino.
2. Se volvió lentamente . . . . . ellos.
3. . . . . . nosotros siempre hay acuerdo.
4. . . . . . tal obstáculo vacilaron.
5. . . . . . de él no había nadie, era el primero.
6. La maleta estaba . . . . . . del armario y no podía alcanzarla.
7. El avión vuela . . . . . . el mar.
8. No había nadie . . . . . de ellos, así que estaban a gusto.
9. Llegaron . . . . . . que sus padres.
10. Se dirigían . . . . . . la entrada.

d. **Traduire** en espagnol :

1. Je ne suis pas resté, parce que je n'avais pas le temps.
2. Je ne viens pas aujourd'hui, mais je t'appellerai demain.
3. Non seulement il n'a rien dit, mais il n'a rien fait.
4. Ce n'est pas de l'argent qu'il veut, mais de l'affection.
5. Ou tu viens tout de suite ou tu restes.
6. Ils sont venus hier et ils ont fait ce qu'ils ont voulu.
7. Combien veux-tu ? 9, 10 ou 11 ?
8. Je lui ai expliqué la situation et il sait ce que je pense. Cela dit, il fera ce qu'il voudra.
9. Entre donc !
10. J'avais donc raison.
11. Bien sûr que je le ferai !
12. Pourquoi ne l'as-tu pas fait ? — Parce que !
13. Je ne connais que sa sœur.
14. Ils ne veulent plus le faire.
15. Il ne fume jamais et ne boit presque pas.

IV

Les subordonnées

1. Choix du mode dans la subordonnée

L'usage de l'indicatif ou du subjonctif dans la proposition subordonnée est imposé par la signification du verbe de la proposition principale.

1. Lorsque le verbe de la proposition principale, indépendamment des sentiments éprouvés par le sujet, se limite à constater la réalité d'un fait — présent, passé ou futur —, le verbe de la proposition subordonnée se met à l'indicatif, qui est le mode de la vérité objective, de la certitude.

Sé que cantas.	*Je sais que tu chantes.*
Sabe que cantabas.	*Il sait que tu chantais.*
Saben que cantarás.	*Ils savent que tu chanteras.*
Creías que escuchaban.	*Tu croyais qu'ils écoutaient.*
Verás que no vendrá.	*Tu verras qu'il ne viendra pas.*

2. Lorsque le verbe de la proposition principale indique qu'un fait est seulement envisagé ou qu'il se situe sur un plan qui n'est pas celui de la réalité, le verbe de la proposition subordonnée se met au subjonctif, qui est le mode de la subjectivité, de l'éventualité.

Quiere que cantes.	*Il veut que tu chantes.*
Temo que él no escuche.	*Je crains qu'il n'écoute pas.*
Es posible que lo veas.	*Il est possible que tu le voies.*
No creo que vengan.	*Je ne crois pas qu'ils viennent.*
Hace falta que él lo sepa.	*Il faut qu'il le sache.*

2. La concordance des temps

Une fois connu le mode — indicatif ou subjonctif —, le temps de la proposition subordonnée est déterminé par celui de la proposition principale.

1. Si la proposition subordonnée est au mode indicatif, la concordance des temps est semblable à celle du français.

Dice que se va.	*Il dit qu'il s'en va.*
Dice que se iba.	*Il dit qu'il s'en allait.*
Dice que se irá.	*Il dit qu'il s'en ira.*

Dice que se ha ido.	*Il dit qu'il s'en est allé.*
Decía que se iría.	*Il disait qu'il s'en irait.*

etc.

2. Si la proposition subordonnée est au mode subjonctif, la concordance des temps s'établit rigoureusement, à l'oral comme à l'écrit, de la façon suivante :

Principale	→ Subordonnée
a. Indicatif présent **b.** Futur simple **c.** Passé composé **d.** Impératif	Subjonctif présent (ou passé, voir p. 150)
e. Indicatif imparfait **f.** Passé simple **g.** Plus-que-parfait **h.** Conditionnel présent **i.** Conditionnel passé	Subjonctif imparfait (ou plus-que-parfait, voir p.150)

Exemples :

a. quiero	*je veux*	
b. querré	*je voudrai*	**que él escuche.**
c. he querido	*j'ai voulu*	*qu'il écoute.*
d. dígale	*dites-lui*	
e. quería	*je voulais*	
f. quise	*je voulus, j'ai voulu*	**que él escuchara.**
g. había querido	*j'avais voulu*	*qu'il écoute (écoutât).*
h. querría	*je voudrais*	
i. habría querido	*j'aurais voulu*	

Remarque :

Le passé composé employé dans la proposition principale permet une double concordance des temps dans la proposition subordonnée, dont le verbe peut se mettre au subjonctif présent ou au subjonctif imparfait. L'espagnol moderne choisit généralement la première solution.

Me ha sorprendido { **que no venga.** / **que no viniera.** }

J'ai été surpris qu'il ne vienne pas.

3. Le moment où se situe l'action exprimée dans la subordonnée détermine l'emploi :

a. du subjonctif présent ou du subjonctif passé ;

b. du subjonctif imparfait ou du subjonctif plus-que-parfait.

a. La subordonnée est au subjonctif présent lorsque l'action exprimée est postérieure à celle de la principale.

Es posible que venga.
Il est possible qu'il vienne.

La subordonnée est au subjonctif passé lorsque l'action exprimée est antérieure à celle de la principale.

Es posible que haya venido.
Il est possible qu'il soit venu.

b. La subordonnée est au subjonctif imparfait lorsque l'action exprimée est postérieure à celle de la principale.

Era posible que viniera.
Il était possible qu'il vienne (vînt).

La subordonnée est au subjonctif plus-que-parfait lorsque l'action exprimée est antérieure à celle de la principale.

Era posible que hubiera venido.
Il était possible qu'il soit venu (fût venu).

4. La concordance des temps ne connaît qu'une exception systématique : **como si**, *comme si*, est toujours suivi du subjonctif imparfait ou plus-que-parfait en espagnol.

La principale peut être à différents temps de l'indicatif — présent, futur, passé composé — ou à l'impératif.

Me hablas de ella como si la conocieras.
Tu me parles d'elle comme si tu la connaissais.

Haz como si lo supieras.
Fais comme si tu le savais.

Siguió escribiendo como si no nos hubiera visto.
Il a continué à écrire comme s'il ne nous avait pas vus.

5. On peut également rencontrer d'autres exceptions à la concordance des temps qui relèvent d'une interprétation subjective et qui, par conséquent, doivent être considérées avec une prudence extrême. Voici quelques exemples :

a. *Il est possible qu'il l'ait fait.*
Es posible que lo haya hecho.
Es posible que lo hiciera.

Dans le premier cas, l'action exprimée est encore en rapport avec le moment présent, alors que dans le second elle est totalement rejetée dans le passé.

b. *Je lui ai dit de ne pas le faire.*
Le dije que no lo hiciera.
Le dije que no lo haga.

Dans le premier cas, la subordonnée est logiquement à l'imparfait du subjonctif, tandis que dans le second elle est au subjonctif présent parce qu'il est envisagé que la volonté exprimée sera suivie d'effet au présent ou au futur.

3. La proposition complétive

Cette proposition subordonnée est introduite par la conjonction **que**. On la rencontre après des verbes déclaratifs (**decir**, *dire*, **creer**, *croire*, **pensar**, *penser*, etc.), de sentiment (**sentir**, **lamentar**, *regretter*, **temer**, *craindre*, etc.), de volonté (**querer**, *vouloir*, **permitir**, *permettre*, etc.) et après des expressions impersonnelles (**hace falta**, *il faut*, **es necesario**, *il est nécessaire*, **es probable**, *il est probable*, etc.).

LE MODE DANS LA PROPOSITION COMPLÉTIVE

• On utilise l'indicatif ou le conditionnel lorsque la principale affirme la réalité du fait exprimé dans la subordonnée (domaine de ce qui est certain ou très probable).

Dice que lo hará.	*Il dit qu'il le fera.*
Creo que ha salido.	*Je crois qu'il est sorti.*
Pensará que lo sabías.	*Il pensera que tu le savais.*
Estaba seguro de que irías.	*J'étais certain que tu irais.*
Es probable que lo dirá.	*Il est probable qu'il le dira.*
Creería que no quieres.	*Il croirait que tu ne veux pas.*

• On utilise le subjonctif dans la subordonnée en respectant la concordance des temps (voir p. 149) :

— après les verbes ou les locutions qui marquent une incertitude plus ou moins prononcée (domaine de ce qui n'a pas de réalité, de ce qui n'est que possible) ;

— lorsque la réalité du fait est évidente, après les verbes qui expriment les sentiments ou les réactions du sujet (domaine de l'appréciation).

1. Le verbe de la subordonnée se met au subjonctif lorsque le verbe de la principale exprime une opinion négative, l'incertitude ou le doute.

No creo que él pueda hacerlo.
Je ne crois pas qu'il puisse le faire.

No creía que él pudiera hacerlo.
Je ne croyais pas qu'il puisse le faire.

Dudo que acepten.
Je doute qu'ils acceptent.

Yo que tú, dudaría que aceptaran.
Moi, à ta place, je douterais qu'ils acceptent.

Es dudoso que él tenga bastante dinero.
Il est douteux qu'il ait assez d'argent.

Era poco probable que él tuviera bastante dinero.
Il était peu probable qu'il ait assez d'argent.

Remarque : un verbe de doute, à la forme négative constitue une affirmation et entraîne l'emploi de l'indicatif.

No dudo que lo hará.
Je ne doute pas qu'il le fera.

2. Le verbe de la subordonnée se met au subjonctif lorsque le verbe de la principale exprime un sentiment ou une émotion.

Siento que te marches ahora.
Je regrette que tu partes maintenant.

Me dio pena que tu prima no hubiera venido.
J'ai été peiné que ta cousine ne soit pas venue.

Me encantará que ella venga contigo la próxima vez.
Je serai enchanté qu'elle vienne avec toi la prochaine fois.

Me alegraría que volvierais juntos.
Je serais heureux que vous reveniez ensemble.

Temo que ella tenga demasiado trabajo actualmente.
Je crains qu'elle ait trop de travail actuellement.

3. Le verbe de la subordonnée se met au subjonctif lorsque le verbe de la principale exprime le souhait ou le désir.

Deseo que firmen el contrato cuanto antes.
Je désire qu'ils signent le contrat dès que possible.

Me gustaría que lo firmaran hoy.
J'aimerais qu'ils le signent aujourd'hui.

Preferirán que lo firmemos la semana que viene.
Ils préféreront que nous le signions la semaine prochaine.

El jefe deseaba que lo firmaran antes.
Le patron souhaitait qu'ils le signent avant.

4. Le verbe de la subordonnée se met au subjonctif lorsque le verbe de la principale exprime une volonté (ordre, prière, recommandation, permission, défense) comme **mandar**, **ordenar**, *ordonner*, **pedir**, *demander*, **rogar**, *prier*, **aconsejar**, *conseiller*, **recomendar**, *recommander*, **decir**, *dire*, **encargar**, *charger*, **escribir**, *écrire*, **permitir**, *permettre*, **prohibir**, *interdire*, **insistir**, *insister*, **exigir**, *exiger*, etc.

Quiere que yo estudie.
Il veut que j'étudie.

Mandó que estudiaras.
Il a ordonné que tu étudies.

Insistirá en que estudies.
Il insistera pour que tu études.

Exigiría que yo estudiara.
Il exigerait que j'étudie.

L'infinitif placé en français après un verbe qui exprime une volonté est communément rendu en espagnol par une subordonnée au subjonctif.

Me pide que salga.
Il me demande de sortir.

Me prohibía que saliera.
Il m'interdisait de sortir.

Les permitirá que salgan.
Il leur permettra de sortir.

Les diría que salieran.
Il leur dirait de sortir.

Remarques :

• Certains verbes qui expriment une volonté, comme **mandar**, **ordenar**, *ordonner*, **recomendar**, *recommander*, **permitir**, *permettre*, **impedir**, *empêcher*, **prohibir**, *interdire*, peuvent aussi être construits avec l'infinitif :

a. si leur complément d'objet est un pronom personnel

Me permite conducir.
Il me permet de conduire.

Le impidió hablar.
Il l'a empêché de parler.

Te manda escuchar.
Il t'ordonne d'écouter.

b. dans une locution d'usage courant si le deuxième verbe est intransitif

Mandó entrar a todos.
Il fit entrer tout le monde.

c. dans une construction impersonnelle

Se prohíbe hacer ruido.
Il est interdit de faire du bruit.

• La conjonction **que** qui précède le subjonctif peut ne pas être exprimée, ce qui est très fréquent en correspondance.

Le ruego a Ud me lo mande.
Je vous prie de me l'envoyer.

Les rogaría a Uds me contestaran.
Je vous prierais de me répondre.

• Lorsqu'il s'agit d'une constatation et non d'un ordre, les verbes **decir**, *dire*, et **escribir**, *écrire*, s'emploient avec l'indicatif comme en français.

Dice que tienes razón.
Il dit que tu as raison.

Les escribí que no iríamos.
Je leur ai écrit que nous n'irions pas.

5. Le verbe de la subordonnée se met au subjonctif après les tournures impersonnelles qui expriment l'obligation ou la nécessité (**hace falta que**, **es preciso que**, **es menester que**, **es necesario que**, *il faut que*, **es indispensable que**, **es imprescindible que**, *il est indispensable que*, etc.).

Hace falta que abras.
Il faut que tu ouvres.

Era preciso que abrieras.
Il fallait que tu ouvres.

Es indispensable que lo traigas.
Il est indispensable que tu l'apportes.

Sería necesario que lo trajeras.
Il faudrait que tu l'apportes.

6. Le verbe de la subordonnée se met au subjonctif après les verbes ou les tournures impersonnelles qui expriment un jugement de valeur (**preferir que**, *préférer que*, **es preferible que**, *il est préférable que*, **más vale que**, **es mejor que**, *il vaut mieux que*, **es natural que**, *il est naturel que*, **es injusto que**, *il est injuste que*, **parece mentira que**, *il est invraisemblable que*, etc.).

Es mejor que lo sepan.
Il vaut mieux qu'ils le sachent.

Era natural que lo supieran.
Il était naturel qu'ils le sachent.

Es inadmisible que no la recompensen.
Il est inadmissible qu'ils ne la récompensent pas.

Sería una vergüenza que no la recompensaran.
Ce serait une honte qu'ils ne la récompensent pas.

7. Après un verbe qui exprime des excuses ou la reconnaissance, l'infinitif français est rendu en espagnol par une subordonnée au subjonctif.

Perdone que no le reciba ahora.
Pardonnez-moi de ne pas vous recevoir maintenant.

Le agradezco que me haya esperado.
Je vous remercie de m'avoir attendu.

8. On utilise le subjonctif ou l'indicatif dans la proposition complétive introduite par **que** lorsque le sujet du verbe de la subordonnée est différent de celui de la principale.

Quiero que lo digas.
Je veux que tu le dises.

Creo que él lo sabe.
Je crois qu'il le sait.

Mais, si les deux verbes ont le même sujet, le verbe principal se construit avec l'infinitif.

Quiero decirlo.
Je veux le dire.

Creo saberlo.
Je crois le savoir.

Cette dernière construction correspond souvent à un infinitif français précédé de la préposition *de*.

Siento decirlo.
Je regrette de le dire.

Me alegra saberlo.
Je suis heureux de le savoir.

9. Dans une subordonnée dépendant du verbe **esperar**, dans le sens d'*espérer*, l'espagnol peut encore affiner l'expression en jouant sur l'emploi de l'indicatif ou du subjonctif ; cette subordonnée se met à l'indicatif s'il l'on croit la chose très probable et au subjonctif si, au contraire, l'on n'en est nullement persuadé.

Espero que te gustará.
J'espère qu'elle te plaira.
(je m'y attends, j'y compte bien)

Espero que te guste.
J'espère qu'elle te plaira.
(je le souhaite mais je n'en suis pas certain)

Remarque : après **esperar**, dans le sens d'*attendre*, la subordonnée se met toujours au subjonctif.

Pedro espera a que le escribas para venir.
Pierre attend que tu lui écrives pour venir.

4. La proposition circonstancielle de temps

Les propositions circonstancielles de temps sont introduites par des conjonctions telles que **cuando**, *quand*, **en cuanto**, *dès que*, **tan pronto como**, *aussitôt que*, **mientras**, *pendant que*, *tant que*, **según**, **conforme**, **a medida que**, *à mesure que*, **cada vez que**, *chaque fois que*, etc. Lorsque l'action se situe au présent ou au passé, la subordonnée espagnole utilise les mêmes temps de l'indicatif que le français.

En cuanto lo puede, va a ver a sus padres.
Dès qu'il le peut, il va voir ses parents.

Cuando llovía, no salían.
Quand il pleuvait, ils ne sortaient pas.

Mientras duró su visita, no pude estudiar.
Tant qu'a duré sa visite, je n'ai pas pu étudier.

Après une conjonction de temps, l'espagnol emploie le subjonctif présent là où le français utilise le futur d'éventualité.

Cuando la vea, se lo diré.
Quand je la verrai, je le lui dirai.

Me marcharé en cuanto tenga el billete.
Je partirai dès que j'aurai le billet.

Mientras esté enfermo, no saldrá.
Tant qu'il sera malade, il ne sortira pas.

Los avisaré conforme vayan llegando.
Je les préviendrai à mesure qu'ils arriveront.

Après une conjonction de temps, l'espagnol emploie l'imparfait du subjonctif là où le français utilise le conditionnel d'éventualité.

Me dijo que las mandaría tan pronto como recibiera el pedido.
Il m'a dit qu'il les enverrait aussitôt qu'il recevrait la commande.

Après **antes de que**, *avant que*, le verbe de la proposition subordonnée se met toujours au subjonctif en respectant la concordance des temps (voir p. 149).

No se las expida antes de que se lo digamos.
Ne les lui expédiez pas avant que nous ne vous le disions.

Remarque : le pronom explétif *ne* n'est jamais traduit en espagnol.

Lorsque **hasta que**, *jusqu'à ce que*, a le sens de *avant que*, le verbe de la proposition subordonnée se met également au subjonctif.

No se las envíe hasta que se lo pidamos.
Ne les lui envoyez pas jusqu'à ce que (avant que) nous vous le demandions.

5. La proposition circonstancielle de condition

1. Cette subordonnée est le plus souvent introduite par la conjonction **si**. Lorsqu'il s'agit d'une condition réalisable ou réalisée dans le présent ou dans le passé, l'espagnol utilise les mêmes temps de l'indicatif que le français.

Si hace frío, no salgo.
S'il fait froid, je ne sors pas.

Si tenía dinero, iba al cine.
Si j'avais de l'argent, j'allais au cinéma.

Si ha recibido la carta, vendrá.
S'il a reçu la lettre, il viendra.

2. Lorsque la condition est irréalisable ou non réalisée, elle est énoncée en espagnol avec l'imparfait du subjonctif alors que le français utilise l'imparfait de l'indicatif. La conclusion est au conditionnel présent dans les deux langues.

Si hiciera frío, me quedaría en casa.
S'il faisait froid, je resterais à la maison.

Si tuviera tiempo, iría al cine.
Si j'avais le temps, j'irais au cinéma.

3. La condition irréalisable ou non réalisée se rapportant au passé est énoncée dans la subordonnée espagnole avec le plus-que-parfait du subjonctif et la principale se met au conditionnel présent ou au conditionnel passé (le conditionnel du verbe auxiliaire **haber**, **habría**, est très souvent remplacé par l'imparfait du subjonctif 1re forme, **hubiera**).

Si hubiera recibido la carta, hubiera (habría) venido.
S'il avait reçu la lettre, il serait venu.

Si hubiera llegado, lo sabría.
S'il était arrivé, je le saurais.

Remarques :

• Dans la langue parlée, on peut parfois employer l'imparfait de l'indicatif dans la principale.

Si me la hubiera pedido, se la prestaba.
S'il me l'avait demandée, je la lui prêtais (aurais prêtée).

• Dans le style indirect (voir p. 164), après un verbe de déclaration, tel que **decir**, *dire*, **manifestar**, *déclarer*, *faire savoir*, etc., on peut trouver l'imparfait de l'indicatif dans la subordonnée.

Manifestó que si el presupuesto lo permitía, se concedería el préstamo.
Il a déclaré que si le budget le permettait, le prêt serait accordé.

4. Tournures de substitutions :

a. La préposition **de** suivie de l'infinitif équivaut à une proposition subordonnée de condition.

De tener la dirección { **voy en seguida.** / **iré en seguida.** }

Si j'ai l'adresse { *j'y vais tout de suite.* / *j'irai tout de suite.* }

De tener la dirección, iría en seguida.
Si j'avais l'adresse, j'irais tout de suite.

b. Le gérondif peut exprimer la condition.

Sabiéndolo no hubiera ido.
Le sachant (si j'avais su), je n'y serais pas allé.

5. Autres conjonctions ou locutions qui expriment la condition :

• **como** + subjonctif : *si par hasard, si jamais, au cas où*, etc.

Como haya huelga, llegarán tarde.
Si jamais il y a grève, ils arriveront en retard.

Dans la langue parlée, on emploie souvent le présent de l'indicatif dans la principale pour indiquer que la conséquence est immédiate.

Como no haya billete, me quedo.
Si par hasard il n'y a pas de billet, je reste.

• **como si**, *comme si*, est toujours suivi de l'imparfait du subjonctif en espagnol quel que soit le temps utilisé dans la principale (voir p. 150).

Lleva un abrigo como si estuviéramos ya en invierno.
Il porte un manteau comme si nous étions déjà en hiver.

• Sont fréquentes également les locutions :

en caso de que		*au cas où, si toutefois*
caso que		*— d° —*
a condición de que		*à condition que*
siempre que	+ subjonctif	*si toutefois, pourvu que*
siempre y cuando que		*— d° —*
con tal (de) que		*pourvu que*
con que		*— d° —*

Caso que decidas venir, escríbame antes.
Si toutefois tu te décides à venir, écris-moi auparavant.

Te lo diré a condición de que no lo cuentes a nadie.
Je te le dirai à condition que tu ne le racontes à personne.

Con tal que haga sol, iremos a bañarnos.
Pourvu qu'il y ait du soleil, nous irons nous baigner.

6. La proposition circonstancielle de cause

Les propositions de cause sont introduites par des conjonctions ou locutions telles que **porque**, *parce que*, **ya que**, **puesto que**, *puisque*, **pues**, *car, puisque*, **como**, *comme*, **dado que**, *étant donné que*, etc. Elles sont généralement énoncées aux mêmes temps de l'indicatif ou du conditionnel qu'en français.

No pudo jugar porque estaba cansado.
Il n'a pas pu jouer parce qu'il était fatigué.

Ya que no quieres venir, me voy ahora.
Puisque tu ne veux pas venir, je pars maintenant.

No pueden salir, pues está lloviendo.
Ils ne peuvent pas venir puisqu'il pleut.

Como no podrías cumplir con tu palabra, no prometas nada.
Comme tu ne pourrais pas tenir ta parole, ne promets rien.

Cependant, on peut dans certains cas rencontrer le subjonctif dans une subordonnée introduite par **porque**, *parce que* :

a. dans une phrase comportant une forte nuance concessive, le verbe de la principale étant le plus souvent à la forme négative.

No nos vamos a quedar en casa porque haya un poco de nieve.
Nous n'allons pas rester à la maison parce qu'il y a un peu de neige.

b. lorsque l'on nie que le fait énoncé dans la subordonnée soit la cause de la principale.

No lo digo porque Ud sea español.
Je ne le dis pas parce que vous êtes espagnol.

c. lorsque la subordonnée est introduite par un élément alternatif (*soit... soit*) et que l'idée de disjonction prévaut dans l'esprit de celui qui s'exprime.

Los alumnos, ya porque estuvieran cansados o porque no les interesara el tema, apenas si estaban escuchando.
Les élèves, soit parce qu'ils étaient fatigués ou parce que le sujet ne les intéressait pas, écoutaient à peine.

d. lorsque **porque**, *parce que*, équivaut à **para que**, *pour que*.

Les voy a mandar postales porque (para que) no crean que soy un egoísta.
Je vais leur envoyer des cartes postales pour qu'ils ne croient pas que je suis un égoïste.

7. La proposition circonstancielle de but

Cette proposition subordonnée marque la finalité ou l'intention et elle se met toujours au subjonctif. Elle est précédée de l'une ou l'autre des locutions conjonctives suivantes :

para que **a que**	*pour que*
a fin de que **con objeto de que**	*afin que, pour que*
de modo que **de forma que**	*de façon que, de manière que, de sorte que*
por miedo a que	*de peur que*

Te doy este libro para que lo leas.
Je te donne ce livre pour que tu le lises.

Te lo dijo a fin de que lo repitieras.
Il te l'a dit afin que (pour que) tu le répètes.

Lo hizo de modo que todos lo supieran.
Il l'a fait de façon que tout le monde le sache.

No me lo presta por miedo a que lo pierda.
Il ne me le prête pas de peur que je ne le perde.

Dans la langue parlée, la conjonction **que** peut être employée seule, surtout avec l'impératif, en donnant une idée de finalité.

Vuélvete, que admiremos tu nuevo traje.
Retourne-toi pour que nous admirions ton nouveau costume.

Sin que, *sans que*, se construit toujours avec le subjonctif et peut avoir une valeur de finalité.

Salgo sin que me vean (de modo que no me vean).
Je sors sans qu'ils ne me voient (de façon qu'ils ne me voient pas).

Remarque :

Lorsque le sujet de la subordonnée est le même que le sujet du verbe de la principale, la finalité peut être exprimée avec des prépositions et des locutions prépositives telles que **para**, *pour*, **a fin de**, **con objeto de**, *afin de*, **por miedo a**, *de peur de*, etc. suivies de l'infinitif.

Salió para hacer la compra.
Il est sorti pour faire les courses.

8. La proposition circonstancielle de concession

Cette proposition se met à l'indicatif lorsque la concession porte sur un fait réel et au subjonctif, en respectant la concordance des temps (voir p. 149), lorsqu'elle porte sur un fait hypothétique ou irréel.

Elle peut être introduite par l'une ou l'autre des conjonctions ou locutions suivantes :

aunque	+ indicatif	→	*bien que*	+ subjonctif
aunque	+ subjonctif	→	*même si*	+ indicatif

No lo compro aunque tengo bastante dinero.
Je ne l'achète pas bien que (quoique) j'aie assez d'argent.

No lo compraré aunque tenga bastante dinero.
Je ne l'achèterai pas même si j'ai assez d'argent.

No lo compraría aunque fuera barato.
Je ne l'achèterais pas même s'il était bon marché

Aun cuando est synonyme de **aunque** ; suivi de l'imparfait du subjonctif, cette locution peut prendre le sens de *quand bien même*.

Aun cuando fuera mi mejor amigo, no se lo prestaría.
Quand bien même serait-il (même s'il était) mon meilleur ami, je ne le lui prêterais pas.

Remarques :

• **aun**, *même*, suivi d'un gérondif peut exprimer l'idée de concession, qu'elle porte sur un fait réel ou hypothétique

Aun teniendo tiempo, no lo haré.
Bien que j'aie le temps / *Même si j'ai le temps* } *je ne le ferai pas.*

• **a pesar de que** est l'équivalent de **aunque**, surtout s'il est construit avec l'indicatif

A pesar de que estoy cansado, no puedo dormir.
Bien que je sois fatigué, je ne peux pas dormir.

A pesar de que yo estuviera cansado, no dejaría de ir.
Même si j'étais fatigué, je ne manquerais pas d'y aller.

• **(aun) a riesgo de**, *(même) au risque de*, n'admet que le subjonctif

Aun a riesgo de que no le guste a él, tenemos que hacerlo.
Même au risque de lui déplaire, nous devons le faire.

• **(aun) a sabiendas de que**, *même en sachant que, bien que*, **y eso que**, **si bien**, *bien que, quoique*, n'admettent que l'indicatif en espagnol

Presta dinero aun a sabiendas de que lo va a perder.
Il prête de l'argent même en sachant (bien qu'il sache) qu'il va le perdre.

Tengo que ayudarle y eso que (si bien) no estoy de acuerdo.
Je dois l'aider bien que (quoique) je ne sois pas d'accord.

• la subordonnée introduite par **por poco que**, *pour peu que*, se met toujours au subjonctif

Por poco que insistas, te la darán.
Pour peu que tu insistes, ils te la donneront.

Traduction de *avoir beau*, voir p. 191.

Traduction de *quoi (quel) que* + subjonctif, voir p. 192.

9. La proposition relative

Après un pronom relatif :

1. l'espagnol emploie l'indicatif lorsque l'action est réelle, c'est-à-dire lorsqu'elle se réfère à un fait réalisé.

Han encontrado a un representante que habla español.
Ils ont trouvé un représentant qui parle espagnol.

Vi al médico que me recomendaste.
J'ai vu le médecin que tu m'as recommandé.

Os contaré lo que ha ocurrido.
Je vous raconterai ce qui s'est passé.

2. l'espagnol emploie le subjonctif en respectant la concordance des temps (voir p. 149) lorsque l'action est irréelle, c'est-à-dire lorsqu'elle se réfère à un fait non réalisé.

Buscamos un representante que hable español.
Nous cherchons un représentant qui parle espagnol.

¿ Hay alguien que me pueda decir dónde está mi libro ?
Y a-t-il quelqu'un qui puisse me dire où est mon livre ?

Quisiera encontrar un piso que diera al mar.
Je voudrais trouver un appartement qui donne sur la mer

3. l'espagnol emploie le présent ou l'imparfait du subjonctif là où le français utilise le futur ou le conditionnel d'éventualité.

Hagan lo que quieran.
Faites ce que vous voudrez.

El último que salga apagará.
Le dernier qui sortira éteindra.

Dijo que haría lo que quisieras.
Il a dit qu'il ferait ce que tu voudrais.

Remarque : le subjonctif remplace également le futur et le conditionnel d'éventualité ailleurs que dans les relatives, par exemple après **como**, *comme.*

Como quieran.
Comme vous voudrez.

4. Les pronoms relatifs composés **dondequiera que**, *partout où, où que*, **quienquiera que**, *qui que ce soit, quiconque*, **cualquiera que**, *quel (quelle) que, quiconque*, etc., sont suivis du subjonctif.

Dondequiera que vayas, podrás oír hablar español.
Partout où tu iras, tu entendras parler espagnol.

Quienquiera que lea este libro lo encontrará interesante.
Quiconque lira ce livre le trouvera intéressant.

Cualquiera que sea la causa, el resultado será el mismo.
Quelle qu'en soit la cause, le résultat sera le même.

10. Le discours indirect

Le discours (ou le style) indirect permet de rapporter des propos déjà tenus. Il est introduit par les verbes dits « déclaratifs » tels que : **decir**, *dire*, **afirmar**, *affirmer*, **contar**, *raconter*, **manifestar**, **declarar**, *déclarer*, etc.

La transposition du style direct au style indirect peut entraîner des changements de personnes verbales, de pronoms personnels ou d'adjectifs possessifs.

Doy mi tarjeta a este señor.
Je donne ma carte à ce monsieur.

→ **Dice que da su tarjeta a este señor.**
Il dit qu'il donne sa carte à ce monsieur.

Te doy mi tarjeta.
Je te donne ma carte.

→ **Dice que le da su tarjeta.**
Il dit qu'il lui donne sa carte.

Les modes et les temps dans le discours indirect.

1. Si le verbe déclaratif est au présent de l'indicatif, la subordonnée conserve le ou les temps des verbes utilisés au style direct.

Estábamos cenando cuando Juan llamó.
Nous étions en train de dîner quand Jean a appelé.

→ **Cuentan que estaban cenando cuando Juan llamó.**
Ils racontent qu'ils étaient en train de dîner quand Jean a appelé.

2. Si le verbe déclaratif est au passé, le temps du (ou des) verbe(s) de la subordonnée dépend de celui qui est utilisé au style direct.

a. Direct : présent de l'indicatif

Vengo en seguida.
Je viens tout de suite.

Indirect : imparfait de l'indicatif ou passé simple

→ **Dijo que venía (vino) en seguida.**
Il a dit qu'il venait (est venu) tout de suite.

b. Direct : passé simple ou passé composé

Salí (he salido) sin abrigo.
Je suis sorti sans manteau.

Indirect : plus-que-parfait de l'indicatif ou passé simple

→ **Dijo que había salido (salió) sin abrigo.**
Il a dit qu'il était sorti (est sorti) sans manteau.

c. Direct : futur simple

Lo haré mañana.
Je le ferai demain.

Indirect : conditionnel présent

→ **Dijo que lo haría mañana.**
Il a dit qu'il le ferait demain.

d. Direct : futur antérieur

Lo habré acabado.
Je l'aurai fini.

Indirect : conditionnel passé

→ **Dijo que lo habría** (**hubiera**, voir p. 38) **acabado.**
Il a dit qu'il l'aurait fini.

e. Si le verbe utilisé au style indirect est à l'imparfait de l'indicatif ou au conditionnel présent ou passé, il est transposé au style indirect sans aucune modification.

Yo trabajaba (**trabajaría**) **cada día.**
Je travaillais (travaillerais) tous les jours.

→ **Dijo que trabajaba** (**trabajaría**) **cada día.**
Il a dit qu'il travaillait (travaillerait) tous les jours.

3. L'impératif du style direct se met au subjonctif dans le style indirect.

Volved pronto.
Revenez vite.

→ **Dice que vuelvan pronto.**
Il dit qu'ils reviennent vite.

4. Si la subordonnée de la phrase énoncée au style indirect exige le subjonctif, on doit respecter la concordance des temps (voir p. 149).

Vuelve el lunes.
Reviens lundi.

→ **Dijo que volviera el lunes.**
Il a dit qu'il revienne lundi.

Hace falta que la compréis.
Il faut que vous l'achetiez.

→ **Dijo que hacía falta que la comprasen.**
Il a dit qu'il fallait qu'ils l'achètent.

5. Après la conjonction **si** on peut trouver l'imparfait de l'indicatif ou l'imparfait (ou plus-que-parfait) du subjonctif.

a. Lorsque le verbe de la subordonnée est à l'indicatif, il conserve ce mode au style indirect.

Si todo sale bien, terminarán hoy.
Si tout va bien, ils termineront aujourd'hui.

→ **Afirmó que si todo salía bien, terminarían hoy.**
Il a affirmé que si tout allait bien, ils termineraient aujourd'hui.

b. Lorsque le verbe de la subordonnée est à l'imparfait (ou plus-que-parfait) du subjonctif, il est transposé au style indirect sans aucune modification.

Si todo saliera bien, terminarían hoy.
Si tout allait bien, ils termineraient aujourd'hui.

→ **Afirmó que si todo saliera bien, terminarían hoy.**
Il a affirmé que si tout allait bien, ils termineraient aujourd'hui.

Exercices sur les subordonnées

a. Mettre le verbe au temps requis de l'**indicatif** ou du **subjonctif** :

1.	(hablar)	No creo que ella ..... español.
2.	(comprender)	Creo que Ud no ..... el problema.
3.	(traer)	Es mejor que él lo ..... consigo.
4.	(volver)	Sé que tu hermana ..... mañana.
5.	(querer)	Es natural que ella no ..... decírtelo.
6.	(venir)	Temo que tus amigos no ......
7.	(saber)	Estoy seguro de que Ud ya lo ......
8.	(hacer)	Os recomiendo que no ..... nada.
9.	(decir)	Es evidente que ella se lo ..... mañana.
10.	(irse)	Saben que Luis ..... anoche.

b. Mettre le verbe à la forme correcte du **subjonctif** :

1.	(leer)	Hace falta que Ud lo ......
		Hacía falta que Ud lo ......
		Hará falta que Ud lo ......
		Haría falta que Ud lo ......
2.	(cambiar)	Es preciso que ellos ..... dólares.
		Fue preciso que ellos ..... dólares.
		Será preciso que ellos ..... dólares.
		Sería preciso que ellos ..... dólares.
3.	(poder)	Sienten que Uds no ..... venir.
		Sintieron que Uds no ..... venir.
		Sentirán que Uds no ..... venir.
		Sentirían que Uds no ..... venir.

4.	(caber)	Puede que ellos ..... todos dentro. Podía ser que ellos ..... todos dentro. Podrá ser que ellos ..... todos dentro. Podría ser que ellos ..... todos dentro.

c. Mettre le verbe à la forme correcte du **subjonctif** :

1.	(prestar)	Le rogué que me ..... un diccionario.
2.	(valer)	Dudo que ..... la pena.
3.	(conocer)	Desearía que Ud ..... a mi hermana.
4.	(volver)	Tienen miedo de que ella no ......
5.	(hacer)	Sentirá mucho que Uds no lo ... por él.
6.	(dar)	Te llamaba para que me ... un consejo.
7.	(seguir)	Me niego a que las cosas ..... así.
8.	(haber)	Temían que ..... una huelga de trenes.
9.	(poder)	Haz por él lo que ......
10.	(decir)	Quisiera que Uds me lo ..... todo.

d. Mettre le verbe à la forme correcte du **subjonctif** :

1.	(ver)	Cuando ..... aquello, te decidirás. Si ..... aquello, te decidirías.
2.	(poder)	Tan pronto como lo .... yo, iré a verla. Si lo .... yo, iría a verla.
3.	(hacer)	En cuanto ..... buen tiempo, saldremos a pasear. Si ... buen tiempo, saldríamos a pasear.
4.	(venir)	Cuando ..... ella, se lo daré. Si ..... ella, se lo daría.
5.	(saber)	En cuanto lo .... él, me pondrá un telegrama. Si lo ..... él, me pondría un telegrama.
6.	(estar)	Mientras ella .... cansada, no irá a la piscina. Si ella ..... cansada, no iría a la piscina.
7.	(haber)	Cuando ..... llegado él, se lo diré. Si ..... llegado él, se lo diría.

e. Mettre au **présent** :

1. Nos aconsejó que no nos valiéramos de esta máquina.
2. Querían que les mandáramos postales.
3. Nos recomendaron que anduviéramos hasta allí.
4. Nos pidió que le ayudáramos.
5. ¿ Podría ser que ella no lo supiera ?
6. Permitió que los alumnos salieran a las doce.
7. Me extrañó que él no pidiera nada.

8. Haría falta que los trajeras en seguida.
9. No quería que nos refiriéramos a lo de ayer.
10. Él desearía que no dijéramos nada a nadie.

f. Mettre le verbe principal à l'**imparfait de l'indicatif** et appliquer la concordance des temps :

1. Hace falta que las recibamos antes del martes.
2. Sienten que no los llames nunca.
3. Es necesario que leáis las instrucciones.
4. No estoy segura de que ella pueda hacerlo.
5. Es imprescindible que no le digas nada.
6. No desean que vayamos a verlos.
7. Nos pide que tengamos más cuidado.
8. Es imposible que ellos hagan eso.
9. No hay nadie que sea más servicial que él.
10. Te digo esto para que sepas a qué atenerte.

g. Traduire :

1. Je crains qu'il y ait des retards à la frontière.
2. Je regrette beaucoup que Pierre ne puisse pas venir.
3. Je doute que ce paquet arrive à Bogota lundi.
4. Je lui demanderai de l'argent dès qu'il reviendra.
5. Je te donne ce livre pour que tu le lises.
6. S'il savait nager, il irait à la plage tous les jours.
7. Quand tu recevras cette lettre, je serai en Argentine.
8. Je te téléphonerai aussitôt que je le saurai.
9. Bien qu'ils le sachent, ils ne veulent rien dire.
10. Même si j'avais assez de temps, je ne le ferais pas.

h. Mettre au **style indirect** :

• avec ***dice que...***

1. Llegaré en autobús. → Dice que llegará en autobús.
2. Te presto mi coche.
3. Fuimos al cine.
4. Leed este libro.
5. No los escuchéis.

• avec ***dijo que...***

6. Vengo de parte de Juan. → Dijo que...
7. Llamará a las ocho.
8. Trabajábamos demasiado.
9. Nos recibió muy bien.
10. Lo ha hecho todo.

V

Difficultés de syntaxe et de traduction

1. *ser* et *estar*

1. *être* se traduit par **ser** :

• devant un nom, un pronom, un numéral ou un infinitif :

Es un amigo.	*C'est un ami.*
Son éstos.	*Ce sont ceux-là.*
Eran quince.	*Ils étaient quinze.*
Lo mejor es decirlo.	*Le mieux c'est de le dire.*

Employé avec un pronom personnel, le verbe **ser** a la particularité de se mettre à la même personne que le pronom.

Soy yo.	*C'est moi.*
Somos nosotros.	*C'est nous.*
Eran ellos.	*C'étaient eux.*

• pour exprimer :

- la profession	**Es médico.**	*Il est médecin.*
- l'origine	**Es de Valencia.**	*Il est de Valence.*
- la matière	**La mesa es de madera.**	*La table est en bois.*
- l'appartenance	**Es de mi hermano.**	*Elle est à mon frère.*
- l'heure	**Es la una.**	*Il est une heure.*

Dans ce dernier cas, **ser** s'accorde avec le nombre d'heures indiqué :

Son las tres.	*Il est trois heures.*

• devant un adjectif qualificatif ou un participe passé employé comme adjectif, qui expriment une caractéristique essentielle, une qualité ou un défaut qui définit en profondeur :

Son italianos.	*Ils sont italiens.*
Es muy bajo.	*Il est très petit.*

Es japonesa, joven y guapa.
Elle est japonaise, jeune et jolie.

El cuerpo de este bailarín es perfectamente proporcionado.
Le corps de ce danseur est parfaitement proportionné.

2. *être* est traduit par **estar** :

• pour exprimer la localisation de quelqu'un ou de quelque chose dans le temps ou l'espace :

Estamos a primero de febrero.
Nous sommes le premier février.

Están en Chile.
Ils sont au Chili.

• devant un gérondif pour exprimer l'action qui est en train de s'accomplir (forme progressive) :

Están cenando.
Ils sont en train de dîner.

¿ Qué estás haciendo ?
Qu'est-ce que tu es en train de faire ?

• devant un adjectif qualificatif ou un participe passé employé comme adjectif, qui expriment une situation accidentelle, une circonstance, un état, durables ou non :

Está orgulloso de haber ganado mucho dinero.
Il est fier d'avoir gagné beaucoup d'argent.

La nevera estaba vacía.
Le réfrigérateur était vide.

No están satisfechos.
Ils ne sont pas satisfaits.

3. Emploi figé de **ser** et de **estar**

Certains adjectifs, en raison de leur sens, ne s'emploient qu'avec **ser** ou qu'avec **estar** :

ser cierto	*être certain*	**estar ausente**	*être absent*
ser desgraciado	*être malheureux*	**estar contento**	*être content*
ser feliz	*être heureux*	**estar descontento**	*être mécontent*
ser imposible	*être impossible*	**estar desierto**	*être désert*
ser infeliz	*être malheureux*	**estar enfermo**	*être malade*
ser necesario	*être nécessaire*	**estar lleno**	*être plein*
ser obligatorio	*être obligatoire*	**estar presente**	*être présent*
ser posible	*être possible*	**estar solo**	*être seul*
etc.		etc.	

Remarques :

a. Il n'est pas rare, surtout dans l'espagnol d'Amérique, de trouver **feliz** précédé de **estar** ; l'emploi de ce verbe **estar** signifie que le bonheur ainsi exprimé est plus extérieur, plus dépendant d'une cause accidentelle.

Acaba de dar a luz. ¡ Lo feliz que está !
Elle vient d'accoucher. Comme elle est heureuse !

b. Dans une tournure impersonnelle constituée de *être* et d'un adjectif qualificatif, *être* se traduit par **ser** :

es bueno que...	*il est bon que...*
es fácil...	*il est facile de...*
es importante...	*il est important...*
es evidente...	*il est évident...*

Avec **claro**, **estar** est le plus fréquent, mais **ser** n'est pas impossible :

está (es) claro que... *il est clair que...*

4. *être* devant un participe passé

Le verbe *être* suivi d'un participe passé, employé avec une valeur verbale et non plus d'adjectif, se traduit par :

• **ser**, s'il s'agit de la voix passive, c'est-à-dire si *être* + participe passé exprime une action

El gol fue marcado por Maradona.
Le but a été marqué par Maradona.

Todo el país fue ocupado por el invasor.
Tout le pays a été occupé par l'envahisseur.

• **estar**, s'il s'agit non plus d'une action mais du résultat d'une action

Me lo ha explicado todo y ahora estoy convencido.
Il m'a tout expliqué et maintenant je suis convaincu.

La planta baja está ocupada por un almacén.
Le rez-de-chaussée est occupé par un magasin.

5. *être* et l'expression du lieu et du temps

a. Expression du lieu

• Si la phrase est impersonnelle, *être* est traduit par **ser**.

¿ Dónde es ? — Es en esta calle.
Où est-ce ? — C'est dans cette rue.

Es en Madrid donde tienen un piso.
C'est à Madrid qu'ils ont un appartement.

• Si la phrase a un sujet personnel, *être* est traduit par **estar**.

¿ Dónde está ? — Está en esta calle.
Où est-il ? — Il est dans cette rue.

Están en Madrid para comprar un piso.
Ils sont à Madrid pour acheter un appartement.

b. Expression du temps

• Si la phrase est impersonnelle, *être* est traduit par **ser**.

Hay que irse, es la hora.
Il faut partir, c'est l'heure.

Es en primavera cuando hay que ir allí.
C'est au printemps qu'il faut y aller.

• Si la phrase a un sujet personnel, *être* est traduit par **estar**.

Estamos en 1991.
Nous sommes en 1991.
Ellos, de momento, están en verano.
Eux, en ce moment, sont en été.

6. Les verbes **ser** et **estar** influent sur le sens du mot qui suit

a. Le verbe utilisé nuance le sens de l'adjectif qualificatif :

ser ciego	*être aveugle* (cécité)	**estar ciego**	*être aveuglé*
ser joven	*être jeune* (âge)	**estar joven**	*faire jeune*
ser loco	*être fou* (folie)	**estar loco**	*être extravagant*
ser mudo	*être muet* (mutité)	**estar mudo**	*ne rien dire*
ser nervioso	*être nerveux*	**estar nervioso**	*être énervé*
ser nuevo	*être neuf* (récent)	**estar nuevo**	*être neuf* (aspect)
ser sordo	*être sourd* (surdité)	**estar sordo**	*ne pas vouloir entendre*
ser sucio	*être sale*	**estar sucio**	*être sali*
etc.		etc.	

b. Le verbe utilisé change le sens de l'adjectif qualificatif :

ser alto	*être grand*	**estar alto**	*être en haut*
ser bajo	*être petit*	**estar bajo**	*être en bas*
ser bueno	*être bon*	**estar bueno**	*être en bonne santé*
ser delicado	*être délicat*	**estar delicado**	*être souffrant*
ser listo	*être vif*	**estar listo**	*être prêt*
ser rico	*être riche*	**estar rico**	*être délicieux*
ser vivo	*être vif*	**estar vivo**	*être vivant*
etc.		etc.	

c. Le verbe utilisé change le sens du participe passé :

ser callado	*être réservé*	**estar callado**	*se taire*
ser cansado	*être fatigant*	**estar cansado**	*être fatigué*
ser confiado	*être crédule*	**estar confiado**	*être confié*
ser disimulado	*être hypocrite*	**estar disimulado**	*être caché*
ser divertido	*être amusant*	**estar divertido**	*être distrait*
ser entendido	*être compétent*	**estar entendido**	*être entendu*
etc.		etc.	

7. *être* suivi d'un adjectif de couleur

Être, dans ce cas, est traduit par **ser** si le locuteur exprime la couleur de façon objective.

Esta camisa es blanca y esta americana es negra.
Cette chemise est blanche et cette veste est noire.

El mar es azul.
La mer est bleue.

Si la couleur est exprimée d'une façon plus subjective, présentée comme accidentelle en comportant une appréciation ou une comparaison, c'est **estar** qui est employé.

¡ Qué blanca está su camisa !
Comme sa chemise est blanche !

El mar está azul como el cielo.
La mer est bleue comme le ciel.

Avec **estar**, l'adjectif de couleur peut aussi prendre un sens figuré :

ser morado	*être violet*	**estar morado**	*être ivre*
ser negro	*être noir*	**estar negro**	*être furieux*
ser verde	*être vert*	**estar verde**	*être grivois*
etc.		etc.	

estar verde peut aussi signifier *être vert, ne pas être mûr*.

8. ser et **estar** ont une valeur absolue et sont alors l'équivalent d'autres verbes.

• **ser** signifie *avoir lieu, se dérouler, se passer* :

La rueda de prensa era esta mañana.
La conférence de presse était ce matin.

La reunión será en mi casa.
La réunion aura lieu chez moi.

• **estar** signifie *consister en, se trouver, résider* :

La solución está en aceptar.
La solution consiste à accepter.

El inconveniente estaba en que no contestaba.
L'inconvénient résidait dans le fait qu'il ne répondait pas.

9. *être* peut être traduit par d'autres verbes que **ser** ou **estar** et qu'on appelle semi-auxiliaires.

• **resultar** peut remplacer **ser** ou **estar** s'il y a une nuance de conséquence ; cet emploi de **resultar** est fréquent :

Una comida tan abundante resulta barata finalmente.
Un repas si abondant est bon marché finalement.

• **seguir** peut remplacer **ser** ou **estar** si *être* est accompagné de *toujours* ou *encore* :

Sigue el mismo. *Il est toujours le même.*
Sigue aquí. *Il est encore là.*

- **ir** lorsqu'il y a un mouvement :

    El autobús iba lleno.
    L'autobus était plein.

    Va muy contento.
    Il est très content.

- **quedar** s'il y a une nuance de but atteint :

    Quedó decidido que...
    Il a été décidé que...

    Quedaba muy impresionado.
    Il était très impressionné.

2. Traduction de *avoir*

1. Si *avoir* a le sens de *posséder*, il se traduit par **tener**.

J'ai de la chance : j'ai une femme extraordinaire.
Tengo suerte : tengo una mujer extraordinaria.

2. Si *avoir* est auxiliaire, c'est-à-dire s'il précède un participe passé, l'espagnol utilise **haber**.

J'ai eu de la chance.
He tenido suerte.

Ils avaient dîné.
Habían cenado.

En espagnol, le participe passé employé avec **haber** ne s'accorde jamais.

Les fenêtres, je les ai fermées.
Las ventanas, las he cerrado.

Ces jeunes filles, nous ne les avions jamais vues.
A estas chicas, no las habíamos visto nunca.

À la différence du français, rien ne s'intercale entre l'auxiliaire **haber** et le participe passé.

Il aura trop travaillé.
Habrá trabajado demasiado.

Nous l'avons facilement convaincu.
Le hemos convencido fácilmente.

Attention à la conjugaison française qui utilise l'auxiliaire *être* avec les verbes pronominaux (*il s'est levé*), avec certains verbes de mouvement (*ils ne sont pas venus*) ou avec les verbes qui exprimen la transformation (*il est né, ils sont morts*) : dans tous les cas, l'espagnol utilise le verbe **haber**.

Il s'est levé.
Se ha levantado.

Ils ne sont pas venus.
No han venido.

Ils sont tous morts
Han muerto todos.

3. haber auxiliaire est remplacé par **tener**

On peut utiliser, au lieu de **haber**, le verbe **tener** suivi d'un participe passé ; dans ce cas, le participe passé s'accorde avec le complément placé après et la tournure marque davantage l'action réalisée, le résultat acquis ou la valeur fréquentative (cf. constructions verbales avec le participe passé).

La lettre, je l'ai finalement écrite.
La carta, la tengo escrita por fin.

Il a déjà lu six romans de cet écrivain.
Ya tiene leídas seis novelas de este escritor.

3. Passé simple ou passé composé ?

Si le français, oral surtout, délaisse le passé simple au profit du passé composé, l'espagnol a encore un emploi très précis de ces deux temps passés.

1. Le passé simple (**pretérito indefinido**)

L'espagnol utilise le passé simple lorsque l'action exprimée est terminée et située dans un passé qui n'a plus de rapport avec le présent : **ayer**, *hier*, **la semana pasada**, *la semaine dernière*, **el mes pasado**, *le mois dernier*, **el año pasado**, *l'année dernière*, **en el siglo XIX**, *au XIXe siècle*, etc.

Ayer fui al cine.
Hier, je suis allé au cinéma.

Murió hace dos años.
Il est mort il y a deux ans.

No vinieron el año pasado.
Ils ne sont pas venus l'année dernière.

Le passé simple peut également remplacer le plus-que-parfait de l'indicatif.

No durmió porque bebió demasiado.
Il n'a pas dormi parce qu'il avait trop bu.

2. Le passé composé (**pretérito perfecto**)

L'espagnol utilise le passé composé lorsque l'action exprimée est terminée et située dans un passé qui est encore en rapport avec le présent : **hoy**, *aujourd'hui*, **esta semana**, *cette semaine*, **este mes**, *ce mois-ci*, **este año**, *cette année*, **en el siglo XX**, *au XXe siècle*, etc.

Le he visto esta mañana.
Je l'ai vu ce matin.

Me ha escrito a principios del mes.
Il m'a écrit au début du mois.

No han venido este año.
Ils ne sont pas venus cette année.

Lorsqu'en français le passé composé est dans un contexte à l'imparfait ou au plus-que-parfait, l'espagnol le traduit par un passé simple.

Vine porque me había llamado.
Je suis venu parce qu'il m'avait appelé.

S'il est dans un contexte au présent, l'espagnol le traduit par un passé composé.

He venido porque me necesita.
Je suis venu parce qu'il a besoin de moi.

Si l'action relatée se situe dans une période indéterminée du passé, celui qui s'exprime a le choix entre le passé composé et le passé simple : avec le passé composé, l'action reste en rapport avec le présent, avec le passé simple elle est rejetée dans un passé révolu.

He visto/vi muchas situaciones así.
J'ai vu beaucoup de situations de ce genre.

4. Traduction du gérondif et du participe présent français

1. Le gérondif, *en* + participe présent, se traduit en espagnol de la façon suivante :

• **al** + infinitif si l'action qu'il exprime est simultanée à celle exprimée par le verbe de la principale ; ce gérondif répond à la question « quand ? ».

Il est tombé en entrant. (Quand est-il tombé ?)
Cayó al entrar.

En prenant le couteau, il s'est coupé un doigt.
Al coger el cuchillo, se ha cortado un dedo.

• le gérondif espagnol (~**ando** pour les verbes en ~**ar**, ~**iendo** pour les verbes en ~**er** et ~**ir**). Ce gérondif ajoute, à une valeur temporelle de durée, une autre valeur circonstancielle.

— la manière

J'ai appris qu'il neigeait en écoutant la radio.
Me enteré de que nevaba escuchando la radio.

— la condition

En refusant de l'accompagner, tu le décevras.
Negándote a acompañarle, le decepcionarás.

— la cause

En déjeunant avec lui, tu donnais l'impression de te soumettre.
Comiendo con él, dabas la impresión de someterte.

— la concession

En ronchonnant et en protestant, il finit par dire oui.
Gruñendo y protestando acabó por decir que sí.

Un moyen efficace pour ne pas se tromper : si le gérondif français répond à la question *comment ?* (*J'ai appris qu'il neigeait comment ? → en écoutant la radio*), il faut utiliser le gérondif espagnol.

Remarque :

Le gérondif espagnol peut avoir son sujet propre (toujours placé après le gérondif), différent de celui du verbe principal. Cette construction constitue la proposition gérondive.

Le professeur s'étant fâché, tous les élèves se taisaient.
Habiéndose enfadado el profesor, todos los alumnos se callaban.

2. Le participe présent se traduit en espagnol de la façon suivante :

• par le gérondif espagnol, s'il exprime une action en train de se réaliser.

Il regardait les enfants s'amusant dans le jardin.
Miraba a los niños divirtiéndose en el jardín.
Je l'imagine discutant avec ses parents.
Me lo imagino discutiendo con sus padres.

• par une proposition relative, lorsque le participe présent exprime, non plus une action, mais un état ou une qualité.

Il avait un tableau représentant une corrida.
Tenía un cuadro que representaba una corrida.

J'ai trouvé une standardiste parlant italien.
He encontrado a una telefonista que habla italiano.

5. Constructions verbales avec le gérondif

1. acabar + gérondif se traduit par *finir par* + infinitif et exprime la façon dont s'achève une action.

Acabó perdiendo.
Il a fini par perdre.

Acabarás pensando como él.
Tu finiras par penser comme lui.

Finir par peut aussi être traduit par **acabar por** + infinitif.

Acabó por perder.
Il a fini par perdre.

2. andar + gérondif exprime le déplacement qu'opère le sujet pendant qu'il réalise l'action. Le français rend ce déplacement par des tournures comme *de-ci*, *de-là*, *de tous côtés*, *à droite et à gauche*, *partout*, etc.

Andábamos preguntando por ti.
Nous demandions de tes nouvelles de tous côtés.

Más de un mes anduvo buscándola.
Il la chercha partout pendant plus d'un mois.

3, estar + gérondif se traduit par *être en train de* + infinitif et exprime l'action qui se déroule au moment où elle est exprimée.

Su mujer está planchando.
Sa femme est en train de repasser.

Estaba escribiendo cuando me llamaron.
J'étais en train d'écrire quand ils m'ont appelé.

4. ir + gérondif exprime l'action dans son déroulement. La tournure est souvent renforcée par **poco a poco**, **uno tras otro**, etc.

Me iba persuadiendo de que tenía razón.
Je me persuadais que j'avais raison.

Poco a poco las flores se van marchitando.
Peu à peu les fleurs se fanent.

5. llevar + gérondif accompagné d'un complément de temps indique depuis combien de temps se produit l'action exprimée par le gérondif ; le français rend cette tournure par *cela fait* + complément de temps + traduction du gérondif.

Llevo una hora explicándotelo.
Cela fait une heure que je te l'explique.

Llevaban un mes esperando noticias de su hijo.
Cela faisait un mois qu'ils attendaient des nouvelles de leur fils.

6. seguir (ou **continuar**) + gérondif se traduit par *continuer à* + infinitif et exprime la poursuite du déroulement d'une action déjà commencée dans le passé.

Seguía nevando.
Il continuait à neiger.

Continúa pensando que es fácil.
Il continue à penser que c'est facile.

Cette idée de continuité peut aussi être traduite en français par les adverbes *encore* ou *toujours*.

Sigue pretendiendo que no es él quien lo ha hecho.
Il prétend toujours que ce n'est pas lui qui l'a fait.

Avec une valeur assez semblable, **seguir** ou **continuar** peuvent être remplacés par **quedarse**.

Se quedaban viendo la televisión durante horas.
Ils restaient à regarder la télévision pendant des heures.

7. venir + gérondif exprime soit la poursuite d'une action commencée dans le passé et son déroulement jusqu'au moment où elle est exprimée, soit l'insistance ou la répétition de cette action.

Ya venía estudiándolo desde hacía tres meses.
Je l'étudiais depuis trois mois.

Viene diciendo lo mismo todos los días.
Il dit la même chose tous les jours.

6. Constructions verbales avec le participe passé

1. andar, **ir** ou **venir** + participe passé exprime l'apparence ou l'état du sujet avec une idée de durée ou de déplacement ; le participe passé s'accorde avec le sujet.

Anda preocupado estos días.
Il est préoccupé, ces jours-ci.

Va siempre vestida de negro.
Elle est toujours habillée en noir.

2. **dar por** + participe passé indique que l'action exprimée par le participe passé est considérée comme terminée ; le participe passé s'accorde avec le complément.

Los doy por sabidos.
Je les considère comme sus.

Ese dinero lo damos por bien empleado.
Cet argent, nous le considérons comme bien employé.

3. **dejar** + participe passé indique un état envisagé comme conséquence d'une action antérieure ; le participe passé s'accorde avec le complément.

La última crisis nos dejó arruinados.
La dernière crise nous a ruinés.

La noticia la había dejado sumida en un mar de dudas.
La nouvelle l'avait plongée dans le doute le plus profond.

4. **llevar** + participe passé est assez proche de **haber** + participe passé, auquel il ajoute une nuance d'accumulation ; le participe passé s'accorde avec le complément.

Ya llevamos hecha la mitad del trabajo.
Nous avons déjà fait la moitié du travail.

¿ Cuántos libros de este autor llevas leídos ?
Combien de livres de cet auteur as-tu lus ?

5. **quedar** (ou **quedarse**) + participe passé indique l'aboutissement d'une action, l'état dû à l'achèvement d'un processus ; le participe passé s'accorde avec le sujet.

La moción presentada quedó adoptada.
La motion présentée fut adoptée.

Se quedaron satisfechos con la propuesta.
Ils furent satisfaits de la proposition.

6. **tener** + participe passé accordé avec le complément peut exprimer :

- une insistance sur l'action réalisée

La respuesta, la tenía preparada desde hacía tiempo.
La réponse, je l'avais préparée depuis longtemps.

Eso lo tiene decidido ella.
Cela, elle l'a décidé.

• une idée d'accumulation

Tengo hechas todas las gestiones requeridas.
J'ai fait toutes les démarches requises.

Ya te tenemos dicho que no.
Nous t'avons déjà dit non.

7. Constructions verbales avec l'infinitif

1. acabar de + infinitif se traduit par *venir de* et exprime le passé récent.

Acabo de decirlo.
Je viens de le dire.

Tus amigos acaban de salir.
Tes amis viennent de partir.

À la forme négative, la tournure prend le sens de *ne pas arriver à*, *ne pas réussir à*.

No acabo de entenderle.
Je n'arrive pas à le comprendre.

2. darle a uno por + infinitif se traduit par *se mettre à*, *se décider à* et exprime une action spontanée, parfois capricieuse, souvent irréfléchie.

A este alumno le ha dado por tutear al profesor.
Cet élève s'est mis à tutoyer le professeur.

Les dio por viajar.
Ils se sont décidés à voyager.

3. deber + infinitif se traduit par *devoir* et marque une obligation, souvent d'ordre moral.

Debieron ayudarlos.
Ils durent les aider.

Debes prestar más atención a lo que digo.
Tu dois faire plus attention à ce que je dis.

4. deber de + infinitif se traduit par *devoir* et exprime la supposition.

Debe de haber llegado ahora.
Il doit être arrivé maintenant.

Debe de tener unos diez años.
Il doit avoir une dizaine d'années.

5. dejar de + infinitif se traduit par *cesser de* et marque l'interruption d'une action.

He dejado de fumar.
J'ai cessé de fumer.

¡ Por favor, dejen de hablar tan fuerte !
S'il vous plaît, cessez de parler si fort !

À la forme négative, la tournure prend le sens de *ne pas manquer*, de *ne pas omettre de*.

¡ No dejéis de saludarle !
Ne manquez pas de le saluer !

6. echarse a ou **echar a** + infinitif se traduit par *se mettre à* et exprime le passage rapide, parfois brutal, d'une action à une autre.

Se echó a llorar y todos quedaron sorprendidos.
Il se mit à pleurer et tous furent surpris.

Echaron a correr.
Ils se mirent à courir.

7. ir a + infinitif se traduit par *aller* et marque à la fois le futur proche et une décision prise.

Voy a comprarlo.
Je vais l'acheter.

Vamos a preparar la cena.
Nous allons préparer le dîner.

8. llegar a + infinitif se traduit par *arriver à*, *atteindre* et marque un résultat obtenu le plus souvent avec difficulté.

¿ Llegasteis a hacerlo, por fin ?
Vous avez réussi à le faire, finalement ?

He llegado a avisarle a tiempo.
J'ai réussi à le prévenir à temps.

9. ponerse a + infinitif se traduit par *se mettre à* et marque le début d'une action.

Se puso a leer.
Il s'est mis à lire.

Se pone a llover.
Il se met à pleuvoir.

10. romper a + infinitif se traduit par *se mettre à* et marque le passage souvent brusque d'une action à une autre.

Rompió a gritar.
Il se mit à crier.

Los dos rompieron a reír al mismo tiempo.
Tous les deux se mirent à rire en même temps.

11. quedar en + infinitif se traduit par *décider*, *convenir de* et marque la décision prise de faire quelque chose.

Quedó en verme.
Il a décidé de me voir.

Quedamos en escribirnos.
Nous sommes convenus de nous écrire.

12. venir a + infinitif se traduit par *en venir à*, *arriver à* et marque l'incertitude, l'approximation.

Vino a preguntar por ti.
Il en vint à demander de tes nouvelles.

Viene a ganarse bastante bien la vida.
Il arrive à gagner sa vie assez bien.

venir a + infinitif peut aussi marquer le but.

Había venido a esperarla.
Il était venu l'attendre.

13. volver a + infinitif marque la répétition de l'action exprimée par l'infinitif et se traduit par *recommencer à*, par *une autre fois*, *à nouveau*, *de nouveau*, ou par le préfixe *re*~ (voir p. 246).

Lo volvió a explicar.
Il recommença à l'expliquer.

¿ Quieres que yo lo vuelva a hacer ?
Tu veux que je le refasse ?

8. La proposition participe

Cette proposition est plus fréquente en espagnol qu'en français. Elle est constituée d'un participe passé, toujours placé en tête, et d'un substantif qui fait fonction de sujet et entraîne l'accord du participe passé ; elle marque le plus souvent une action antérieure à celle de la principale.

Hechas las compras, ella volvió a casa.
Les courses faites, elle rentra à la maison.

Decidido el viaje, prepararon el itinerario.
Le voyage (étant) décidé, ils préparèrent l'itinéraire.

Le participe peut être précédé d'un pronom personnel.

Yo salido, diréis lo que queráis.
Moi parti, vous direz ce que vous voudrez.

Ella muerta, su nieta heredó la casa.
Elle morte, sa petite-fille hérita de la maison.

Pour renforcer l'aspect d'antériorité, le participe passé peut être précédé d'une locution temporelle : **una vez**, *une fois*, **después de**, **luego de**, *après*, **antes de**, *avant*, **hasta**, *jusque*.

Una vez conocidos los resultados aplaudieron.
Une fois les résultats connus, ils applaudirent.

Después de visitada la catedral comieron.
Après avoir visité la cathédrale, ils déjeunèrent.

Hasta dadas las nueve no voy.
Tant que neuf heures n'auront pas sonné, je n'y vais pas.

Dans certains cas, l'adjectif qualificatif peut tenir le rôle du participe passé.

Llena la bolsa, se marcharon.
Le sac plein, ils s'en allèrent.

Limpias las habitaciones, se sentó a descansar.
Les chambres nettoyées, elle s'assit pour se reposer.

9. *con* suivi de l'infinitif

1. con + infinitif correspond à une proposition circonstancielle de manière que le français rend par *il suffit de* ou *rien qu'en* : **con** peut être renforcé par l'adverbe **sólo**, *seulement*.

Con presentarle excusas te perdonará.
Il suffit de lui présenter des excuses et il te pardonnera.

Con sólo hojear el periódico me entero de todo.
Rien qu'en feuilletant le journal, je m'informe de tout.

2. con + infinitif correspond à une proposition circonstancielle de concession portant sur des faits réels ; elle équivaut à **aunque**, *bien que*.

Con ser tan duro con él, nunca se queja.
Bien qu'il soit très dur avec lui, il ne se plaint jamais.

Con beber muy poco, siempre da la impresión de estar achispado.
Bien qu'il boive très peu, il donne toujours l'impression d'être un peu ivre.

3. con + infinitif correspond à une proposition circonstancielle de condition, que le français rend par *pourvu que* + subjonctif ou *en* + participe présent.

Con avisarlos ahora es suficiente.
Pourvu que tu les préviennes maintenant, c'est suffisant.

Con invitarle a cenar cumplirás más de lo que debes.
En l'invitant à dîner, tu feras plus que tu ne dois.

10. Traduction de *siempre que*

La conjonction de subordination **siempre que** peut exprimer la supposition ou le temps.

1. siempre que exprime la supposition

La locution se traduit par *pourvu que*, *du moment que*, *si toutefois*, et est toujours suivie en espagnol du subjonctif.

Podéis quedaros siempre que os calléis.
Vous pouvez rester, pourvu que vous vous taisiez.

Puedes coger el coche siempre que me lo devuelvas cuando lo necesito. *Tu peux prendre la voiture, du moment que tu me la rends quand j'en ai besoin.*

Te lo comunicaré siempre que él me haya contestado.
Je te le ferai savoir si toutefois il m'a répondu.

2. siempre que exprime le temps

La locution se traduit par *chaque fois que* et peut être suivie de l'indicatif ou du subjonctif :

• l'indicatif si l'action exprimée par le verbe qui suit est réalisée ou réalisable.

Te ayudaba siempre que lo podía.
Je t'aidais chaque fois que je le pouvais.

Te ayudo siempre que lo puedo.
Je t'aide chaque fois que je le peux.

• le subjonctif si l'action exprimée par le verbe qui suit n'est pas réalisée ; le français dans ce cas utilise le futur. À la valeur temporelle s'ajoute alors une nuance de condition.

Te ayudaré siempre que lo pueda.
Je t'aiderai chaque fois que je le pourrai.

Castígale siempre que lo diga.
Punis-le chaque fois qu'il le dira.

11. Expression du souhait

• Le souhait peut être exprimé par le seul subjonctif, le plus souvent précédé de **que** :

¡ Que lo pasen bien !
Amusez-vous bien ! (Passez un bon moment !)

¡ Que tengan un buen viaje !
Faites un bon voyage !

¡ Bienvenidos seáis !
Soyez les bienvenus !

• **ojalá** suivi du présent du subjonctif exprime le souhait et se traduit par *plaise au ciel que* ou *pourvu que*.

¡ Ojalá no llegue tarde !
Pourvu qu'il n'arrive pas trop tard !
Pourvu qu'il ne soit pas en retard !

• Les verbes *souhaiter* et *désirer* sont traduits par **desear**. On peut aussi employer **querer**, *vouloir*, **gustarle a uno**, *aimer*, et **preferir**, *préférer*, le plus souvent au conditionnel (à l'imparfait du subjonctif 1re forme pour **querer**, voir p. 29), pour atténuer l'expression du souhait ou du désir.

Le deseo mucho éxito en su nueva vida.
Je vous souhaite bonne chance (beaucoup de succès) dans votre nouvelle vie.

Quisiera la corbata que está en el escaparate.
Je voudrais la cravate qui est dans la vitrine.

Preferirían una secretaria bilingüe.
Ils préféreraient une secrétaire bilingue.

Si ces verbes qui marquent le souhait ou le désir sont suivis d'un autre verbe, celui-ci reste à l'infinitif si les deux verbes ont le même sujet. Si le sujet est différent, le verbe de la subordonnée se met au subjonctif.

Deseo evitar más problemas.
Je souhaite éviter d'autres problèmes.

Deseamos que seas muy feliz.
Nous souhaitons que tu sois très heureuse.

Me gustaría reservar una habitación.
J'aimerais réserver une chambre.

Quisiéramos que nos dieras tu nueva dirección.
Nous aimerions que tu nous donnes ta nouvelle adresse.

• Autres traductions :

desear suerte	*souhaiter bonne chance*
¡ (Que tengas) suerte !	*Bonne chance !*
ansiar, anhelar	*désirer ardemment*
sería mejor + infinitif	*il vaudrait mieux* + infinitif
sería mejor que tú + subjonctif	*tu ferais mieux de* + infinitif
felicitar las Pascuas	*souhaiter de bonnes fêtes de Noël*
¡ Felices Pascuas !	*Joyeux Noël !*
¡ Feliz año nuevo !	*Bonne année !*

felicitar a alguien su santo, su compleaños
souhaiter une bonne fête à quelqu'un, un bon anniversaire

12. Expression du regret

• *regretter* peut être traduit par les verbes **sentir**, **lamentar** et **deplorar** (*déplorer*).

Sentimos (lamentamos, deploramos) mucho su dimisión.
Nous regrettons beaucoup sa démission.

Regretter suivi d'un verbe se traduit par **sentir** (ou **lamentar**) suivi de l'infinitif si les deux verbes ont le même sujet, et par **sentir que** (ou **lamentar que**) suivi du subjonctif si le sujet du verbe de la subordonnée est différent de celui de la principale.

Sentimos mucho informarles que el museo está cerrado.
Nous regrettons beaucoup de vous informer que le musée est fermé.

Siento mucho que te vayas ahora.
Je regrette beaucoup que tu partes maintenant.

Sentir peut être remplacé par des tournures équivalentes : **es una lástima (que)**, **es una pena (que)**, *c'est dommage (que)*, **¡ qué lástima !**, **¡ qué pena !**, *quel dommage !*

Es una lástima no aprovechar la oportunidad.
C'est dommage de ne pas profiter de l'occasion.

Es una pena que no fomenten las exportaciones.
C'est dommage qu'ils n'encouragent pas les exportations.

¡ Qué lástima que no aceptes mi propuesta !
Quel dommage que tu n'acceptes pas ma proposition !

• **ojalá** suivi de l'imparfait ou du plus-que-parfait du subjonctif marque également le regret et se traduit par *plût au ciel que*, ou *si seulement*.

¡ Ojalá lo supiera yo !
Si seulement je le savais !

¡ Ojalá lo hubieras sabido antes !
Si seulement tu l'avais su avant !

• Autres traductions :

es de lamentar que	*il faut regretter que* *il est à déplorer que*
sentir en el alma	*regretter vivement*
con mi mayor sentimiento	*avec tous mes regrets*
echar de menos	*regretter (l'absence de quelqu'un)* *s'ennuyer de, manquer*

Cuando estoy de viaje, echo de menos a mis amigos.
Quand je suis en voyage, mes amis me manquent.

añorar	*regretter (le temps passé)*

Añoraba los buenos tiempos.
Il regrettait le bon temps.

13. Expression du doute (*peut-être*)

Les adverbes espagnols correspondants à *peut-être* sont **quizás**, **quizá**, **tal vez**, **acaso** et **a lo mejor**. Les modalités d'emploi sont les suivantes :

1. Placés avant le verbe, **quizás**, **quizá**, **tal vez** et **acaso** peuvent être suivis du mode subjonctif si on souhaite renforcer la notion de doute.

Quizás venga (**pero lo dudo**).
Il viendra peut-être (mais j'en doute).

Acaso cumpliera con su palabra (**pero yo no estaba seguro**).
Peut-être tiendrait-il parole (mais je n'en étais pas sûr).

Mais ils peuvent aussi être suivis en espagnol d'un temps de l'indicatif ou du conditionnel, comme c'est toujours le cas en français.

Quizá vendrá.
Il viendra peut-être.

Tal vez cumpliría con su palabra.
Peut-être tiendrait-il parole.

2. Placés après le verbe, **quizás**, **quizá**, **acaso**, **tal vez**, et, placé avant ou après, **a lo mejor**, sont toujours employés avec l'indicatif ou le conditionnel.

Tenían razón quizás.
Ils avaient peut-être raison.

No lo creerás acaso pero es así.
Tu ne le croiras peut-être pas, mais c'est ainsi.

A lo mejor me decido a hacerlo.
Je vais peut-être me décider à le faire.

3. Dans une phrase interrogative, **acaso** signifie *est-ce que par hasard... ?*

¿ Acaso no te he dado todo lo que me has pedido ?
Est-ce que par hasard je ne t'ai pas donné tout ce que tu m'as demandé ?

4. Por si (acaso) + indicatif correspond à *au cas où* suivi du conditionnel.

Por si (acaso) vienen.
Au cas où ils viendraient.

14. Expression de la supposition

La supposition que le français peut exprimer avec les verbes *devoir* (*il doit être là*), *pouvoir* (*qu'est-ce qu'il peut faire en ce moment ?*) ou *aller* (*va-t-il se décider à venir ?*) se rend de diverses façons en espagnol.

1. deber de + infinitif est une des traductions les plus fréquentes.

Debe de estar aquí.
Il doit être là.

Debían de haber llegado.
Ils devaient être arrivés.

2. Pour traduire *devoir*, *pouvoir* ou *aller* + l'infinitif, l'espagnol utilise le futur ou le conditionnel, qui expriment la supposition, la probabilité dans le présent ou dans le passé.

- dans le présent :

Estará aquí.
Il doit être là.

¿ Qué hará de momento ?
Que peut-il faire en ce moment ?

- dans le passé :

Habrían llegado cuando yo me marché.
Ils devaient être arrivés quand moi je suis parti.

¿ Se decidiría a venir ?
Allait-il se décider à venir ?

3. L'espagnol, comme le français, peut aussi utiliser des tournures comme **suponer que** + indicatif, *supposer que*, **es probable que**, **es fácil que** + subjonctif, *il est probable que*, etc.

Supongo que está aquí.
Je suppose qu'il est là.

Es fácil que hayan llegado.
Il est probable qu'ils soient arrivés.

15. Traduction de *avoir beau*

1. Lorsque la concession porte sur un verbe ou sur un substantif, *avoir beau* est rendu par les tournures :

- **por más** (**mucho**) + **que** + verbe
- **por más** (**mucho**) + substantif + **que** + verbe

Tu auras beau attendre, ils ne te recevront pas.
Por más que esperes, no te recibirán.

Il a beau gagner de l'argent, il ne lui reste rien.
Por más dinero que gane, no le queda nada.

Il aurait beau gagner de l'argent, il dépenserait tout.
Por mucho dinero que ganara, lo gastaría todo.

Il aura beau faire des efforts, il n'arrivera pas à ses fins.
Por muchos esfuerzos que haga, no conseguirá lo que se propone.

2. Lorsque la concession porte sur un adjectif ou un adverbe, *avoir beau*, *aussi... que* et *si... que* sont rendus par la tournure :

- **por** (**muy**) + adjectif ou adverbe + **que** + verbe

Tu as beau être fatigué, tu dois continuer à étudier.
Por muy cansado que estés, tienes que seguir estudiando.

Aussi loin que tu ailles, je te retrouverai.
Por muy lejos que vayas, te encontraré.

Remarque : l'emploi de l'indicatif ou du subjonctif dans la subordonnée dépend, en principe, de l'aspect réel ou hypothétique, mais on utilise le plus souvent le subjonctif, qui correspond à une idée de restriction.

16. Traduction de *quoi que*, *quel que*

1. La tournure *quoi que* suivie du subjonctif est rendue en espagnol par le verbe au subjonctif suivi de **lo que** et du verbe répété au subjonctif.

Quoi qu'il gagne, il est toujours sans le sou (fauché).
Gane lo que gane, siempre está pelado.

Selon la modalité de la concession, **lo que** est remplacé par **donde**, **como**, **cual** ou **cuando**.

Où qu'il soit, il m'écrit toutes les semaines.
Esté donde esté, me escribe cada semana.

Locutions diverses stéréotypées :

quoi qu'il en soit	**sea como sea** / **como quiera que sea**
quoi qu'on en dise	**digan lo que digan**
quoi qu'il arrive	**pase lo que pase**

2. Les tournures *quel(s) que* et *quelle(s) que* sont rendues en espagnol par **cualquiera** au singulier et **cualesquiera** au pluriel suivis de **que** et du subjonctif ou par le verbe au subjonctif suivi de **lo que** et du verbe répété au subjonctif.

Quel que soit le danger, il n'a jamais peur.
Cualquiera que sea el peligro, nunca tiene miedo.
Sea lo que sea el peligro, nunca tiene miedo.

Quelles que soient les difficultés, il gagnait toujours.
Cualesquiera que fueran las dificultades, siempre ganaba.
Fueran lo que fueran las dificultades, siempre ganaba.

17. Traduction de *on*

Il n'y a pas en espagnol de traduction littérale de *on* et les tournures qui le rendent sont diverses.

1. Lorsque *on* est sujet d'un verbe qui exprime une action réalisée par des tierces personnes dont sont exclus locuteur et interlocuteurs ou s'il s'agit d'un fait accidentel, il ne se traduit pas et le verbe se met à la 3e personne du pluriel.

On prétend qu'il ne l'a pas fait.
Pretenden que no lo ha hecho.

On lui a volé sa voiture.
Le han robado el coche.

Avec les verbes d'opinion, on trouve tout autant la 3e personne du pluriel (*on pense*, **piensan**, *on estime*, **estiman**, *on dit*, **dicen**, etc.) que **se** + 3e personne du singulier : **se piensa**, **se estima**, **se dice**, etc.

2. Lorsque *on* est sujet d'un verbe qui exprime une recommandation, une possibilité, une habitude, il ne se traduit pas et le verbe, précédé de **se**, se met à la 3e personne.

Ici on mange bien. *C'est comme ça qu'on dit.*
Aquí se come bien. **Así se dice.**

Si le verbe français reçoit un nom comme complément d'objet direct, ce complément fait fonction de sujet en espagnol et entraîne l'accord du verbe.

On vend cette maison.
Se vende esta casa.
On vend ces maisons.
Se venden estas casas.

L'accord du verbe cependant ne se fait pas si ce complément est précédé de **a** ou s'il est pronominal.

On paie les ouvriers.
Se paga a los obreros.
On les paie.
Se les paga.

Il faut noter que, dans ce cas, le pronom personnel complément d'objet direct se traduit par **le** ou **les**, quoi qu'il représente.

3. Lorsque *on* est sujet d'un verbe pronominal ou construit pronominalement, il se rend par **uno**.

En été, on se couche tard.
En verano, uno se acuesta tarde.
On se promène quand il fait beau.
Uno se pasea cuando hace bueno.

Uno sert également à traduire *on* quand il s'agit d'atténuer une expression personnelle (les femmes utilisent **una** dans ce cas).

On ne travaille pas pour rien.
Uno no trabaja por nada.
On ne peut pas s'amuser alors ? disait la petite fille.
¿ Una no puede divertirse entonces ? decía la niña.

4. Lorsque *on* est employé à la place de *nous* en français, l'espagnol utilise la 1re personne du pluriel.

On est allé au restaurant.
Fuimos al restaurante.
On va se baigner.
Vamos a bañarnos.

18. Traduction de *que*, *qui* et *lequel*

1. Traduction de *que*

• Lorsque *que* représente une personne, il se traduit par **a quien** (au pluriel **a quienes**) ou par **que**. La langue parlée préfère souvent **que** à **a quien**.

Les amis que j'ai invités ne peuvent pas venir.
Los amigos a quienes invité no pueden venir.
Los amigos que invité no pueden venir.

• Lorsque *que* représente une chose, il se traduit toujours par **que**.

As-tu apporté les livres que je t'ai demandés ?
¿ Has traído los libros que te pedí ?

2. Traduction de *qui*

• *qui* sujet, avec un antécédent

— *qui* sujet du verbe d'une proposition relative déterminative, c'est-à-dire essentielle au sens, se traduit toujours par **que**.

Les clients qui sortaient semblaient très satisfaits.
Los clientes que salían parecían muy satisfechos.

— *qui* peut être sujet d'une proposition relative explicative, c'est-à-dire accessoire par rapport au sens principal, et se traduit alors par **quien** ou par **que** (surtout dans la langue parlée).

Les clients, qui semblaient tous très contents, sortaient avec de nombreux cadeaux.
Los clientes, que (quienes) parecían todos muy contentos, salían con muchos regalos.

• *qui* sujet, sans antécédent exprimé, se traduit par **quien**, que l'on emploie surtout dans des proverbes et des expressions stéréotypées où il est l'équivalent de *celui qui*, *celle qui*, etc. On peut aussi parfois le rendre par les formes **el/la/los/las que**.

Qui n'a pas vu Séville n'a rien vu.
Quien no ha visto Sevilla no ha visto maravilla.

Remarque : lorsque **quien**, complément d'objet direct, est en même temps sujet d'un subjonctif avec valeur de finalité, il se traduit par *personne*, *quelqu'un*, etc.

Je ne trouve personne qui puisse m'aider.
No encuentro quien (nadie que) me pueda ayudar.

• *qui* complément d'objet indirect (c'est-à-dire précédé d'une préposition) se traduit par **quien** ou par un équivalent comme **el que (cual)**, **la que (cual)**, etc. précédé de la préposition requise.

Je viens de voir le représentant avec qui tu as parlé hier.
Acabo de ver al representante con quien (con el que) hablaste ayer.

• Autres tournures avec *qui*

qui..., qui... (valeur distributive)	**quien..., quien** ; **cual..., cual...**
chez qui	**en cuya casa**
c'est moi qui	**soy yo quien**
qui pis est	**lo que es peor**
qui que ce soit	**quienquiera que sea**

3. *lequel* se traduit par les séries **el que** ou **el cual** qui s'accordent en genre et en nombre avec leur antécédent et qui sont l'équivalent des relatifs **que** et **quien** : **el/la/los/las que**, **el/la/los/las cual(es)**. L'espagnol moderne préfère **el que** à **el cual** dans l'emploi de complément.

La jeune fille avec laquelle (avec qui) je me promenais est journaliste.
La chica con la que (con quien) me paseaba es periodista.

Si l'antécédent est un nom de chose accompagné d'un article défini, ce dernier n'est généralement pas répété lorsque **que** est précédé de l'une des prépositions suivantes : **a**, **de**, **con**, **en**, **sobre**.

La moto avec laquelle je suis parti n'était pas à moi.
La moto con que me marché no era mía.

En cas d'ambiguïté, s'il y a plusieurs antécédents possibles, **el cual**, **la cual**, etc., sont utilisés de préférence à **que** ou à **quien**. Ils s'accordent en genre et en nombre avec l'antécédent et par conséquent le désignent plus clairement. On les emploie souvent après **por**, *pour*, *par*, et après des prépositions telles que **además de**, *en plus de*, **después de**, *après*, **encima de**, *sur*, etc.

Il s'est présenté deux témoins que personne du village ne connaissait, lesquels déclarèrent avoir assisté au drame.
Se presentaron dos testigos que nadie en el pueblo conocía, los cuales (que) declararon haber presenciado el drama.

Voici les tableaux pour lesquels tu es venu.
Aquí están los cuadros por los cuales (**que**) **has venido.**

La table sur laquelle tu as mis les fleurs est en acajou.
La mesa encima de la cual (**que**) **has puesto las flores es de caoba.**

4. Les pronoms neutres *ce que* et *ce qui*

• *ce que*, *ce qui* sont rendus par le pronom neutre **lo que** lorsque l'antécédent est une proposition ou s'il est sous-entendu.

Choisis ce que tu voudras.
Elige lo que quieras.

• *ce que* et *ce qui* sont rendus par **lo que** ou **lo cual** lorsqu'ils représentent quelque chose qui a déjà été exprimé et qu'il y a, donc, une nuance de conséquence.

Elle m'a dit que tu ne viendrais pas, ce qui m'a étonné.
Ella me dijo que no vendrías, lo cual (**lo que**) **me asombró.**

5. Les pronoms relatifs composés **cualquiera que**, *quel (quelle) que*, *quiconque*, **quienquiera que**, *quiconque, qui que ce soit*, sont suivis du subjonctif (voir p. 163).

Quelle qu'en soit la cause...
Cualquiera que sea la causa, ...

À quiconque demandera de mes nouvelles, dis-lui...
A quienquiera que pregunte por mí, dile...

19. Traduction de *dont*

En espagnol, *dont* se traduit différemment selon qu'il est complément d'un nom, complément d'un verbe ou d'un adjectif, complément d'un numéral ou d'un indéfini.

1. *dont*, complément d'un nom déterminé par un article défini, se traduit en espagnol par le relatif **cuyo** qui précède ce nom (utilisé sans article) et s'accorde en genre et en nombre avec lui.

cuyo	→	*dont le*	**cuyos**	→	*dont les*
cuya	→	*dont la*	**cuyas**	→	*dont les*

Jean, dont la sœur habite au Venezuela, part demain pour Caracas.
Juan cuya hermana vive en Venezuela sale mañana para Caracas.

C'est une entreprise dont les produits se vendent très bien.
Es una empresa cuyos productos se venden muy bien.

Remarque :

Lorsque *dont* est complément d'un nom complément d'objet direct, ce dernier se place immédiatement après **cuyo** et sans article.

Nous vous envoyons les articles dont vous trouverez les références sur la liste ci-jointe.
Le mandamos los artículos cuyas referencias encontrarán en la lista adjunta.

2. *dont*, complément d'un verbe ou d'un adjectif, se rend par un relatif — **que** (choses), **quien**, **quienes** (personnes), **el que**, **el cual**, **la que**, **la cual**, etc. (choses ou personnes) — précédé de la préposition exigée par le verbe ou l'adjectif, le plus souvent **de**.

Ce sont les machines dont ils se servent maintenant.
Son las máquinas de (las) que se sirven ahora.

La personne dont je t'ai parlé hier est arrivée.
Ha llegado la persona de la que (de quien) te hablé ayer.

C'est une promotion dont je ne me sens pas digne.
Es una promoción de la que no me siento digno.

Remarques :

• Dans la pratique, la distinction entre **de que** et **del que** ou **del cual**, etc., dépend surtout du degré de précision que l'on veut donner à la phrase.

• Attention à certains verbes espagnols qui régissent une autre préposition que **de**, comme **soñar con**, *rêver de*, **atender a**, *s'occuper de*, *servir (un client)*, c'est cette préposition qui doit précéder le relatif. D'autres verbes sont construits sans préposition, comme **necesitar**, *avoir besoin de*, **aprovechar**, *tirer profit de, profiter de*, et *dont* est alors traduit par le relatif espagnol correspondant à *que* (voir p. 194).

Los clientes a quienes ella atendía estaban todos muy contentos.
Les clients dont elle s'occupait étaient tous très contents.

Tu as le dossier dont j'ai besoin.
Tienes el expediente que necesito.

Il nous a donné des conseils dont nous n'avons pas tiré profit.
Nos dio consejos que no aprovechamos.

3. Lorsque *dont* est complément d'un numéral ou d'un indéfini, il se traduit par **de los (las) cuales**, **de los (las) que** ou par **de ellos**, **de ellas**, qui se placent le plus souvent après ce numéral ou cet indéfini.

Les joueurs, dont deux étaient nouveaux, se rassemblèrent au centre du terrain.
Los jugadores, dos de los cuales (dos de ellos) eran nuevos, se reunieron en el centro del terreno.

Les vendeuses, dont quelques-unes étaient en train de bavarder, attendaient les premières clientes.
Las dependientas, algunas de ellas (de las cuales) estaban charlando, esperaban a las primeras clientas.

4. Lorsque *dont* est employé sans verbe, il est rendu par **entre ellos**, **entre ellas**.

Il y avait beaucoup d'élèves qui sortaient, dont notre fils.
Había muchos alumnos que salían, entre ellos nuestro hijo.

5. Lorsque l'antécédent est neutre, *dont* se rend par **que** ou par les formes neutres **lo que**, **lo cual...** que précède éventuellement la préposition appropriée.

Je lui écrirai seulement ce dont je suis certain.
Sólo le escribiré aquello de (lo) que estoy seguro.

Vous me l'avez envoyée, ce dont je vous remercie beaucoup, mais...
Ud me la ha mandado, lo que le agradezco mucho, pero...

20. Traduction de *duquel*

Les pronoms *duquel*, *de laquelle*, *desquels*, *desquelles* peuvent être traduits par les relatifs **del cual**, **de la cual**, **de los cuales**, **de las cuales**.

C'est le bois au milieu duquel il y a un grand lac.
Es el bosque en medio del cual hay un gran lago.

Ils s'approchèrent de la maison à l'intérieur de laquelle on entendait des appels au secours.
Se acercaron a la casa dentro de la cual se oían gritos de socorro.

Cependant, lorsque *duquel* (ou *de qui*) est complément d'un nom précédé de l'article défini, il peut être rendu par le relatif **cuyo** précédé de la préposition appropriée.

C'est le bois dans le centre duquel il y a un grand lac.
Es el bosque en cuyo centro hay un gran lago.
Voici l'ami par l'intermédiaire duquel j'ai obtenu le poste.
Este es el amigo por cuya mediación conseguí el cargo.

Remarque : cet emploi de **cuyo** appartient surtout à la langue écrite.

Tournures formées sur **cuyo** précédé d'une préposition :

a cuyo efecto	*à cet effet*
con cuyo objeto	*en vue de quoi, dans ce but*
para cuyo fin	*à cette fin*
por cuya causa	*à cause de quoi*

21. Traduction de *où*

Où se traduit différemment selon qu'il exprime une notion de lieu ou une notion de temps.

1. *où* exprime une notion de lieu

• sans mouvement : *où* se traduit **donde**, **en donde**, **en que**, et parfois, pour une plus grande précision, **en el que**, **en el cual**, etc.

Ségovie est une ville où il y a beaucoup de très bons restaurants.
Segovia es una ciudad donde (**en que**, **en la que**) **hay muchos restaurantes muy buenos.**
L'immeuble où j'habite a dix étages.
La casa en donde (**en la que**) **vivo tiene diez pisos.**

Remarque : l'emploi de **en donde** au lieu de **donde** permet d'insister mais est peu fréquent.

• avec mouvement : on fait précéder **donde** ou **el que**, etc., de la préposition appropriée, **a**, **de**, **por**, etc.

Le supermarché où nous allions habituellement était fermé.
El supermercado a donde (**adonde**) **solíamos ir estaba cerrado.**
Ils ne m'ont pas dit d'où ils sortaient.
No me dijeron de donde salían.
Je ne connaissais pas la rue par où tu es passé.
No conocía la calle por la que (**por donde**) **pasaste.**

Remarque : **dónde**, adverbe de lieu interrogatif, porte toujours un accent écrit, aussi bien au style direct qu'au style indirect, et peut être précédé d'une préposition si le sens l'exige.

¿ Dónde ?	**¿ De dónde ?**	**¿ Adónde ?**
Où ?	*D'où ?*	*Où ?* (lieu de destination)

Je ne sais pas par où ils sont passés.
No sé por dónde pasaron.

Si l'antécédent de *où* ne désigne pas un lieu au sens strict du terme, il se traduit par **que**, **el que**, **la que**, etc., que précède la préposition appropriée.

Je te prête un dictionnaire où tu trouveras ce que tu cherches.
Te presto un diccionario en el que encontrarás lo que estás buscando.

2. *où* exprime une notion de temps

Il se traduit **en que** et parfois, pour plus de précision, **en el que**, **en la que**, etc.

À l'époque où nous nous sommes rencontrés pour la première fois, ...
En la época en (la) que nos encontramos por primera vez, ...

Dès l'instant où je l'ai vue, je l'ai su.
Desde el momento en (el) que la vi, lo supe.

Lorsque l'antécédent est un mot comme **día**, *jour*, **mañana**, *matin*, **tarde**, *après-midi*, **noche**, *soir*, *nuit*, **año**, *année*, **vez**, *fois*, etc., **en que** se réduit souvent à **que**.

Le jour où tu la verras, tu le lui demanderas.
El día que la veas, se lo preguntarás.

Remarque : **en que** est parfois remplacé par **cuando**.

Te rappelles-tu ce jour où Delgado a gagné le Tour de France ?
¿ Recuerdas aquel día cuando Delgado ganó la vuelta a Francia ?

3. Lorsque *où* n'a pas un nom comme antécédent, mais un fait ou une phrase, il se traduit par **de donde**, **de allí**, **de lo que** ou **por donde**, **por lo que**.

D'où il s'ensuit que...
De donde (de lo que, de allí) resulta que...

D'où nous déduisons que...
Por lo que (por donde) deducimos que...

4. *où que ce soit* se traduit **dondequiera que sea**.

Où que ce soit, il est toujours à l'aise et sait séduire et plaire.
Dondequiera que sea, siempre está a gusto y sabe seducir y gustar.

22. Les interrogatifs et la phrase interrogative

La phrase interrogative espagnole a la particularité de toujours commencer par un point d'interrogation à l'envers, là où précisément commence l'interrogation.

¿ Vendrá Lola contigo ?
Est-ce que Lola viendra avec toi ?

Él te ha dicho eso, pero tú, ¿ qué has contestado ?
Lui t'a dit cela mais toi, qu'est-ce que tu as répondu ?

1. Si l'interrogation porte sur le verbe, elle se marque essentiellement par l'intonation orale et, à l'écrit, par les points d'interrogation ; si le sujet est exprimé, l'inversion sujet-verbe est recommandable.

¿ Es ese chico amigo tuyo ?
¿ Ese chico es amigo tuyo ?
Est-ce que ce garçon est un de tes amis ?

¿ Nos llamaréis mañana ?
Est-ce que vous nous appellerez demain ?

2. Si l'interrogation porte sur un autre mot que le verbe, la phrase interrogative commence par un mot interrogatif qui prend toujours un accent écrit :

- un adjectif qui se place devant un nom

— **¿ qué... ?**, *quel... ? quelle... ? quels... ? quelles... ?*

¿ Qué día quieres venir ?
Quel jour veux-tu venir ?

¿ Qué libros quieres leer ?
Quels livres veux-tu lire ?

— **¿ cuánto ?**, **¿ cuánta ?**, **¿ cuántos ?**, **¿ cuántas ?**, *combien de ?*

¿ Cuánto dinero has gastado ?
Combien d'argent as-tu dépensé ?

¿ Cuántas veces te lo he repetido ?
Combien de fois je te l'ai répété ?

• un pronom

— **¿ quién... ?**, **¿ quiénes... ?**, *qui ?* (personne)

¿ Quién es ?
Qui est-ce ?

¿ Quiénes son los que desean acompañarme ?
Qui sont ceux qui souhaitent m'accompagner ?

— **¿ qué... ?**, *que... ?*, *quoi... ?* (chose)

¿ Qué quieres ?
Que veux-tu ?

Quién (**quiénes**) et **qué** peuvent être précédés de prépositions :

¿ De quién es esto ?
A qui est-ce ?

¿ Con qué viajas ?
Avec quoi voyages-tu ?

— **¿ cuál ?**, **¿ cuáles ?**, *lequel... ? laquelle... ? lesquels... ? lesquelles... ?* (personne ou chose)

¿ Cuál de estos dos chicos te da mejor impresión ?
Lequel de ces deux garçons te fait la meilleure impression ?

De todos estos discos, ¿ cuáles prefieres ?
De tous ces disques, lesquels préfères-tu ?

• un adverbe

— pour interroger sur le lieu : **¿ dónde... ?**, *où... ?*, qui peut être précédé d'une préposition

¿ Dónde estás ?
Où es-tu ?

¿ De dónde eres ?
D'où es-tu ?

¿ Hasta dónde irás ?
Jusqu'où iras-tu ?

— pour interroger sur le temps : **¿ cuándo ?**, *quand... ?*, **¿ cuánto ?**, *combien de... ?*

¿ Cuándo vendréis ?
Quand viendrez-vous ?

¿ Cuánto tardó en llegar ?
Combien (de temps) a-t-il mis pour arriver ?

Cuándo peut être précédé de prépositions :

¿ Desde cuándo ?
Depuis quand ?

¿ Hasta cuándo ?
Jusqu'à quand ?

¿ Para cuándo ?
Pour quand ?

— pour interroger sur la manière : **¿ cómo ?**, **¿ qué tal ?**, *comment ?*

¿ Cómo estáis todos ?
Comment allez-vous tous ?

¿ Qué tal ha sido el viaje ?
Comment s'est passé le voyage ?

Avec **qué tal**, le verbe est souvent sous-entendu :

¿ Qué tal el viaje ?
Comment s'est passé le voyage ?

— pour interroger sur la cause : **¿ por qué ?**, *pourquoi ?*

¿ Por qué dices esto ?
Pourquoi dis-tu cela ? (Pour quelle raison dis-tu cela ?)

À noter : **el porqué**, *la cause, la raison.*

— pour interroger sur le but : **¿ para qué... ?**, *pourquoi ?*

¿ Para qué dices esto ?
Pourquoi dis-tu cela ? (dans quel but dis-tu cela ?)

Avec les verbes de mouvement, **para qué** est remplacé par **a qué** :

¿ A qué vienes ahora ?
Pourquoi viens-tu maintenant ?

3. D'autres tournures interrogatives, plus propres à l'espagnol, sont possibles.

• la conjonction **si** : suivie d'un futur de conjecture, elle introduit une interrogation en y ajoutant une nuance d'hésitation, de doute ; cette interrogation concerne le plus souvent le locuteur lui-même. Le français utilise des tournures comme *Je me demande si...*, *Est-ce que par hasard... ?*

¿ Si me habré equivocado ?
Est-ce que par hasard je me serais trompé ?

¿ Si me habrá mentido ?
Je me demande s'il ne m'a pas menti ?

• la tournure **¿ a que... ?** (sans accent écrit) qui sous-entend le verbe **apostar**, *parier*.

¿ A que no lo sabes ?
Je te parie que tu ne le sais pas ?

¿ A que terminamos antes que ellos ?
Je te parie que nous finissons avant eux ?

4. L'interrogation indirecte

L'interrogation indirecte est introduite par les mêmes mots interrogatifs que dans l'interrogation directe, qui ont tous un accent écrit sauf **si**.

No sé a dónde va ni con quién.
Je ne sais pas où il va ni avec qui.

¿ Sabe usted cuándo podré recuperar el coche ?
Savez-vous quand je pourrai récupérer ma voiture ?

No puedo decirte cuál prefiero.
Je ne peux pas te dire lequel je préfère.

No sé si podré venir.
Je ne sais pas si je pourrai venir.

23. Les exclamatifs et la phrase exclamative

La phrase exclamative a la particularité de toujours commencer par un point d'exclamation à l'envers.

¡ Qué hermosura !
Quelle beauté !

¡ Lo que lo siento !
Comme je le regrette !

Les mots exclamatifs diffèrent selon le terme sur lequel porte l'exclamation ; tous les exclamatifs prennent un accent écrit.

1. L'exclamation porte sur un nom et a une valeur quantitative.

L'espagnol utilise **¡ cuánto... !**, **¡ cuánta... !**, **¡ cuántos... !**, **¡ cuántas... !** ou **¡ qué de... !**, *combien de... !*, *que de... !*

¡ Cuántas dificultades hemos superado !
Combien de difficultés nous avons surmontées !

¡ Qué de aventuras y qué de recuerdos !
Que d'aventures et que de souvenirs !

2. L'exclamation porte sur un nom, un adjectif, un adverbe.

L'espagnol utilise le plus souvent **¡ qué !**, *quel... ! que... ! comme...* **Cuán** n'est pas impossible devant un adverbe. Dans tous les cas le mot sur lequel porte l'exclamation se place aussitôt après **qué** ou **cuán**.

¡ Qué comida !
Quel repas !

¡ Qué guapa !
Qu'elle est jolie !

¡ Qué lejos estamos ! ou **¡ Cuán lejos estamos !**
Comme nous sommes loin !

¡ Qué rápido pasan los años !
Comme les années passent rapidement !

Lorsque l'exclamation porte sur un nom, l'espagnol peut utiliser la forme invariable : **¡ vaya !**

¡ Vaya chicos !
Quels garçons ! (ou *En voilà des garçons !*)

¡ Vaya casa !
Quelle maison !

Lorsque l'exclamation porte sur un adjectif ou un adverbe, l'espagnol utilise très souvent la tournure **¡ lo... que !** encadrant l'adjectif, qui s'accorde, ou l'adverbe.

¡ Lo guapa que es !
Qu'elle est jolie !

¡ Lo lejos que estamos !
Comme nous sommes loin !

3. L'exclamation porte sur un nom accompagné d'un adjectif. L'espagnol peut toujours utiliser l'exclamatif + adjectif + nom.

¡ Qué buenos muchachos !
Quels gentils garçons !

¡ Qué buen día !
Quelle belle journée !

Mais il peut aussi, en mettant la valeur de l'adjectif en relief, suivre un autre ordre et renforcer l'adjectif avec **más** ou **tan** placé après le nom.

¡ Qué muchachos más buenos !
Quels gentils garçons !

¡ Qué día tan bueno !
Quelle belle journée !

4. L'exclamation porte sur un verbe.

L'espagnol utilise **¡ cómo... !**, *comme... !*, **¡ lo que... !**, *ce que... !*, *comme... !*, **¡ cuánto... !**, *combien... !*, *que... !*, *comme... !*

¡ Cómo llueve ahora !
Comme il pleut en ce moment !

¡ Cuánto (ou **lo que**) **hemos gastado !**
Comme nous avons dépensé !

5. L'exclamation indirecte

L'exclamation indirecte est introduite par les mêmes mots exclamatifs que dans l'exclamation directe.

¡ Mira qué alto es !
Regarde comme il est grand !

No sé cómo ha ocurrido esto.
Je ne sais pas comment cela est arrivé.

Aprecio lo mucho que has hecho.
J'apprécie tout ce que tu as fait.

No te das cuenta de lo desagradables que son.
Tu ne te rends pas compte combien ils sont désagréables.

24. Les prépositions *por* et *para*

LA PRÉPOSITION por

1. por indique la cause, le motif, la raison d'une action.

Lo haré por ti.
Je le ferai pour toi.

Luchamos por la libertad.
Nous luttons pour la liberté.

2. por indique la préoccupation, le sentiment porté à quelqu'un.

No me preocupo más por él.
Je ne m'inquiète plus de lui.

Dice que no siente nada por ella.
Il dit qu'il n'éprouve rien pour elle.

Avec les verbes **estar** et **quedar**, **por** suivi d'un infinitif exprime une action non encore réalisée.

Esta casa está por vender.
Cette maison est à vendre (n'est pas encore vendue).

Los cristales quedan por lavar.
Les vitres sont (restent) à nettoyer.

estar por + infinitif peut aussi signifier *être tenté de* ou *être partisan de, être favorable à* et *avoir envie de*.

Estaba por confesárselo.
J'étais tenté de tout lui avouer.
J'étais partisan de (j'avais envie) de tout lui avouer.

3. por indique le temps.

• une date ou un terme approximatifs ; **por** est alors synonyme de **hacia**, vers :

Volveré por Pentecostés.
Je reviendrai vers la Pentecôte.

Creo que nos mudaremos por mayo.
Je crois que nous déménagerons vers le mois de mai.

• une durée ; **por** est alors synonyme de **durante**, *pendant* :

Salen por tres semanas.
Ils partent pour trois semaines.

Por Semana Santa iré a visitarle.
Pendant la Semaine Sainte, j'irai le voir.

Ainsi :

por la mañana	**por la tarde**	**por la noche**
le matin	*l'après-midi*	*le soir*

4. por indique le lieu.

• sans idée de mouvement, **por** donne une indication approximative de lieu :

Está por aquí, espérele un poco más.
Il est par ici, attendez-le un peu plus.

Creo que tiene una tienda por el centro.
Je crois qu'il a une boutique dans le centre.

• avec idée de mouvement, **por** indique le lieu de passage :

Pasaré por Segovia.
Je passerai par Ségovie.

Viajó por toda la Mancha.
Il a voyagé à travers toute la Manche.

Après un verbe de mouvement, **por** peut aussi exprimer la recherche et se traduit alors par le verbe *chercher*.

ir por pan	*aller chercher du pain*
salir por tabaco	*sortir chercher des cigarettes*
correr por el médico	*courir chercher le médecin*
bajar por vino	*descendre chercher du vin*

etc.

5. por exprime l'équivalence, l'échange, le prix.

Firmaré por ti.
Je signerai pour toi.

Me lo cambió por otro.
Il me l'échangea contre un autre.

Mil dólares por este cuadro.
Mille dollars pour ce tableau.

6. **por** exprime le choix possible entre deux termes.

Siempre está hablando por hablar.
Il est toujours en train de parler pour parler.

Piso por piso, prefiero el mío.
Appartement pour appartement, je préfère le mien.

7. **por** introduit le complément d'agent de la voix passive.

Su jersey fue comido por las polillas.
Son pull a été mangé par les mites.

Fue atropellado por una moto.
Il fut renversé par une moto.

LA PRÉPOSITION **para**

1. **para** indique le but, la finalité.

Hay que estudiar para aprobar.
Il faut étudier pour réussir.

Esto no es bueno para la salud.
Cela n'est pas bon pour la santé.

2. **para** indique l'attribution.

Esto es para ti.
Cela, c'est pour toi.

Los dulces son para los niños.
Les bonbons sont pour les enfants.

3. **para** indique l'aptitude, l'usage, l'utilité.

Está muy capacitado para este trabajo.
Il est très qualifié pour ce travail.

No creo que ese tejido sea bueno para camisas.
Je ne crois pas que ce tissu soit bon pour des chemises.

4. **para** indique la comparaison.

Para un extranjero habla muy bien.
Pour un étranger, il parle très bien.

No había explicación para tal maravilla.
Il n'y avait pas d'explication pour une telle merveille.

5. para indique le point de vue.

Para mí, no tiene razón.
Pour moi, il n'a pas raison.

No son argumentos para ellos.
Ce ne sont pas des arguments pour eux.

6. para indique le délai fixé, d'une façon plus précise que **por** (voir p. 207).

Lo haréis para mañana.
Vous le ferez pour demain.

Volveré para Pentecostés.
Je reviendrai pour la Pentecôte.

7. para indique la direction, le sens d'un mouvement.

Salió anoche para Valencia.
Il est parti hier soir pour Valence.

Corría para arriba y para abajo.
Il courait de haut en bas.

8. estar para + infinitif signifie *être sur le point de* ou *être disposé à*.

Yo estaba para llamarte cuando llegó.
J'étais sur le point de t'appeler quand il est arrivé.

25. Traduction de *pourquoi ?* et réponse

1. En français, *pourquoi ?* contient à la fois les notions de cause et de but, qui sont bien distinctes en espagnol.

a. Lorsque *pourquoi ?* est l'équivalent de la question *pour quelle raison ?*, sa traduction espagnole est **¿ por qué ?** en deux mots et avec un accent.

Pourquoi le dis-tu (Pour quelle raison... ?)
¿ Por qué lo dices ?

b. Lorsque *pourquoi ?* est l'équivalent de la question *dans quelle intention ?*, sa traduction espagnole est **¿ para qué ?** en deux mots et avec un accent.

Pourquoi le dis-tu ? (Dans quelle intention... ?)
¿ Para qué lo dices ?

2. La réponse à la question *pourquoi ?* est également fonction des notions de cause et de but.

a. Pour exprimer la cause, la réponse se construit avec **porque** (en un seul mot et sans accent), *parce que*, et le verbe de la subordonnée se met à l'indicatif.

Lo digo porque es necesario hacerlo ahora mismo.
Je le dis parce qu'il faut le faire tout de suite.

Remarque : *parce que !* dans le sens de *parce que c'est comme ça*, se traduit par **¡ porque sí !** ou **¡ porque no !**

Pero, ¿ por qué te marchas ahora ? — ¡ Porque sí !
Mais pourquoi pars-tu maintenant ? — Parce que !

¿ Por qué no quieres hacerlo ? — ¡ Porque no !
Pourquoi ne veux-tu pas le faire ? — Parce que !

La notion de cause peut parfois être rendue par la préposition **por** suivie de l'infinitif.

Él está cansado por trabajar (**porque trabaja**) **demasiado.**
Il est fatigué parce qu'il travaille trop.

b. Pour exprimer le but ou l'intention :

• la réponse se construit avec **para que** (sans accent), *pour que*, et le verbe de la subordonnée se met au subjonctif.

Lo digo para que lo sepas.
Je le dis pour que tu le saches.

• si les deux verbes ont le même sujet, la réponse se construit avec **para**, *pour*, suivi de l'infinitif.

Lo pido para conocer sus condiciones de vida.
Je le demande pour connaître leurs conditions de vie.

Autres traductions de *pourquoi* :

c'est pourquoi → **por eso** *(pour cela)*
C'est pourquoi nous avons manqué le train.
Por eso, hemos perdido el tren.

le pourquoi (la cause, le motif) → **el porqué**
Il m'a demandé le pourquoi (le motif) de ton absence.
Me preguntó el porqué de tu ausencia.

26. Traduction de *pues*

Pues est une conjonction dont le sens varie selon la place qu'elle occupe dans la phrase.

1. pues relie deux propositions et a une valeur de cause : il se traduit par *car*, *parce que*, *puisque*.

No vino pues no sabía que estabas con nosotros.
Il n'est pas venu, car il ne savait pas que tu étais avec nous.
No salimos, pues llovía a cántaros.
Nous ne sommes pas sortis parce qu'il pleuvait à verse.
Te lo puedo decir pues me lo han dicho a mí.
Je peux te le dire puisqu'on me l'a dit, à moi.

2. pues est placé après le premier mot de la phrase, le plus souvent entre virgules, et a une valeur de conséquence. Il se traduit par *donc*.

Me avisaron, pues, que ya no podían acompañarme.
Ils m'ont donc prévenu qu'ils ne pouvaient plus m'accompagner.
No me he equivocado, pues, sobre el motivo de su visita.
Donc, je ne me suis pas trompé sur le motif de leur visite.

3. pues, en tête d'une phrase constituant une réponse, marque l'hésitation, la gêne, la réflexion, etc. ; il se traduit par *eh bien...*, *bien...*, *euh...*, etc.

¿ Has comprendido ? — Pues..., no sé, no estoy seguro.
As-tu compris ? — Eh bien..., je ne sais pas, je ne suis pas sûr.
¿ Se lo dirás a tu hermano ? — Pues... es posible.
Tu le diras à ton frère ? — Bien..., c'est possible.

27. La proposition complément d'un comparatif

Le deuxième membre d'une comparaison peut être un adjectif, un nom ou un adverbe.

Es más inconsciente que valiente.
Il est plus inconscient que courageux.
Compra menos libros que discos.
Il achète moins de livres que de disques.

(Voir le comparatif, p. 77.)

Mais le deuxième élément peut aussi être une proposition avec verbe conjugué ; dans ce cas, le *que* français se traduit par :

- **de lo que** si le premier membre de la comparaison est un adjectif ou un adverbe :

Ils ont été plus aimables que nous ne l'espérions.
Han sido más amables de lo que esperábamos.
Il lui répondit plus durement qu'il n'était nécessaire.
Le contestó más duramente de lo que era necesario.

Dans les mêmes conditions, on peut trouver simplement **de lo** + adjectif ou participe passé lorsque le verbe **ser** ou **haber** est sous-entendu.

Il lui répondit plus durement qu'il n'était nécessaire.
Le contestó más duramente de lo necesario.

C'est moins difficile qu'on ne l'a annoncé.
Es menos difícil de lo anunciado (de lo que se ha anunciado).

• **del que** si le premier membre de la comparaison est un nom ; ce nom entraîne l'accord de l'article défini et on a donc **del que**, **de la que**, **de los que**, **de las que** :

Il avait émis moins d'objections que je ne l'avais prévu.
Él había puesto menos objeciones de las que yo había previsto.

L'enfant avait plus de force que tu ne l'imaginais.
El chico tenía más fuerza de la que te imaginabas.

On observera que, dans la proposition complément, la négation (*ne*) et le pronom personnel (*le*) n'apparaissent qu'en français.

Attention : cette traduction de *que* par **de lo que** ou **del que** (**de la que**, etc.) n'intervient que dans le cas d'un comparatif de supériorité (**más**) ou d'infériorité (**menos**) ; s'il s'agit d'un comparatif d'égalité (**tan**), *que* est toujours traduit par **como** (voir p. 77).

Il est aussi inconscient que courageux.
Es tan inconsciente como valiente.

Ils ont été aussi aimables que nous l'espérions.
Han sido tan amables como lo esperábamos.

28. Traduction de *autant*

1. *autant* se rapporte à un verbe : il se traduit par **tanto** invariable ; si le deuxième élément de la comparaison est exprimé, il est introduit par **como**.

Je n'ai jamais travaillé autant !
¡ Nunca he trabajado tanto !

Ils ne voyagent pas autant que toi.
No viajan tanto como tú.

2. *autant de* + nom + *que* se traduit par **tanto** qui s'accorde avec le nom (**tanto**, **~a**, **~os**, **~as**) et le deuxième élément de la comparaison est introduit par **como**.

J'ai autant de raisons de me plaindre que lui.
Tengo tantos motivos de quejarme como él.

Ils ont rencontré autant de difficultés que je l'avais prévu.
Encontraron tantas dificultades como yo había previsto.

Tanto (**~a**, **~os**, **~as**) **... como** peut être remplacé par le seul **cuanto** (**~a**, **~os**, **~as**) mais c'est un emploi plus littéraire.

Ils ont rencontré autant de difficultés que j'avais prévu.
Encontraron cuantas dificultades yo había previsto.

3. *autant de* + nom, parfois suivi de *pour* + infinitif, se traduit par **otro tanto**, qui s'accorde avec le nom.

Ce sont autant de sottises.
Son otras tantas tonterías.

Autant de raisons pour ne rien dire.
Otros tantos motivos para no decir nada.

4. *autant* + déterminant (article, adjectif possessif ou démonstratif) + nom + *que* se traduit par **tanto** (invariable) + déterminant + nom + **como** ; *autant... que* signifie alors *aussi bien... que*.

J'aime autant cette veste bleue que celle que tu portais hier.
Me gusta tanto esta americana azul como la que llevabas ayer.

Autant les garçons que les filles l'ont apprécié.
Lo apreciaron tanto los chicos como las chicas.

5. *en... autant* se traduit par :

• **lo mismo** si *autant* exprime une quantité non dénombrable :

Il a eu beaucoup de chance, je ne peux pas en dire autant.
Él ha tenido mucha suerte, no puedo decir lo mismo.

Eux, ils ont dit ce qu'ils pensaient : peux-tu en faire autant ?
Ellos han dicho lo que pensaban : ¿ puedes hacer lo mismo ?

• **otro tanto** si *autant* exprime une quantité dénombrable ; **otro tanto** s'accorde alors avec le nom auquel il se rapporte :

Il a couru trois kilomètres, il lui en reste autant.
Ya ha corrido tres kilómetros, le quedan otros tantos.

Moi j'ai apporté trois bouteilles, il faudrait que tu en achètes autant.
He traído tres botellas, haría falta que compraras otras tantas.

On observe que le *en* français ne se traduit pas.

6. *autant... autant...* se traduit par :

• **cuanto... tanto...** si chaque élément est suivi d'un nom, et ces noms entraînent l'accord respectif de **cuanto** et de **tanto** :

Autant de témoins, autant de témoignages.
Cuantos testigos, tantos testimonios.

Autant de déclarations, autant de mensonges.
Cuantas declaraciones, tantas mentiras.

• **cuan... tan...** si la comparaison porte sur des adjectifs qualificatifs ; ces adjectifs se placent en espagnol aussitôt après **cuan** et **tan** :

Autant elle est gentille, autant lui est désagréable.
Cuan amable es ella, tan desagradable es él.
Autant son frère est gros, autant lui est élancé.
Cuan gordo es su hermano, tan esbelto es él.

7. *autant que* reliant deux adjectifs qualificatifs se traduit par **tan** + premier adjectif + **como** + deuxième adjectif.

C'est intéressant autant que répugnant.
Es tan interesante como repugnante.
Elles sont jolies autant que sympathiques.
Son tan guapas como simpáticas.

29. Traduction de *d'autant plus (moins)... que...*

1. Cette tournure marque la comparaison et se traduit par :

a. **tanto más (menos) ... cuanto más (menos) ...** si la comparaison porte sur des adjectifs, des participes passés employés comme adjectifs ou sur des noms précédés d'un article défini, d'un possessif ou d'un démonstratif ; ces mots se placent toujours après **más** ou **menos** :

Ils sont d'autant plus audacieux qu'ils sont moins conscients.
Son tanto más atrevidos cuanto menos conscientes son.
Il aimait d'autant plus son voisin que ce dernier était plus serviable avec lui qu'avec les autres.
Le gustaba tanto más su vecino cuanto más servicial era éste con él que con los demás.

b. **tanto (~a, ~os, ~as) más (menos) ... cuanto (~a, ~os, ~as) más (menos) ...** si la comparaison porte sur des noms employés sans déterminant (article, adjectif possessif ou démonstratif) ; **tanto** et **cuanto** s'accordent en genre et en nombre avec les noms qui se placent toujours après **más** ou **menos**. La tournure française est alors *d'autant plus (moins) de... que... de* :

Il reçut d'autant plus de félicitations qu'il avait surmonté plus de difficultés.
Recibió tantas más felicitaciones cuantas más dificultades había superado.

Il se présenta d'autant plus de spectateurs qu'il y avait des cadeaux pour les premiers à arriver.
Se presentaron tantos más espectadores cuantos más regalos había para los primeros en llegar.

c. **tanto (~a, ~os, ~as) más (menos) ... cuanto** (invariable) **que** (ou seulement **que**) si la comparaison, dans le deuxième élément, porte sur toute la proposition, et non plus sur un mot :

Ils sont d'autant plus contents qu'ils ne savaient pas qu'elle venait.
Están tanto más contentos cuanto que (ou **que**) **no sabían que ella venía.**

Il a d'autant plus de patience qu'il pouvait ne pas les attendre.
Tiene tanta más paciencia cuanto que (ou **que**) **podía no esperarlos**.

Ces différentes tournures, moins fréquentes en espagnol qu'en français, sont souvent remplacées par des subordonnées causales.

Il reçut d'autant plus de félicitations qu'il avait surmonté beaucoup de difficultés.
Recibió muchas felicitationes porque había superado muchas dificultades.

Il a d'autant plus de patience qu'il pouvait ne pas les attendre.
Tiene mucha paciencia porque podía no esperarlos.

2. Traduction de *d'autant plus que*

Au lieu d'exprimer la comparaison, cette tournure exprime une explication et se traduit par **tanto más cuanto que** et surtout par **tanto más que**.

Je ne comprends pas qu'ils ne soient pas encore arrivés, d'autant plus qu'ils sont généralement ponctuels.
No comprendo que no hayan llegado todavía, tanto más que suelen ser puntuales.

30. Traduction de *tant*, *tellement*, *si*

1. Traduction de *tant*, *tellement* :

• *tant* (ou *tellement*) se rapporte à un verbe : il se traduit par **tanto**, invariable, et s'il y a une subordonnée, elle est introduite par **que**.

Ils boivent tellement !
¡ Beben tanto !

Ils parlent tant qu'ils se fatiguent beaucoup.
Hablan tanto que se cansan mucho.

• *tant* (ou *tellement*) se rapporte à un nom et exprime la quantité (*tant* ou *tellement* sont alors suivis de *de*) : il se traduit par **tanto** qui s'accorde avec le nom, et la subordonnée est introduite par **que**.

Il a tant de disques qu'il ne pourra jamais les écouter tous.
Tiene tantos discos que nunca podrá escucharlos todos.
Ils ont tellement de relations qu'ils peuvent te pistonner.
Tienen tantas relaciones que pueden enchufarte.

2. Traduction de *si*, *tellement* :

• *si* (ou *tellement*) précède un adjectif qualificatif ou un participe passé : il se traduit par **tan**, et s'il y a une subordonnée, elle est introduite par **que**.

Ils sont si contents !
¡ Están tan contentos !
Nous sommes tellement fatigués que nous n'avons même pas envie de manger.
Estamos tan cansados que ni siquiera tenemos ganas de comer.

• *si* (ou *tellement*) suivi d'un participe passé, parfois d'un adjectif qualificatif, peut aussi se traduire par **de** ou **de puro** ; la tournure est éventuellement complétée par **que** + verbe.

Ils étaient tellement fatigués qu'ils s'écroulèrent.
Se cayeron de cansados.
Ils étaient si tristes qu'ils m'émurent.
Me conmovieron de puro tristes que estaban.

31. Traduction de *en* et de *y*

1. *en* et *y* sont compléments d'un verbe (*il en parle* ; *il y pense*) ou d'un adjectif ou d'un participe passé (*il en est convaincu*) : ils se traduisent par un pronom personnel complément ou un pronom démonstratif précédés, si nécessaire, de la préposition régie par le verbe ou l'adjectif.

Ta visite l'a impressionné : il en parle beaucoup.
Le ha impresionado tu visita : habla mucho de ella.

Il me téléphone quand il y pense, c'est-à-dire pas très souvent.
Me llama cuando piensa en ello, es decir no muy a menudo.

Que voulez-vous que je fasse ? que je m'y résigne ?
¿ Qué queréis que yo haga ? ¿ que me resigne a esto ?

Son frère lui a dit que c'était vrai, alors il en est convaincu.
Su hermano le ha dicho que era verdad, entonces él está convencido de esto.

Son fils a réussi et il en est très fier.
Su hijo ha triunfado y está muy orgulloso de él.

C'est la maison de ses parents et il y est très attaché.
Es la casa de sus padres y está muy encariñado con ella.

2. *en* et *y* désignent un lieu : ils se traduisent par l'adverbe de lieu précédé de la préposition requise si c'est nécessaire.

J'en suis parti à onze heures.
Me he marchado de allí a las once.

Je vais t'y accompagner dès que je pourrai.
Voy a acompañarte allí en cuando pueda.

S'il y a volonté d'exprimer le lieu avec plus de précision, on peut utiliser un pronom personnel complément :

Je suis sûr qu'il n'est pas chez lui : j'en viens.
Estoy seguro de que no está en su casa : vengo de ella.

Si la référence au lieu est manifeste, *en* et *y* ne sont pas traduits :

Vas-tu à la boulangerie maintenant ? — Oui, j'y vais.
¿ Vas a la panadería ahora ? — Sí, voy.

3. *en*, lorsque le verbe est suivi d'un nombre ou d'une expression indéfinie de quantité, ne se traduit pas.

Lui a mille pesetas, moi j'en ai cinq cents, c'est suffisant ?
Él tiene mil pesetas y yo tengo quinientas, ¿ es suficiente ?

As-tu lu des romans de Cela ? — Oui, j'en ai lu plusieurs.
¿ Has leído novelas de Cela ? — Sí, he leído varias.

Si le verbe n'est pas suivi d'un nombre ou d'une indication de quantité, *en* est rendu par le pronom personnel complément d'objet direct **lo**, **la**, **los**, **las** ou par un pronom indéfini à valeur quantitative.

Tu peux me laisser la voiture ? J'en aurai besoin demain.
¿ Puedes dejarme el coche ? Lo necesitaré mañana.

Mangez donc ces gâteaux, vous n'en trouverez pas de meilleurs.
Pero coma estos pasteles, no los encontrará mejores.

Tu as vu les films de Berlanga ? — Oui, j'en ai vu.
¿ Has visto películas de Berlanga ? — Sí, he visto algunas.

C'est à ces mêmes traductions qu'on recourt avec la tournure impersonnelle *il y a*, **hay**.

Des gâteaux comme ça, il y en a de meilleurs !
Pasteles así, ¡ los hay mejores !
Y a-t-il eu contestation ? — Oui, il y en a eu.
¿ Ha habido polémica ? — Sí, la ha habido.

Pour la traduction de *il y en a qui...*, voir p. 219.

4. *en* est complément de nom (*ce magasin..., j'en suis le propriétaire*) : il est traduit par le pronom personnel complément précédé de **de** ou par un possessif.

Ce magasin..., j'en suis le propriétaire.
Esta tienda..., soy el propietario de ella (ou **soy su propietario**).
Je connais ces commerçants et je me demande pourquoi tu n'en es pas client ?
Conozco a esos tenderos y me pregunto por qué no eres cliente de ellos (ou **su cliente**).

32. Traduction de *il y a*

1. *il y a* exprime une quantité indéterminée et le nom qui suit est précédé d'un article ou d'un adjectif indéfini : il se traduit par **haber** à la 3ᵉ personne du singulier (**hay** au présent de l'indicatif).

Il y a des rumeurs à ce sujet-là.
Hay rumores al respecto.
Il y avait plusieurs personnes qui attendaient.
Había varias personas que estaban esperando.

2. *il y a* exprime une quantité plus précise et le nom qui suit est précédé de l'article défini, de l'adjectif démonstratif ou possessif : il se traduit plutôt par **estar**, qui s'accorde avec le nom qui suit, mais l'emploi de **haber** n'est pas impossible.

Sur l'étagère, il y a les livres que je viens d'acheter.
En el estante, están los libros que acabo de comprar.
Pour ton anniversaire, il y aura tes amis de Ségovie.
Para tu cumpleaños, estarán tus amigos de Segovia.

Si le nom est précédé d'un numéral, l'emploi de **ser** est fréquent (attention à la place des mots en espagnol) :

Dans la classe, il y a deux élèves qui peuvent réussir.
En la clase, son dos los alumnos que pueden aprobar.

Pour moi, il y avait deux solutions.
Para mí, eran dos las soluciones.

3. *il y a* exprime le temps, qu'il s'agisse de durée ou de météorologie : il se traduit par **hace**, qui reste toujours à la 3e personne du singulier.

Il y a deux ans qu'il n'est pas venu ici.
Hace dos años que no ha venido aquí.

Demain il y aura du soleil, j'en suis sûr.
Mañana hará sol, estoy seguro.

Il y a marquant la durée peut être traduit par d'autres tournures :

Il y a deux ans qu'il est au Canada.
→ **Hace dos años que está en Canadá.**
→ **Está en Canadá desde hace dos años.**
→ **Lleva dos años en Canadá.**

(Voir traduction de *depuis*, p. 220.)

4. *il y en a qui* se traduit par **los** ou **las hay que** + verbe au pluriel, ou **hay quien** + verbe au singulier ; *en* ne se traduit pas.

Il y en a qui le pensent.
Los hay que lo piensan.

Parmi tous ces romans, il y en a qui t'intéresseront.
Entre todas estas novelas, las hay que te interesarán.

Il y en a qui prétendent le contraire.
Hay quien pretende lo contrario.

Il n'y a personne qui se traduit par **no hay quien**.

Il n'y a personne qui le supporte.
No hay quien le aguante.

5. *il n'y a qu'à* + infinitif se traduit par **no hay más que** + infinitif.

Il n'y a qu'à se taire.
No hay más que callar.

Il n'y a plus qu'à + infinitif se traduit par **no hay más remedio que** + infinitif.

Il n'y avait plus qu'à s'en aller.
No había más remedio que irse.

Si *il n'y a qu'à* a le sens de *il suffit*, on peut le traduire par **con** + infinitif (voir p. 185).

6. *il y a... à* + infinitif se traduit par **hay... que** + infinitif.

Il y a beaucoup à dire sur ce projet.
Hay mucho que decir sobre este proyecto.

Il n'y avait rien à faire.
No había nada que hacer.

7. *il y a de quoi* + infinitif se traduit par **es para** + infinitif.

Il y a de quoi pleurer, tu sais ?
Es para llorar, ¿ sabes ?

Il n'y avait pas de quoi rire.
No era para reírse.

8. *il y a lieu de* + infinitif se traduit par :

- **cabe** + infinitif pour insister sur l'opportunité, la convenance

Il y a lieu de le prévenir tout de suite.
Cabe avisarle ahora mismo.

- **hay motivo para** + infinitif pour insister sur le motif

Il n'y a pas lieu de se plaindre.
No hay motivo para quejarse.

33. Traduction de *depuis*

1. Si *depuis* désigne, dans le temps ou l'espace, un point de départ, une origine, il se traduit par **desde**.

Depuis la mort de ses parents, ce n'est plus le même.
Desde la muerte de sus padres, ya no es el mismo.

Il est venu à pied depuis chez lui.
Ha venido a pie desde su casa.

Depuis... jusqu'à... se traduit par **desde... hasta...** et implique une précision assez grande :

Depuis le centre de la place jusqu'à la mairie, il n'y a pas plus de deux cents mètres.
Desde el centro de la plaza hasta el ayuntamiento, no hay más de doscientos metros.

Je t'ai attendu depuis sept heures du matin jusqu'à deux heures de l'après-midi.
Te he esperado desde las siete de la mañana hasta las dos de la tarde.

2. Si *depuis* exprime la durée, il se traduit par **desde hace** ; **hace**, qui reste toujours à la 3e personne du singulier, se met au temps requis.

Il vivait avec elle depuis deux ans.
Vivía con ella desde hacía dos años.

Depuis trois mois, je n'ai eu aucune nouvelle de lui.
Desde hace tres meses, no he tenido ninguna noticia de él.

D'autres traductions, sans recours à la préposition **desde**, sont possibles et même fréquentes :

Il vivait avec elle depuis deux ans.
→ **Vivía con ella desde hacía dos años.**
→ **Llevaba dos años viviendo con ella.**
→ **Hacía dos años que vivía con ella.**

Attention : il faut bien veiller à ne pas confondre *depuis* marquant un point de départ et *depuis* marquant la durée.

Nous sommes le 21 octobre et depuis le 1er, il ne m'a même pas téléphoné.
Estamos a 21 de octubre y desde el primero, ni siquiera me ha llamado.

Nous sommes le 21 octobre et depuis trois semaines, il ne m'a même pas téléphoné.
Estamos a 21 de octubre y desde hace tres semanas, ni siquiera me ha llamado.

34. Traduction de *tout*

1. *tout*, adjectif défini, se traduit par **todo** qui s'accorde avec le nom auquel il se rapporte.

Il a pleuré toute la journée.
Ha llorado todo el día.

Ils étaient comme ça dans toutes les situations.
Eran así en todas las situaciones.

Devant un nom singulier, lorsque *tout* a le sens de *n'importe lequel*, **todo** peut être remplacé par **cualquier** (voir apocope p. 101).

Tout excès est nocif.
Cualquier exceso es nocivo.

2. *tout*, adjectif indéfini, a une valeur distributive : il se traduit par **todo**.

Il vient toutes les semaines.
Viene todas las semanas.

Si *tout* est suivi d'un numéral, c'est **cada** qu'il faut employer.

Il vient toutes les trois semaines.
Viene cada tres semanas.

3. *tout*, précédant un numéral avec le sens de *ensemble* (*ils sont venus tous les cinq*), n'est pas traduit et l'espagnol utilise seulement l'article défini et le numéral.

Ils sont venus tous les cinq.
Han venido los cinco.

Toutes les trois avaient leur propre appartement.
Las tres tenían su propio piso.

4. *tout* peut être pronom et prend le genre et le nombre du nom qu'il remplace.

Ses voisins l'aiment beaucoup : ils sont tous venus le voir.
Sus vecinos le quieren mucho : todos han venido a verle.

Si *tous* (ou *toutes*), complément d'objet direct, représente des personnes, **todos** (ou **todas**) est précédé de la préposition **a** (voir p. 112).

Les habitants de ce village, je les connais tous.
Los habitantes de este pueblo, los conozco a todos.

Tout, avec une valeur neutre, est traduit par **todo**, invariable.

Tout est terminé.
Todo está terminado.

Si ce **todo** est complément d'objet direct, il est annoncé par **lo** qui se place avant le verbe, sauf s'il y a enclise (voir p. 72).

Lo sé todo.
Je sais tout.

Quiero saberlo todo.
Je veux tout savoir.

5. *tout*, à valeur adverbiale, devant un adjectif ou un participe passé au singulier, se traduit par **todo** ou **toda** selon le genre du sujet ou par **muy**.

Carlos est très content.
Carlos está todo (ou **muy**) **contento.**

Lola est tout émue.
Lola está toda (ou **muy**) **conmovida.**

Si l'adjectif ou le participe passé sont au pluriel, *tout* se traduit par **muy**, **enteramente** ou **del todo** placé après l'adjectif.

Carlos et Lola sont tout contents.
Carlos y Lola están muy contentos.
Ils étaient tout disposés à vous aider, monsieur.
Estaban enteramente dispuestos a ayudarle, señor.

6. *tout*, à valeur adverbiale, peut avoir une valeur concessive et il se traduit par :

• **a pesar de** + infinitif ou **aunque** + indicatif si *tout* précède un gérondif

Tout en le trouvant gentil, je me méfie.
A pesar de encontrarle amable (ou **aunque le encuentro amable**), **no me fío.**

• **a pesar de lo ... que** ou **con lo ... que** si *tout* précède un adjectif

Tout gentil qu'il est, je me méfie.
A pesar de lo amable que es, no me fío.
Tout riches qu'ils étaient, ils n'ont pas pu l'acheter.
Con lo ricos que eran, no pudieron comprarlo.

Avec le gérondif, la tournure peut n'avoir qu'une valeur temporelle et *tout* se rend par **sin dejar de** + infinitif ou par le gérondif seul.

Elle cousait tout en écoutant la radio.
Cosía sin dejar de escuchar la radio.
Il lisait tout en marchant.
Leía caminando.

35. Traduction de *même*

1. *même*, lorsqu'il est adjectif, se traduit par **mismo** qui s'accorde en genre et en nombre avec le nom ou le pronom auquel il se rapporte.

Mismo permet d'exprimer l'identité absolue (la même chose), d'insister sur la qualité ou le défaut ou de mettre en valeur un pronom sujet.

Tu as la même valise que Jacques.
Tienes la misma maleta que Santiago.

C'est la bonté même.
Es la misma bondad (la bondad misma).

Ils le feront eux-mêmes.
Lo harán ellos mismos.

Remarque : dans certains cas, **mismo** peut-être placé indifféremment avant ou après le nom, c'est une question d'usage.

Lorsque *lui-même, elle-même*, etc., se trouvent placés immédiatement après un nom pour insister sur l'identité de la personne ou de la chose, le pronom personnel ne se traduit pas en espagnol et **mismo** s'accorde en genre et en nombre avec le nom.

C'est sa mère elle-même qui nous l'a dit.
Fue su misma madre (su madre misma) la que nos lo dijo.

≠ *C'est elle-même qui nous l'a dit.*
Fue ella misma la que nos lo dijo.

La même chose se traduit par **lo mismo (la misma cosa** désigne quelque chose de concret, une chose précise, un objet).

Il répète toujours la même chose.
Siempre repite lo mismo.

2. *même*, adverbe, se rapportant à un verbe, un autre adverbe ou un adjectif, se traduit par **hasta**, **incluso** ou **aun**.

Il nous a même empêchés de danser.
Incluso nos ha impedido bailar.

Même de près, on ne voyait pas très bien.
Hasta de cerca, no se veía muy bien.

Les élèves, même les plus petits, écoutaient avec attention.
Los alumnos, aun los más pequeños, escuchaban con atención.

Même, adverbe, se rapportant à un nom ou à un pronom, se traduit par **incluso**, **hasta**, **aun** ou **mismo** qui s'accorde avec ce nom.

Même les enfants le savent.
Hasta (incluso, aun) los niños lo saben.
Los niños mismos (los mismos niños) lo saben.

Même eux le savent.
Hasta ellos lo saben.

Remarque : ne pas confondre **aun** sans accent, *même*, et **aún** avec un accent écrit, *encore*.

3. Autres traductions :

même pas	**ni siquiera** (voir p. 137)
même pas !	**¡ ni eso !**
même si	**aunque** (voir p. 161)
à même de (être)	**en situación de (estar)** **en condiciones de (estar)**
de même (faire)	**otro tanto, lo mismo (hacer)**
de même que	**así como**
quand bien même	**aunque** (voir p. 161)
quand même	**sin embargo**
quand même ! *tout de même !*	**¡ vaya ! ¡ vamos ! ¡ hombre !** etc.
sans même	**sin ni siquiera**

Se marchó sin ni siquiera decir una palabra.
Il est parti sans même dire un mot.

36. Traduction de *celui* et de *ce*

Celui peut être suivi de la préposition *de* ou d'un relatif.

1. Traduction de *celui (celle, ceux, celles) de*

Le démonstratif français *celui (celle, ceux, celles)* est le plus souvent remplacé en espagnol par l'article défini.

Celui de ton frère...	**El de tu hermano...**
Celles de demain...	**Las de mañana...**

Pourtant s'il y a désir d'insister ou d'être plus précis, l'espagnol utilise, lui aussi, le démonstratif, sans accent écrit.

La voiture, oui, celle de ton frère, combien a-t-elle coûté ?
El coche, sí, ese de tu hermano, ¿ cuánto costó ?
Ceux du fond là-bas, ils t'ont payé ou non ?
Aquellos de allí, ¿ te han pagado o no ?

2. Traduction de *celui (celle, ceux, celles)* suivi d'un pronom relatif.

• Si *celui (celle, ceux, celles)* est suivi de *qui*, l'espagnol utilise **el (la, los, las) que** ou, s'il veut être plus précis ou plus insistant, le démonstratif, sans accent écrit.

Ceux qui sont servis peuvent s'asseoir.
Los que están servidos pueden sentarse.

• Si *celui (celle, ceux, celles)* est suivi d'un autre relatif que *qui* (*à qui, de qui, en qui*, etc., *que, dont, duquel, auquel, pour lequel*, etc.), c'est le démonstratif de la série **aquel**, sans accent écrit, qu'il faut utiliser.

Celle à qui tu parles, je ne la connais pas.
Aquella a quien hablas, no la conozco.

Il voulait parler à celui dont les parents venaient de mourir dans un accident d'avion.
Él quería hablar con aquel cuyos padres acababan de morir en un accidente de avión.

Ceux pour lesquels j'étais intervenu ne m'ont même pas remercié.
Ni me han dado las gracias aquellos por los que había intervenido.

3. Traduction de *ce*

• Le plus souvent, il ne se traduit pas.

C'est vrai	**Es verdad.**
Ce n'est pas intéressant.	**No es interesante.**
Ce sont mes voisins.	**Son mis vecinos.**

etc.

• S'il y a volonté d'insistance, on peut employer le démonstratif neutre.

C'est (cela est) intéressant. **Esto es interesante.**

Si *ce* renvoie à un nom, on utilise le démonstratif qui s'accorde avec le nom.

C'est ma conclusion.	**Esta es mi conclusión.**
Ce sont les résultats.	**Estos son los resultados.**

(Voir aussi la traduction de *voici, voilà*, p. 63.)

• *ce* suivi de *qui* ou *que* se traduit le plus souvent par **lo que**.

Ce qui est sur la table est à moi.
Lo que está sobre la mesa es mío.

Ce que tu dis me paraît contestable.
Lo que dices me parece discutible.

Là encore, s'il y a volonté d'insistance, on peut recourir au démonstratif neutre.

Ce que tu dis me paraît contestable.
Eso que dices me parece discutible.

37. Traduction de *c'est, ce sont*

1. *c'est, ce sont* sont suivis d'un nom : ils sont toujours traduits par **ser**.

C'est notre fils.	**Es nuestro hijo.**
C'est mon père.	**Es mi padre.**
C'étaient mes parents.	**Eran mis padres.**
Ce seront ses arguments.	**Serán sus argumentos.**

C' et *ce* se traduisent par un démonstratif s'il y a désir d'insister.

C'est notre conclusion	**Esta es nuestra conclusión.**
Ce furent ses derniers mots.	**Estas fueron sus últimas palabras.**

2. *c'est, ce sont* sont suivis d'un pronom : ils sont toujours traduits par **ser**.

C'est le sien.	**Es el suyo.**
Ce sont ceux de son voisin.	**Son los de su vecino.**
C'était celui-là.	**Era ése.**

Si *être* est suivi d'un pronom personnel, le verbe **ser** se met à la même personne que le pronom.

C'est moi.	**Soy yo.**
C'est toi.	**Eres tú.**
C'est lui, elle, vous.	**Es él, ella, Ud.**
C'est nous.	**Somos nosotros.**
C'est vous.	**Sois vosotros.**
Ce sont eux, elles, vous.	**Son ellos, ellas, Uds.**

Par ailleurs, le verbe **ser**, à la différence du verbe *être*, se met au passé s'il est en rapport avec un verbe au passé.

Qui devait l'apporter ? — C'est lui.
¿ Quién había de traerlo ? — Era él.
Qui le lui a donné ? — C'est moi.
¿ Quién se lo dio ? — Fui yo.

3. *c'est* est suivi d'un adverbe.

• S'il s'agit d'un adverbe de lieu, de temps ou de quantité, on emploie toujours **ser**.

C'est ici.	**Es aquí.**
C'est plus loin.	**Es más lejos.**
C'était hier.	**Era ayer.**
Ce sera après-demain.	**Será pasado mañana.**
C'était peu.	**Era poco.**
C'est trop.	**Es demasiado.**

• S'il s'agit d'un adverbe de manière, on emploie **ser** si on exprime une qualité essentielle (voir p. 170), et **estar** si on exprime un aspect accidentel (voir pp. 170-171).

C'est ainsi. **Es así.**

C'est de bon cœur. **Es de buena gana.**

Je n'aime pas le vin quand il est comme ça.
No me gusta el vino cuando está así.

Il était debout. **Estaba de pie.**

Avec les adverbes **bien**, **mal** et **claro**, l'usage est d'employer **estar**.

C'est bien. C'est mal. **Está bien. Está mal.**
C'est clair. **Está claro.**

38. Traduction de *c'est... qui*

La tournure *c'est (ce sont) ... qui* permet de mettre en valeur un nom ou un pronom. Au lieu de dire *le livre est tombé*, on peut dire *c'est le livre qui est tombé*. L'espagnol utilise toujours le verbe **ser**, au même temps que le verbe de la proposition qui suit, et le relatif *qui* se traduit de différentes façons.

1. *qui* de *c'est... qui* se traduit par **quien** (**quienes**) ou **el que** (**la que**, **los que**, **las que**) si le nom ou le pronom mis en valeur représente une personne.

C'est mon frère qui est champion olympique.
Es su hermano quien (el que) es campeón olímpico.

C'étaient tes parents qui voulaient y aller.
Eran tus padres quienes (los que) querían ir allí.

De tous les élèves, ce sont ceux-là qui font le plus de bruit.
De todos los alumnos, son éstos quienes (los que) hacen más ruido.

Si le pronom mis en valeur est un pronom personnel (*c'est moi qui...*), des 1res et 2es personnes, le second verbe s'accorde avec le pronom personnel ou se met à la 3e personne.

C'est moi qui l'ai dit.
Fui yo quien (el que) lo dije ou **lo dijo.**

C'est vous qui le dites.
Sois vosotros quienes (los que) lo decís ou **lo dicen.**

2. *qui* de *c'est... qui* se traduit par **el que** (**la que**, **los que**, **las que**) si le nom ou le pronom mis en valeur représente une chose.

Ce sont ces fleurs-là qui ont besoin de beaucoup d'eau.
Son esas flores las que necesitan mucha agua.

De tous ces livres, c'est celui-ci qui est le plus intéressant.
De todos estos libros, es éste el que es más interesante.

Si le mot mis en valeur est un pronom neutre (*ceci*, *cela*) ou un groupe de mots, *qui* est traduit par **lo que**.

C'est cela qui est intéressant.
Es aquello lo que es interesante.

Ce sont toutes ces insinuations et ces silences qui m'inquiètent.
Son todas esas insinuaciones y esos silencios lo que me preocupa.

39. Traduction de *c'est... que*

La tournure *c'est (ce sont) ... que* permet de mettre en valeur un nom ou un pronom qui sont compléments *(c'est ce livre que je veux)* et aussi un adverbe, une locution adverbiale ou un complément circonstanciel *(c'est ici que j'habite)*. Dans cette tournure, l'espagnol utilise toujours le verbe **ser** qui se met au même temps que le verbe de la proposition qui suit, et le relatif *que* se traduit de différentes façons.

1. Le mot mis en valeur est un nom ou un pronom complément.

• *que* se traduit par **quien** (**quienes**) ou **el que** (**la que**, **los que**, **las que**) si le nom ou le pronom représente une personne. La préposition qui précède le nom ou le pronom est répétée en espagnol devant **quien** ou **el que**.

C'est avec mon amie que je veux partir.
Es con mi amiga con quien (con la que) quiero irme.

C'est en ses parents qu'il faut avoir confiance.
Es en sus padres en quienes (en los que) hay que confiar.

C'était pour toi que je le faisais.
Era por ti por quien (por el que) yo lo hacía.

Attention à la préposition **a** qui est utilisée en espagnol quand le nom ou le pronom est complément d'objet direct (voir p. 113).

C'est ton frère aîné que je veux voir.
Es a tu hermano mayor a quien (al que) quiero ver.

C'est vous, monsieur, que je souhaite entendre.
Es a Vd, señor, a quien (al que) deseo oír.

• *que* se traduit par **el que** (**la que**, **los que**, **las que**) si le nom ou le pronom représente une chose. La préposition utilisée éventuellement devant le nom ou le pronom est répétée devant **el que**.

De tous ses disques, c'est celui-là que je préfère.
De todos sus discos, es éste el que prefiero.

C'est de ce film que je te parle.
Es de esa película de la que te hablo.

Si le mot mis en valeur est un pronom neutre (**esto**, **eso**, **aquello**) ou un groupe de mots, *que* est traduit par **lo que** précédé de la préposition qui convient.

C'est en cela qu'il se trompe.
Es en esto en lo que se equivoca.

C'est de tout ce qu'il m'a volé qu'il s'agit.
Es de todo lo que me ha robado de lo que se trata.

2. Le mot mis en valeur est un adverbe, une locution adverbiale ou un complément circonstanciel ; *que* se traduit selon la circonstance exprimée :

• s'il s'agit du lieu, *que* se traduit par **donde** précédé éventuellement de la préposition qui convient s'il y a mouvement.

C'est ici que nous habitons.
Aquí es donde vivimos.

C'est de cette maison qu'il sortira.
Será de esta casa de donde saldrá.

C'était par cette rue qu'il fallait passer.
Era por esa calle por donde había que pasar.

• s'il s'agit du temps, *que* se traduit par **cuando**.

C'est alors qu'il prit la parole.
Entonces fue cuando tomó la palabra.

C'est en juin que je me marie.
En junio es cuando me caso.

• s'il s'agit de la manière, *que* est traduit par **como**.

C'est ainsi qu'il faut faire.
Es así como hay que hacer.

C'est de cette façon qu'ils se rencontrèrent.
De este modo fue como se encontraron.

• s'il s'agit de la cause, *que* est traduit par **por lo que**.

C'est pour cela que je te le dis.
Por eso es por lo que te lo digo.

C'était parce qu'il arrivait qu'il fallait tout préparer.
Porque él llegaba era por lo que había que prepararlo todo.

- s'il s'agit du but, *que* est traduit par **para lo que**, ou **a lo que** s'il y a un verbe de mouvement.

C'est pour boire que je te donne un verre.
Para beber es para lo que te doy un vaso.
C'est pour cela que je viens.
A eso es a lo que vengo.

Remarque :

Ces tournures de renforcement sont moins fréquentes en espagnol qu'en français car l'espagnol obtient à peu près le même renforcement en mettant en tête de phrase le mot qu'il veut mettre en valeur.

C'était pour toi que je le faisais.	**Por ti lo hacía.**
C'est ici que nous habitons.	**Aquí vivimos.**
C'est ainsi qu'il faut le faire.	**Así hay que hacer.**
C'est pour cela que je te le dis.	**Por eso te lo digo.**

40. Expression de l'heure

L'heure s'exprime avec le verbe **ser** et l'article défini se met au féminin singulier ou pluriel, selon le nombre d'heures, parce qu'il représente le mot **hora(s)** sous-entendu.

¿ Qué hora es ?	*Quelle heure est-il ?*
Es la una.	*Il est une heure.*
Son las dos y cinco.	*Il est deux heures cinq.*
Son las tres y cuarto.	*Il est trois heures un quart.*
Son las cuatro y media.	*Il est quatre heures et demie.*
Son las cinco menos diez.	*Il est cinq heures moins dix.*
¿ A qué hora ?	*À quelle heure ?*
A las seis en punto.	*À six heures précises.*
A las siete y pico.	*À sept heures et quelques.*
A las doce (del día). **A mediodía.**	*À midi.*
A las doce (de la noche). **A medianoche.**	*À minuit.*

Dans la conversation courante, l'heure est indiquée sur une période de douze heures, et pour plus de précision la journée est divisée en plusieurs sections :

la madrugada	*le matin (de minuit à l'aube)*
la mañana	*le matin*
la tarde	*l'après-midi (jusqu'à la tombée de la nuit)*
la noche	*le soir, la nuit*

A las diez de la mañana	*À dix heures du matin*
A las cinco de la tarde	*À cinq heures de l'après-midi*
A las diez de la noche	*A dix heures du soir*

L'emploi de **madrugada** permet d'insister sur l'heure tardive ou matinale ; **madrugada** peut être remplacé par **mañana.**

Se acostó (**se levantó**) **a las cuatro de la madrugada.**
Il s'est couché (s'est levé) à quatre heures du matin.

Pour les horaires des transports et pour les communications officielles, l'heure est indiquée sur une période de vingt-quatre heures. On ajoute directement les minutes (sans la conjonction **y**, *et*), et éventuellement les secondes, jusqu'à cinquante-neuf.

A las diez y nueve cuarenta y siete.
À dix-neuf heures quarante-sept.

L'heure approximative peut être rendue par **a eso de**, **hacia** ou **sobre**.

Salieron a eso de (**hacia**, **sobre**) **las nueve.**
Ils sont partis (sortis) vers neuf heures.

(Pour la traduction de *il y a* et *depuis*, voir pp. 218 et 220.)

Autres expressions :

daban las once	*onze heures sonnaient*
hace poco	*tout à l'heure* (passé)
luego, más tarde	*tout à l'heure* (futur)
antes de hora	*avant l'heure*
temprano	*de bonne heure*
una hora escasa	*une petite heure*
mi reloj adelanta	*ma montre avance*
mi reloj atrasa, retrasa	*ma montre retarde*
ser puntual	*être à l'heure*
hasta pronto (luego)˙	*à tout à l'heure*

41. Traduction de *à demi*, *à moitié*, *mi-...*, *mi-...*

1. Si *à demi* ou *à moitié* se rapporte à un adjectif ou à un participe passé, l'espagnol utilise **medio**, qui reste invariable.

Elle est à moitié folle de rage.
Está medio loca de rabia.

Ils étaient à moitié ivres quand ils sont rentrés.
Estaban medio borrachos cuando volvieron.

2. Si *à demi* ou *à moitié* se rapporte à un participe passé et n'exprime plus un état mais une action à moitié réalisée, l'espagnol rend la tournure par **a medio** + infinitif.

C'est à moitié terminé.
Está a medio terminar.

La vaisselle est à moitié faite. Veux-tu la terminer ?
Los platos están a medio fregar. ¿ Quieres terminar ?

3. Si *à demi* ou *à moitié* se rapporte au verbe qui précède, l'espagnol le rend par **a medias** placé après le verbe.

Pourquoi le dis-tu à demi ?
¿ Por qué lo dices a medias ?

Tu es incorrigible : tu continues à tout faire à moitié.
Eres incorregible : sigues haciéndolo todo a medias.

4. La tournure *moitié ..., moitié...* (ou *mi-..., mi-...*) qui porte sur un nom se rend par **mitad..., mitad...**

C'était du pain moitié blé, moitié seigle.
Era pan mitad trigo, mitad centeno.

Le bâtiment donne l'impression d'être mi-garage, mi-atelier.
El edificio da la impresión de ser mitad garaje, mitad taller.

5. La tournure *mi-..., mi-...* qui porte sur un adjectif (ou un participe passé) se rend par **entre** + adjectif.

Sa jupe était mi-grise, mi-blanche.
Su falda era entre gris y blanca.

Il est encore mi-inquiet, mi-satisfait.
Sigue entre inquieto y satisfecho.

N.B. : *à moitié* (réponse à une question), **mitad y mitad**

Tu es content ? — À moitié.
¿ Estás contento ? — Mitad y mitad.

à moitié prix	**a mitad de precio**
mi-temps (temps de jeu)	**tiempo**
première mi-temps	**primer tiempo**
deuxième mi-temps	**segundo tiempo**
mi-temps (repos)	**descanso**
travailler à mi-temps	**trabajar media jornada**

42. Traduction de *plus* et de *moins*

1. *plus de..., moins de...*

• Suivis d'un nom, ils se traduisent par **más** et **menos** seuls, sans préposition.

Est-ce que tu veux plus de café ?
¿ Quieres más café ?
Ce serait mieux que tu boives moins de vin.
Sería mejor que bebieras menos vino.

• Suivis d'un numéral, ils se traduisent par **más de** et **menos de**.

Je crois qu'il dispose de plus de mille francs par semaine.
Creo que dispone de más de mil francos por semana.
Maintenant, il pèse moins de cinquante kilos.
Ahora pesa menos de cincuenta kilos.

• Dans une tournure exclamative, *plus de...* se rend par **no más...** ou **basta de...**

Plus de cris, s'il vous plaît !
¡ No más gritos, por favor !
Plus de bavardage, silence !
¡ Basta de charla, silencio !

2. *... de plus, ... de moins*

Précédées d'un nom, ces deux locutions se traduisent simplement par **más** et **menos**.

Ça y est, maintenant tu as un an de plus.
Ya está, ahora tienes un año más.
Demain, nous travaillerons une heure de moins.
Mañana trabajaremos una hora menos.

3. *plus..., plus...* et *moins..., moins...*

Ces tournures comparatives se rendent par **cuanto más..., más...** et **cuanto menos..., menos...** L'espagnol a la particularité de placer après **más** ou **menos** les mots sur lesquels porte la comparaison.

Plus elle est belle, plus il en est fier, évidemment.
Cuanto más hermosa es, más orgulloso está, claro.
Moins ils sont attentifs, plus il faut parler fort.
Cuanto menos atentos están, más fuerte hay que hablar.

Si la comparaison porte sur des adjectifs à comparatif irrégulier (**bueno**, **malo**, **grande**, **pequeño**, voir p. 78), **más** et **menos** n'apparaissent pas.

Plus on est grand, moins on croit à ces choses-là.
Cuanto mayor es uno, menos cree en esas cosas.
Plus c'est loin, mieux c'est.
Cuanto más lejos (es), mejor (es).

Si dans le premier membre la comparaison porte sur un nom, **cuanto** s'accorde avec ce nom.

Plus ils voient de films, moins ils lisent.
Cuantas más películas ven, menos leen.
Plus il y a de garçons, plus elle est contente.
Cuantos más chicos hay, más contenta está.

Si la tournure comparative comporte en français des verbes au futur ou au conditionnel, celui qui se trouve dans le premier membre, après **cuanto más** ou **cuanto menos**, se met en espagnol au subjonctif présent ou au subjonctif imparfait.

Plus il y aura de monde, mieux ce sera.
Cuanta más gente haya, mejor será.
L'hypothèse selon laquelle plus nous lui en parlerions, moins il en serait convaincu me paraît fausse.
La hipótesis según la cual cuanto más le habláramos de eso, menos convencido estaría me parece falsa.

43. Traduction de *chez*

1. Si *chez* + nom désigne le domicile, on le traduit par **casa** précédé de la préposition requise par le verbe.

Il est chez son oncle.
Él está en casa de su tío.

Carmen viene de chez son amie.
Carmen viene de casa de su amiga.
Je passerai chez mon frère d'abord.
Pasaré por casa de mi hermano primero.

2. Si *chez* + pronom désigne le domicile, deux cas se présentent :

• le pronom représente la même personne que le sujet, **casa** précédé de la préposition requise suffit.

Je suis chez moi.
Estoy en casa.
Nous allons chez nous.
Vamos a casa.
Ils viennent de chez eux.
Vienen de casa.

• le pronom représente une autre personne que le sujet, on utilise soit le possessif devant **casa**, soit **de** + pronom personnel placé après **casa**.

Vous êtes chez nous.
Estáis en nuestra casa.
Maintenant tu vas chez lui.
Ahora, vas a su casa (ou **a casa de él**).

Remarque : si *chez moi* (*toi*, etc.) a le sens de *dans mon pays, dans ma province*, etc., il se traduit par **en mi tierra** ou par **en mi país**.

Chez nous, on mange de bon appétit.
En nuestra tierra se come con muchas ganas.

3. Si *chez* + nom désigne le lieu de l'activité professionnelle, on utilise le nom de la profession ou du magasin précédé de la préposition requise par le verbe.

Je vais chez le dentiste.
Voy al dentista.
Je viens de chez le pharmacien.
Vengo de la farmacia.
J'ai dû oublier mon parapluie chez le boucher.
Habré olvidado mi paraguas en la carnicería.

4. Si *chez* + nom ou pronom désigne une personne ou un groupe dont les éléments sont considérés individuellement, il se traduit par **en**.

Chez son fils, c'est une manie.
En su hijo es una manía.

Chez elle, on ne remarque jamais la moindre impatience.
En ella no se nota nunca la menor impaciencia.

Chez les Basques, il y a beaucoup de ténacité.
En los vascos hay mucha tenacidad.

5. Si *chez* + nom ou pronom pluriel a le sens de *parmi*, de *entre*, il se traduit par **entre**.

Chez les enfants, il n'y a rien de semblable.
Entre los niños, no hay nada semejante.

Chez eux, il n'y avait pas place pour la jalousie.
Entre ellos no había sitio para los celos.

44. Traduction de *faillir*

Faillir dans le sens de *n'être pas loin de*, *être sur le point de*, *manquer de peu*, n'a pas de traduction littérale en espagnol. Il se rend généralement par la locution **por poco**, et plus rarement par **casi**, *presque*, suivis du présent de l'indicatif même si la phrase à traduire est à un temps du passé.

Nous avons failli arriver en retard.
Por poco llegamos tarde.

Il a insisté et j'ai failli le lui dire.
Insistió y por poco se lo digo.

Je suis presque tombé.
Casi me caigo.

Autres traductions équivalentes : **estar a punto de**, *être sur le point de*, **faltar poco para que** + subjonctif, *s'en falloir de peu que*, **un poco más y**, *un peu plus et*.

J'ai failli (j'ai été sur le point de) tomber.
Estuve a punto de caer.

Il s'en est fallu de peu que je tombe.
Faltó poco para que me cayera.

Un peu plus et je tombais.
Un poco más y me caigo (me caía).

Faillir dans le sens de *manquer à* (*son devoir*, etc.) est rendu par **faltar**.

Il a failli (manqué) à son devoir.
Faltó a su deber.

Ils ont failli à l'honneur.
Han faltado contra el honor.

45. Traduction de *devenir*

Le verbe *devenir* n'a pas de correspondant littéral en espagnol et sa traduction dépend du contexte.

1. *devenir* devant un adjectif.

• Si *devenir* exprime le changement durable d'une caractéristique essentielle du sujet, il est traduit par **volverse**.

Il est devenu plus gentil (aimable) qu'auparavant.
Se ha vuelto más amable que antes.
Maintenant, l'usine est devenue trop petite.
Ahora la fábrica se ha vuelto demasiado pequeña.

• Si *devenir* exprime un changement plus progressif, il est traduit par **hacerse.**

Il est devenu riche en travaillant beaucoup.
Se hizo rico trabajando mucho.
Son succès devenait évident.
Su éxito se hacía evidente.

• Si *devenir* exprime un changement provisoire ou brusque, il est traduit par **ponerse**.

Elle est devenue très pâle quand elle a reçu le télégramme.
Se puso muy pálida cuando recibió el telegrama.
Soudain, il est devenu très sérieux.
De repente, se ha puesto muy serio.

• Si *devenir* souligne le terme d'une transformation, il se traduit par **quedarse**.

Se quedó ciego al final de su vida.
Il est devenu aveugle à la fin de sa vie.
Se quedó viuda el año pasado.
Elle est devenue veuve l'année dernière.

• *devenir* peut aussi être traduit par **llegar a ser** suivi d'un adjectif pour introduire une notion de conséquence.

Un changement de politique est devenu indispensable.
Un cambio de política ha llegado a ser imprescindible.

• Plus rarement et dans un style plus littéraire, *devenir* peut être rendu par **tornarse**.

Le ciel est devenu de plus en plus sombre.
El cielo se fue tornando cada vez más oscuro.

2. *devenir* devant un nom.

• Si *devenir* souligne une transformation progressive du sujet, il est traduit par **convertirse en**, **transformarse en** ou **cambiarse en**.

Avec les années, il est devenu un garçon plus raisonnable.
Con los años, se ha convertido en un chico más responsable.

La neige de ce matin est devenue de la boue.
La nieve de esta mañana se ha transformado en lodo.

• Si *devenir* souligne le caractère volontaire du changement, il est traduit par **hacerse**.

Il a beaucoup étudié pour devenir avocat.
Estudió mucho para hacerse abogado.

Ils sont devenus amis pendant leur service militaire.
Se hicieron amigos durante la mili.

• Si *devenir* comporte une notion d'effort ou de réussite, il est traduit par **llegar a ser**, **acabar por ser**, **terminar por ser** ou, plus rarement, **venir a ser**.

Il est même devenu maire de la ville.
Hasta llegó a ser alcalde de la ciudad.

Il est devenu finalement (il a fini par être) directeur.
Acabó por ser director.

3. Pour demander des nouvelles de quelqu'un, *devenir* se traduit par **ser de**.

Que devient ta cousine de Séville ?
¿ Qué es de tu prima de Sevilla ?

Que deviens-tu ?
¿ Qué es de tu vida ?

Remarque : certains verbes terminés en ~**ecer** contiennent l'idée de *devenir* : **empobrecerse**, *devenir pauvre*, *s'appauvrir* ; **encarecer**, *devenir cher, augmenter* ; **enriquecerse**, *devenir riche, s'enrichir*, etc.

46. Traduction de *rendre*

1. Si *rendre* exprime une idée de transformation ou de changement, il se traduit en espagnol par les verbes **hacer**, **volver** et **poner**.

• *rendre* est traduit le plus souvent par **hacer** pour souligner la progression de la transformation ou le changement.

Je voudrais les rendre heureux.
Quisiera hacerlos felices.

Le bonheur l'a rendue plus sereine.
La felicidad la hizo más serena.

Les bottes te rendaient plus grande.
Las botas te hacían más alta.

• *rendre* est traduit par **volver** pour souligner la transformation durable d'une caractéristique essentielle du sujet.

La pratique de ce sport l'a rendu plus fort.
La práctica de este deporte le volvió más fuerte.

La faillite l'a rendu plus méfiant.
La quiebra le ha vuelto más desconfiado.

• *rendre* est traduit par **poner** ou **ponerse** pour souligner un changement provisoire ou rapide de l'état du sujet.

Ne te rends pas malade pour autant.
No te pongas enfermo por eso.

Cette nouvelle nous a rendus de bonne humeur.
Esta noticia nos ha puesto de buen humor.

2. Autres traductions ou expressions :

rendre (restituer)	**devolver** (**restituir**)
rendre (produire)	**rendir** (**producir**)
rendre compte	**dar cuenta**
rendre des comptes	**rendir cuentas**
rendre un service	**hacer un favor**
se rendre (capituler)	**rendirse**, **someterse**
se rendre (dans un lieu)	**acudir a**, **presentarse en** (**un lugar**)
Dieu vous le rendra	**Dios se lo pague** (ou **pagará**)

47. Traduction de *devoir*

1. *devoir* exprime l'obligation personnelle.

• Si *devoir* exprime une obligation contraignante, il est rendu par le verbe **tener**, à la personne et au temps requis, suivi de **que** et de l'infinitif.

Nous devons le faire aujourd'hui même.
Tenemos que hacerlo hoy mismo.

Tu devras régler dès que tu recevras la facture.
Tendrás que pagar en cuanto recibas la factura.

• Si *devoir* exprime une obligation moins contraignante ou annonce une chose à faire parce qu'il en a été ainsi convenu, il est rendu par le verbe **haber**, à la personne et au temps requis, suivi de **de** et de l'infinitif.

Nous devons dîner avec eux un de ces jours.
Hemos de cenar con ellos un día de estos.

Je devais partir en vacances avec des amis.
Había de salir de vacaciones con unos amigos.

• Si *devoir* exprime une obligation d'ordre général ou moral, il est rendu par le verbe **deber**.

Nous devons nous aider les uns les autres.
Debemos ayudarnos los unos a los otros.

Tu devrais aller les voir plus souvent.
Deberías ir a verlos más a menudo.

Remarque : au conditionnel passé, *devoir* suivi de l'infinitif peut être rendu par le conditionnel présent ou l'imparfait de l'indicatif de **deber** suivi de l'infinitif passé ou, plus rarement, par une traduction au mot à mot.

Nous aurions dû écouter leurs conseils.
Deberíamos (debíamos) haber escuchado sus consejos.
Hubiéramos debido escuchar sus consejos.

• Si *devoir*, dans la langue parlée, exprime une obligation passée, non satisfaite et chargée de regrets ou de reproches, il est rendu par l'infinitif passé à la forme exclamative.

Tu aurais dû me le dire avant !
¡ Habérmelo dicho antes !

2. *devoir* exprime la probabilité.

Si *devoir* exprime une idée de probabilité, il peut être traduit par **deber de** suivi de l'infinitif ou en mettant la phrase au futur dit de probabilité.

Il doit être onze heures.
Deben de ser las once.
Serán las once.

Au passé, la probabilité peut être rendue par **deber de**, au temps requis, suivi de l'infinitif ou en mettant la phrase au conditionnel dit de probabilité.

Il devait être onze heures.
Debían de ser las once.
Serían las once.

3. Autres traductions ou expressions :

deber dinero *devoir de l'argent*

deberse a *se devoir à.*

Je me dois à ma famille.
Me debo a mi familia.

no poder menos que *se devoir de*

Je me dois de le lui proposer.
No puedo menos que proponérselo.

aunque + subj. (voir p. 161) *dussé-je*

Dussé-je tout perdre, je n'irai pas.
Aunque lo pierda todo, no iré.

48. Expression de l'obligation

1. L'obligation impersonnelle ou d'ordre général

Il faut suivi de l'infinitif est traduit par les tournures :

hay que
hace falta
es preciso
es necesario
es menester
} + infinitif

Il faut faire attention.
Hay que tener cuidado.
Hace falta (**es preciso**, etc.) **tener cuidado.**

Il fallait dire la vérité.
Había que decir la verdad.
Hacía falta (**era preciso**, etc.) **decir la verdad.**

Il ne faut pas le lui dire.
No es necesario decírselo.

2. L'obligation personnelle

Il faut que suivi du subjonctif est traduit par les tournures :

hace falta que
es preciso que
es necesario que
es menester que
} + subjonctif

Il faut que tu voies ce film.
Hace falta (**es preciso**, etc.) **que veas esta película.**

Il faudrait que nous sortions à huit heures.
Haría falta (sería preciso, etc.) **que saliéramos a las ocho.**

Dans le cas de la phrase négative, la négation, à la différence du français, se trouve souvent dans la subordonnée.

Il ne faut pas que tu te couches trop tard.
Es preciso que no te acuestes demasiado tarde.

3. L'expression du besoin, de la nécessité

Il faut précède le nom et est traduit par la tournure **hace falta** mise au temps requis. Dans la phrase espagnole, le nom devient sujet et le verbe s'accorde donc avec lui.

Il faut deux bouteilles de plus.
Hacen falta dos botellas más.

Il faudra une autre assiette.
Hará falta otro plato.

Si la tournure **hace falta** est précédée d'un pronom complément, elle équivaut au verbe **necesitar**, *avoir besoin de*, conjugué à la forme personnelle.

Il nous faut (nous avons besoin de) trois jours de plus.
Nos hacen falta (necesitamos) tres días más.

4. Autres tournures

Il s'en faut de beaucoup se traduit par **ni mucho menos**.

Il ne travaillait pas autant qu'il le disait, il s'en fallait de beaucoup.
No trabajaba tanto como decía, ni mucho menos.

Il faut voir dans le sens de *valoir la peine de voir* est rendu par la tournure **ser de** (ou **para**) **ver** mise au temps requis.

Il faut voir comme elle est toujours bien habillée.
Es de ver lo bien vestida que va siempre.

Il fallait voir la tête qu'il a faite en me voyant.
Era para ver la cara que puso al verme.

49. Répétition de l'action

Le préfixe *re~*, qui marque la répétition de l'action, peut pratiquement se mettre devant n'importe quel verbe français (*refaire*, *redire*, etc.). L'espagnol ne connaît ce préfixe que dans quelques formes figées : **rehacer**, *refaire*, **reanudar**, *renouer*, **recalentar**, *réchauffer*, etc., auxquelles il est d'ailleurs toujours possible de préférer les formes de substitution indiquées ci-après.

La répétition de l'action peut être rendue par le semi-auxiliaire **volver** suivi de la préposition **a** et de l'infinitif du verbe concerné.

> **Volvió a hacer las mismas preguntas.**
> *Il a reposé les mêmes questions.*
>
> **Ella nos había dicho que volvería a pasar.**
> *Elle nous avait dit qu'elle repasserait.*

Le verbe **tornar** suivi de la préposition **a** et de l'infinitif du verbe concerné est l'équivalent de **volver** mais son emploi est beaucoup moins fréquent.

> **Se levantó pero tornó a sentarse inmediatamente después.**
> *Il s'est levé mais il s'est rassis aussitôt après.*

La répétition de l'action peut être également rendue par les formes **otra vez**, **de nuevo**, **nuevamente**, *de nouveau, à nouveau*, employées seules ou avec la tournure **volver a** + infinitif.

> **Escríbelo otra vez, por favor.**
> *Réécris-le, s'il te plaît.*
>
> **Me gustaría volverlo a leer de nuevo.**
> *J'aimerais le relire à nouveau.*

Remarque : il faut noter que, comme en français, certains verbes ont le préfixe **re~** sans avoir pour autant une valeur très nette de répétition de l'action, entre autres, **reconocer**, *reconnaître*, **rellenar**, *remplir*, **recopilar**, *compiler*, etc. (consultez votre dictionnaire).

50. Expression de l'habitude

L'action habituelle est le plus souvent rendue par le verbe **soler** qui ne s'utilise normalement qu'au présent ou à l'imparfait de l'indicatif et qui est suivi de l'infinitif du verbe concerné. **Soler** se traduit par la tournure *avoir l'habitude de* ou par un simple adverbe, *généralement* ou *habituellement*.

> **En Madrid, en verano, suele hacer mucho calor.**
> *À Madrid, en été, il fait habituellement (généralement) très chaud.*
>
> **Antes, solía levantarse más temprano.**
> *Avant, il avait l'habitude de se lever plus tôt.*

On peut aussi utiliser les expressions **tener (la) costumbre de**, **acostumbrar**, *avoir l'habitude de*, **acostumbrarse**, *prendre* *l'habitude de*, **estar acostumbrado** ou **habituado a**, *être habitué à*.

No tiene la costumbre de quejarse.
Il n'a pas l'habitude de se plaindre.

Están acostumbrados a desenvolverse en la vida.
Ils sont habitués à se débrouiller dans la vie.

L'habitude peut être également rendue par des adverbes comme **a menudo**, *souvent*, **generalmente**, *généralement*, **frecuentemente**, *fréquemment*, etc., ou des expressions telles que **de costumbre**, *d'habitude* , **por lo general**, **en general**, *en général*. **con frecuencia**, *fréquemment*, etc.

Por lo general, llega siempre a la hora prevista.
En général, il arrive toujours à l'heure prévue.

51. Traduction de *essayer*

• Si *essayer* est suivi d'un nom, il se traduit le plus souvent par **probar**, qui signifie aussi *goûter*.

Elle essaya sa nouvelle robe.
Probó su nuevo vestido.

Il essayait les voitures de course.
Probaba los coches de carrera.

Goûte ce vin !
¡ Prueba este vino !

• Si *essayer* suivi d'un nom a le sens de *tester* ou de *mettre à l'épreuve* (**poner a prueba**), il peut également être traduit par **ensayar**.

Ils sont en train d'essayer le nouveau prototype.
Están ensayando (poniendo a prueba) el nuevo prototipo.

Remarque : **ensayar** a aussi le sens de *répéter* (un spectacle) et **ensayarse a** + infinitif celui de *s'exercer à*, *s'entraîner à* ou *sur*.

Exerce-toi à chanter avec un orchestre.
Ensáyate a cantar con una orquesta.

• Si *essayer de* a le sens de *tenter de*, il se traduit par **intentar** + infinitif ou **tratar de** + infinitif.

J'ai essayé de dire quelque chose mais ils n'écoutaient pas.
Intenté decir algo pero no escuchaban.

Il a essayé de le vendre mais il n'y est pas parvenu.
Trató de venderlo, pero no lo consiguió.

• Si *essayer de* a la nuance de *tâcher de, s'efforcer de*, il est rendu par **procurar** + infinitif.

Essaie de le faire ce matin.
Procura hacerlo esta mañana.

Nous avons essayé de ne pas faire de bruit.
Procuramos no hacer ruido.

52. Traduction de *faire* et de *faire faire*

1. *faire*, au sens général, se traduit par **hacer**.

Cette machine fait beaucoup de bruit.
Esta máquina hace mucho ruido.

Nous allons faire un voyage.
Vamos a hacer un viaje.

Tu feras ce que tu voudras.
Harás lo que quieras.

2. *faire* + infinitif, s'il s'agit d'un ordre, est rendu par **mandar**, *ordonner*, suivi de l'infinitif du verbe concerné.

Je ferai faire les travaux avant l'été.
Mandaré hacer las obras antes del verano.

Il a fait taire les enfants.
Mandó callar a los niños.

Tu lui feras préparer la chambre.
Le mandarás preparar la habitación.

Si *faire* + infinitif n'a pas cette nuance d'ordre, il est normalement traduit par **hacer** + infinitif.

Il faisait progresser ses étudiants.
Hacía progresar a sus estudiantes.

3. *faire* suivi d'un nom exprimant un sentiment ou une sensation est souvent rendu par **dar** : **dar gusto**, *faire plaisir*, **dar lástima**, *faire pitié*, **dar miedo**, *faire peur*, **dar pena**, *faire de la peine*, **dar vergüenza**, *faire honte*, etc.

Ce que tu dis me fait grand plaisir.
Lo que dices me da mucho gusto.

4. Autres expressions :

faire jour	**ser de día**
faire part	**participar**

faire penser	**recordar**
faire des petits	**parir**
faire (dans la vie)	**dedicarse a**
s'en faire	**preocuparse**
se faire à	**acostumbrarse a**
cela ne fait rien	**no importa**
Comment se fait-il... ?	**¿ Cómo es que... ?**
C'est fait !	**¡ Ya está !**
n'avoir que faire de	**no necesitar para nada**

Je n'ai que faire de tes recommandations.
No necesito para nada (de) tus recomendaciones.

53. Traduction de *arriver*

• *arriver* au sens général se traduit par **llegar**.

Il vient d'arriver à la maison.
Acaba de llegar a casa.

Je n'arriverai jamais à te comprendre.
Nunca llegaré a comprenderte.

• *arriver*, dans le sens de *se passer*, *survenir*, est rendu par ordre de fréquence par les verbes **pasar**, **ocurrir**, **suceder**, **acontecer** et **acaecer**.

Il est arrivé quelque chose d'invraisemblable.
Pasó (**ocurrió**, **sucedió**, **aconteció**, **acaeció**) **algo inverosímil.**

Que t'arrive-t-il ?
¿ Qué te pasa (**ocurre**) **?**

Vous arrive-t-il quelque chose ?
¿ Le pasa (**ocurre**) **algo ?**

Attention : la tournure **ocurrírselo a uno** se traduit par *venir à l'idée* ou *à l'esprit (de quelqu'un)*, *avoir l'idée de* ou *s'aviser de*.

C'est la seule chose qui me vienne à l'esprit.
Es lo único que se me ocurre.

Il a alors eu l'idée d'entrer.
Entonces se lo ocurrió entrar.

Qu'il ne s'avise pas de le refaire.
Que no se le ocurra hacerlo otra vez.

• Autres traductions :

arriver (réussir)	**triunfar en la vida, elevarse, llegar**
arriver à ses fins	**conseguir lo que se proponía**
il m'arrive de (me tromper)	**a veces (me equivoco)**
ne pas y arriver	**no dar abasto**

Entre los tres, no dábamos abasto al trabajo.
À tous les trois, nous n'arrivions pas à faire le travail.

54. Traduction de *réussir*

• Si *réussir* a le sens de *parvenir* ou d'*arriver à*, il se traduit par **conseguir** ou par **lograr**.

Ils ont réussi à me convaincre.
Consiguieron (lograron) convencerme.

J'ai réussi à vendre mes actions avant la baisse.
Logré vender mis acciones antes de la baja.

Il réussit tout ce qu'il entreprend.
Consigue todo lo que emprende.

• Si *réussir* implique le hasard, l'aspect fortuit, il est rendu par **acertar**.

Si tu réussis à la voir, dis-le-lui.
Si aciertas a verla, díselo.

• Si *réussir* a le sens d'*avoir du succès*, il peut être rendu par **tener éxito** ou par **triunfar**.

Ce chanteur commence à réussir.
Este cantante empieza a tener éxito.

Ce qu'il souhaitait, c'était réussir dans la vie.
Lo que deseaba, era triunfar en la vida.

• Si *réussir* implique une idée de difficultés ou d'obstacles à surmonter, il peut être rendu par **salir adelante**.

Le plan a réussi en dépit d'une forte opposition.
El plan salió adelante pese a una fuerte oposición.

• *réussir* (un examen, un concours) se traduit par **aprobar**.

Qu'il réussisse son concours, après nous verrons.
Que apruebe los oposiciones, después veremos.

Remarque : *ne pas réussir un examen* est rendu par **quedar** ou **estar suspendido**.

• Si *réussir* a le sens d'*être habile* ou d'*avoir la main heureuse*, il est traduit par **salirle bien (a uno)**, et *ne pas réussir* peut évidemment être rendu par **salirle mal (a uno)**.

Le tailleur a bien réussi ton costume.
Al sastre le ha salido bien tu traje.

Tout lui réussissait.
Todo le salía bien.

Je n'ai pas réussi ce dessin.
Me ha salido mal este dibujo.

• Si *réussir* signifie qu'un aliment (ou une boisson) convient ou ne convient pas à quelqu'un, il est rendu par **sentarle (a uno)**.

Le chou de Bruxelles ne me réussit pas.
No me sienta la col de Bruselas.

• Autres traductions :

réussir (être une réussite) **ser un éxito.**

réussir une entreprise **llevar a bien una empresa**

Ils étaient décidés à faire réussir leur projet.
Estaban decididos a sacar adelante su proyecto.

ne pas réussir (échouer) **fracasar**

Il n'a pas réussi dans la vie. **Ha fracasado en la vida.**

55. Traduction de *aimer*

1. *aimer*, s'il s'agit d'un sentiment élevé ou purement spirituel, se traduit par **amar**.

Dieu ordonne d'aimer son prochain.
Dios ordena amar al prójimo.

2. *aimer*, dans le sens d'*éprouver de l'amour*, *de l'affection*, se traduit par **querer** (voir p. 29).

Ils s'aiment depuis qu'ils se sont connus à Acapulco.
Se quieren desde que se conocieron en Acapulco.

À l'étranger, il comprit combien il aimait son pays.
En el extranjero, comprendió lo mucho que quería a su tierra.

3. *aimer*, dans le sens d'*avoir du goût pour quelque chose* ou *de la sympathie pour quelqu'un*, est rendu par le verbe **gustar**, *plaire*, précédé d'un pronom complément indirect qui désigne le sujet.

Dans cette tournure, le sujet de la phrase française devient complément en espagnol et, par conséquent, **gustar** ne se présente qu'aux 3es personnes du singulier et du pluriel.

J'aime la mer, etc.	*J'aime les plages*, etc.
A mí, me gusta el mar	**Me gustan las playas**
A tí, te gusta el mar	**Te gustan las playas**
A él, / A ella, / A Ud, le gusta el mar	**Le gustan las playas**
A nosotros, nos gusta el mar	**Nos gustan las playas**
A vosotros, os gusta el mar	**Os gustan las playas**
A ellos, / A ellas, / A Uds, les gusta el mar	**Les gustan las playas**

Les formes **a mí**, **a ti**, etc., ne sont pas obligatoires. On les utilise pour éviter la confusion, pour marquer l'insistance ou si le verbe **gustar** est sous-entendu.

¿ Y a ti (te gusta) ? *Et toi (tu aimes) ?*

Me gusta mucho esta película, ¿ Y a Ud ?
J'aime beaucoup ce film, et vous ?

A mí también, me gusta mucho.
Moi aussi, je l'aime beaucoup.

Y a Santiago y María, ¿ les gusta ?
Et Jacques et Marie, l'aiment-ils ?

A él le gusta pero a ella no.
Lui, il l'aime mais pas elle.

Remarque : dans les trois derniers exemples le pronom direct français *le*, qui représente le mot *film*, n'est pas traduit en espagnol puisque **película** est le sujet — non exprimé — du verbe **gustar**.

Gustar doit être suivi d'un infinitif si les deux verbes ont le même sujet, ou du subjonctif si le sujet du verbe de la subordonnée est différent de celui de la principale.

Nos gusta bailar.
Nous aimons danser.

A él, le gustaría que todo se terminara bien.
Il aimerait que tout se termine bien.

4. *aimer mieux* est rendu par **gustar más** ou par **preferir**, *préférer*.

J'aime mieux ce tableau que celui-ci.
Me gusta más este cuadro que aquél.

Elle aime mieux la chaleur que le froid.
Prefiere el calor al frío.

5. *aimer bien* se traduit par **querer bien**.

Si je te préviens, c'est parce que je t'aime bien.
Si te aviso es porque te quiero bien.

Qui aime bien, châtie bien.
Quien bien te quiere te hará llorar *(te fera pleurer).*

6. *aimer autant... que* peut être rendu, selon le contexte, par le verbe **preferir**, *préférer*, ou par les tournures **gustar tanto... como** ou **gustar lo mismo... que**, *plaire autant... que.*

Nous aimons autant rester ici que sortir.
Preferimos quedarnos aquí a salir.

J'aime autant la musique classique que la moderne.
Me gusta tanto la música clásica como la moderna.
Me gusta lo mismo la música clásica que la moderna.

7. Autres traductions :

Vous aimez ? (boissons, nourriture)	**¿ Ud gusta ?**
aimer, avoir plaisir à	**gustar de**
J'ai plaisir à lire.	**Gusto de leer.**

Exercices

a. Exercice sur le verbe *être* : ***ser*** ou ***estar***.
Compléter avec la personne correspondante du **présent de l'indicatif** :

1. Ellos ..... de Salamanca.
2. Mis amigos ..... en Sevilla.
3. El cielo ..... azul.
4. Hoy, el cielo ..... más azul que ayer.
5. Este coche ..... de mi hermano.
6. Esta camisa ..... de seda.
7. El agua del mar ..... salada.
8. Este café ..... muy caliente.
9. ¿ Qué te pasa ? ..... muy pálida.
10. La vida ..... cada vez más cara.
11. José ..... muy contento con su nuevo trabajo.
12. Estos zapatos ..... muy anchos.
13. Gracias, ... Ud muy amable.

14. Hoy ella ..... muy amable con Ud.
15. La naranja ..... más dulce que el pomelo.
16. Este pastel ..... muy dulce.
17. ¿ Qué ..... de él ? ¿ Dónde ..... ?
18. ¿ ..... Uds listos para salir ?
19. Se quedan en casa porque ..... lloviendo.
20. Él ..... muy apreciado por su buen carácter.

b. Exercice sur l'emploi du **passé simple** ou du **passé composé**. Traduire :

1. Cette semaine, je suis allé deux fois au cinéma.
2. La semaine dernière, j'ai été malade.
3. Le train n'est pas encore arrivé.
4. Ce matin-là, il a beaucoup plu.
5. Aujourd'hui, il a plu toute la journée.
6. L'autre jour, j'ai rencontré ton père à la gare.
7. Hier soir, nous sommes tous allés au concert.
8. Ce livre a été écrit en 1990.
9. Nous n'avons jamais dîné dans ce restaurant.
10. Je n'ai pas encore lu son dernier roman.

c. Exercice sur la traduction des **pronoms relatifs** *que* et *qui*. Compléter les phrases suivantes :

1. Vi a la chica con ..... habló Ud ayer.
2. Los amigos a ..... invité no pueden venir.
3. Han traído los libros ..... yo pedí.
4. Es el señor ..... trabaja conmigo.
5. Fue su hermana ..... llamó.
6. Hay muchas cosas de este chico ..... no comprendo.
7. La semana ..... viene, salimos de viaje.
8. Eres tú, Juan, a ..... quiero hablar, no a ella.
9. Conozco al periodista ..... escribió este artículo.
10. Los amigos a ..... llamo salen para Montevideo.

d. Exercice sur les **pronoms relatifs** *dont*, *duquel*, etc. Traduire :

1. L'ami dont je t'ai parlé vient d'arriver.
2. C'est une décision dont les conséquences sont importantes.
3. Les personnes dont le nom est sur la liste doivent attendre.
4. Le musée dont je parle est fermé le matin.
5. Le fer dont l'usine a besoin vient de la mine voisine.
6. Il vit dans l'île dont il rêvait depuis toujours.
7. C'est une maison moderne dans le jardin de laquelle il y a une piscine.

8. Il y a plusieurs maisons au bord de la rivière, dont la nôtre.
9. Antoine, de la sœur duquel tu parlais, viendra plus tard.
10. Les élèves, dont trois étaient des redoublants, attendaient dans la classe.

e. Exercice sur *où*. Traduire :

1. La maison d'où il sort est celle de ses parents.
2. Je me demande par où il est passé, mais il est arrivé avant nous.
3. La rue où ils habitent est loin du centre.
4. Peux-tu me prêter le journal où tu as lu cela ?
5. Le jour où je suis passé par là, elle n'était pas chez elle.
6. Il ne m'avait pas prévenu, d'où ma surprise.
7. Elle le retrouva là où elle l'avait laissé.
8. C'est l'heure où ils sortent de l'école.
9. La boulangerie où j'ai l'habitude d'aller est fermée.
10. Dans la situation où il se trouve, ne lui dis rien.

f. Compléter les phrases avec ***por*** ou ***para*** :

1. Visitaremos el palacio ..... la mañana.
2. ..... hacer esto usted tiene que entrenarse.
3. Habrá salido ..... la ventana.
4. No haré nada ..... él.
5. Estas flores, ¿ ..... quién son ?
6. ¿ Esas cosas no tienen importancia ..... ti ?
7. Quisiera que lo hicierais ..... el lunes que viene.
8. De momento no está porque ha ido ..... vino.
9. No lucharé ..... esto.
10. Mañana saldré ..... Burgos.

g. Compléter les phrases avec ***por*** ou ***para*** :

1. Esta agua no es buena ..... la salud.
2. El piso fue destruido ..... un incendio.
3. Te lo compro ..... diez mil pesetas.
4. Se fueron ..... tres semanas.
5. Se fueron ..... su pueblo.
6. Se levantó ..... dar unas explicaciones.
7. ..... un extranjero está bien.
8. Ha viajado ..... el mundo entero.
9. Todos acudieron ..... ayudarlos.
10. ¿ ..... dónde pasarás ?

h. Traduire en espagnol :

1. Il y a longtemps qu'il n'est plus ici.
2. Il est parti depuis trois mois.
3. Il y en a qui ne veulent pas.
4. Depuis le 10 avril, il pleut.
5. Il y avait beaucoup de monde.
6. Depuis son arrivée, il va mieux.
7. Il ne travaillait plus depuis six mois.
8. Dans ce cas, il y a trois possibilités.
9. Il n'y a qu'à le faire.
10. Depuis combien de temps est-il là ?

i. Traduction de *c'est*, *c'est... qui*, *c'est... que*. Compléter les phrases avec les éléments qui conviennent :

1. ¿ Quién lo hace ? ¿ . . . . . tú o . . . . . nosotros ?
2. . . . . . ellos los que mandan aquí.
3. Fue entonces . . . . . salieron.
4. En esta casa . . . . . donde vivían.
5. . . . . . vosotros los que lo afirmáis.
6. Es mi madre . . . . . suele hacerlo.
7. Es para saberlo . . . . . lo pregunto.
8. Es esto . . . . . hay que hacer.
9. Por aquí es . . . . . pasará.
10. Es por él . . . . . lo hago.

VI

Annexes

1. Alphabet, prononciation, ponctuation

1. L'alphabet espagnol

a	**j**	**r**
b	**k**	**s**
c	**l**	**t**
ch	**ll**	**u**
d	**m**	**v**
e	**n**	**x**
f	**ñ**	**y**
g	**o**	**z**
h	**p**	
i	**q**	

On observera que l'espagnol a deux signes particuliers : **ll** et **ñ**, et le signe **ch** (cf. prononciation ci-dessous).

2. La prononciation

- Les voyelles
  - — **a**, **o**, et **i** se prononcent comme en français.
  - — **e** se prononce comme le *é* de *bébé*.
  - — **u**, quand il est prononcé, a toujours le son du français *ou* ; il n'est jamais prononcé dans **gue**, **gui**, **que** et **qui**, sauf s'il est surmonté d'un tréma (**vergüenza**).

Le son nasal français — voyelle + **n** ou **m** — n'existe pas en espagnol et la voyelle qui précède le **n** ou le **m** doit être clairement perçue : **an** [a-n], **en** [e-n], **im** [i-m], etc.

- Les consonnes
  - — **c** devant **a**, **o** et **u** ou devant une consonne se prononce comme le français [k] dans *cacao*.
  - — **c** devant **e** et **i**, et **z** devant **a**, **o** et **u** se prononcent en mettant le bout de la langue entre les dents légèrement écartées (son proche du *th* anglais dans *the*).
  - — **ch** se prononce [tch] comme dans *tchèque*.
  - — **d** se prononce comme en français sauf lorsqu'il est final ; il se prononce alors comme un [z] très affaibli : **pared** [parez].

— **g** devant **a**, **o**, **u** et devant une consonne se prononce comme en français ; devant **e** et **i**, **g** a le son **j** espagnol (**jota**, voir la lettre **j**).

— **h** est toujours muet.

— **j** (**jota**) se prononce du fond de la gorge, comme un [r] grasseyé, il est proche du *ch* allemand (*Bach*).

— **ll** a le son mouillé du français dans *lieu*.

— **ñ** (**n tilde**) se prononce comme le groupe *gn* dans *Espagne*.

— **q** est toujours suivi de **u** et se prononce [k].

— **r** est toujours roulé et s'obtient en faisant vibrer la pointe de la langue contre les dents ; quand il est double (**perro**), ou initial (**raro**), les vibrations doivent être plus nombreuses.

— **s** se prononce toujours comme le double *s* français dans *cassé*.

— **t** se prononce toujours comme dans *ton*, *tien*.

— **v** se prononce presque comme un **b**.

— **x** se prononce [ks] entre deux voyelles (**exilio**), et *ss* devant une consonne (**exponer**). Dans les mots mexicains, placé entre deux voyelles, il se prononce comme **j** (**jota**) : **México**.

— **y** se prononce comme en français, sauf dans la conjonction **y** (*et*), **muy** (*très*), où il est prononcé comme un **i**.

Les autres consonnes se prononcent comme en français. Le **w** n'existe que dans les mots étrangers.

3. Remarques sur l'orthographe

• Les consonnes ne doublent pas, sauf :

c : **acción**, **diccionario**, etc.

n : **perenne**, **innecesario**, etc.

r : **perro**, **tierra**, etc.

ll : **bello**, **aquellos**, etc.

• Les groupes *ph*, *th*, *ps*, *ts* n'existent pas en espagnol : **filosofía**, (*philosophie*), **teatro** (*théâtre*), **sicología** (*psychologie*), **zar** (*tsar*).

Le groupe français *ch* prononcé [k] (*technique*) est transcrit en espagnol par **c** : **técnica**.

• Dans le dictionnaire, les mots qui commencent par **ch** sont entre **c** et **d**, ceux qui commencent par **ll**, entre **l** et **m**, et ceux qui commencent par **ñ**, entre **n** et **o**.

• S'il y a lieu de couper un mot en bout de ligne, on ne sépare pas les consonnes doublées ; elles sont reportées toutes les deux en début de ligne suivante : **ocu/rrir**, **Casti/lla**.

4. La ponctuation espagnole

Elle n'est différente de la ponctuation française que sur les points suivants :

• la phrase interrogative est précédée d'un point d'interrogation à l'envers, là où commence l'interrogation

¿ Vendrás ?	*Viendras-tu ?*
Entonces, ¿ vendrás ?	*Alors, viendras-tu ?*

• la phrase exclamative est précédée d'un point d'exclamation à l'envers

¡ Qué maravilla !	*Quelle merveille !*

• l'espagnol n'a pas d'accent grave ni circonflexe, ni d'apostrophe, mais seulement un accent aigu

café, **comí**, **cantarás**, **útil**, **irónico**

• dans la correspondance, les libellés correspondant à *Monsieur*, *Cher ami*, etc., sont suivis de deux points en espagnol et non pas d'une virgule

Muy señor mío : **Querido amigo :**

2. L'accentuation

Tout mot espagnol de deux syllabes au moins a une syllabe accentuée, prononcée sur un ton plus élevé.

1. Règles d'accentuation

• Le mot terminé par une consonne, sauf **n** et **s**, a un accent non écrit sur la dernière syllabe :

com*e*r **pap*e*l** **ed*a*d**

• Le mot terminé par une voyelle, par ~**n** ou par ~**s**, a un accent non écrit sur l'avant-dernière syllabe.

bl*u*sa **chocol*a*te** **caram*e*lo** **j*o*ven** **ent*o*nces**

Les mots qui n'obéissent pas à ces deux règles portent un accent (aigu) écrit :

az*ú*car	***ú*til**	**H*é*ctor**	**hu*é*sped**
pap*á*	**tel*é*fono**	**balc*ó*n**	**adem*á*s**

Cette présence de l'accent écrit est particulièrement importante dans la conjugaison :

canto	*je chante*	**cantó**	*il chanta*

L'accentuation ainsi déterminée ne change pas en principe, même si le mot envisagé subit une transformation (changement de genre, de nombre, enclise, etc.) ; l'accent écrit apparaît ou disparaît pour maintenir l'accentuation d'origine :

la imagen	*l'image*	→ **las imágenes**	
dime	*dis-moi*	→ **dímelo**	*dis-le-moi*
holgazán	*paresseux*	→ **holgazana**	
la acción	*l'action*	→ **las acciones**	

Il y a quelques exceptions :

carácter	*caractère*	→ **caracteres**
espécimen	*spécimen*	→ **especímenes**
régimen	*régime*	→ **regímenes**

Perdent également leur accentuation d'origine les mots auxquels on ajoute un suffixe (voir la dérivation p. 87), en particulier les adjectifs qui passent au superlatif avec **~ísimo**.

fácil	*facile*	→ **facilísimo**
útil	*utile*	→ **utilísimo**

2. L'accent grammatical

Il existe un autre accent écrit qu'on appelle accent grammatical et qui permet, à l'écriture, de distinguer des mots identiques quant à l'accentuation, mais qui ont une fonction grammaticale différente.

él	*lui, il*	**el**	*le, la*
sé	*je sais ; sois*	**se**	*se*
dé	*que je (qu'il) donne*	**de**	*de*
sólo	*seulement*	**solo**	*seul*
éste	*celui-ci*	**este**	*ce*
tú	*toi, tu*	**tu**	*ton, ta*
mí	*me, moi*	**mi**	*mon, ma*

etc.

Prennent cet accent grammatical en particulier les pronoms et les adverbes qui introduisent une interrogation ou une exclamation, directe ou indirecte (voir pp. 201 et 204).

¿ qué ?	*que ?*	**¿ quién ?**	*qui ?*
¿ cuándo ?	*quand ?*	**¿ dónde ?**	*où ?*
¿ cómo ?	*comment ?*	**¿ por qué ?**	*pourquoi ?*

etc.

3. L'espagnol américain

L'espagnol américain est très proche de celui d'Espagne ; il ne s'en écarte que sur deux points syntaxiques, sur certaines particularités de prononciation et d'accentuation, enfin sur quelques points de vocabulaire.

1. Le tutoiement pluriel, qui en Espagne s'exprime par la 2e personne du pluriel, a la particularité en Amérique d'être exprimé par la 3e personne du pluriel. Ainsi, on dit :

en Espagne	en Amérique
Vosotros lo sabéis. *Vous le savez.*	**Ustedes lo saben.** *Vous le savez.*
¿ No os habéis enterado ? *Vous ne l'avez pas appris ?*	**¿ No se han enterado ?** *Vous ne l'avez pas appris ?*
He visto a vuestro padre. *J'ai vu votre père.*	**He visto a su padre.** *J'ai vu votre père.*

La 2e personne du pluriel peut pourtant réapparaître dans les sermons ou dans les discours officiels.

2. Dans le sud de l'Amérique — Chili, Argentine et Uruguay — et parfois aussi dans d'autres pays américains, le tutoiement singulier n'est pas exprimé par **tú** et la 2e personne du singulier mais par **vos** et la 2e personne du pluriel, légèrement transformée. Ainsi, on dira :

en Espagne	en Amérique
¿ Tú comprendes ? *Tu comprends ?*	**¿ Vos comprendés ?** *Tu comprends ?*
¿ No aciertas a abrir ? *Tu ne réussis pas à ouvrir ?*	**¿ No acertás a abrir ?** *Tu ne réussis pas à ouvrir ?*
Tienes suerte. *Tu as de la chance.*	**Tenés suerte.** *Tu as de la chance.*

À l'impératif, le tutoiement singulier est exprimé ainsi :

en Espagne	en Amérique
Haz lo que quieres. *Fais ce que tu veux.*	**Hacé lo que querés.** *Fais ce que tu veux.*
Dime lo que piensas. *Dis-moi ce que tu penses.*	**Decíme lo que pensás.** *Dis-moi ce que tu penses.*

3. L'espagnol d'Amérique prononce le **c** suivi de **e** ou de **i** et le **z** comme le **s** espagnol ; cette prononciation s'appelle le **seseo**.

cazar, *chasser*, se prononce comme **casar**, *marier*
cima, *cime*, se prononce comme **sima**, *abîme*
voz, *voix*, se prononce comme **vos**, *tu*
etc.

Quant à l'accent, il varie d'un pays à l'autre, de même qu'il varie, en Espagne, d'une province à l'autre : il n'est jamais un obstacle à la compréhension entre les Espagnols et les hispanophones d'Amérique.

4. Le vocabulaire est le secteur où les différences sont les plus nombreuses. Voici la liste des différences les plus fréquentes :

usage espagnol	américanisme	français
abono	**fertilizante**	*engrais*
aparcar	**parquear**	*garer*
ascensor	**elevador**	*ascenseur*
beber	**tomar**	*boire*
bolso (de mujer)	**cartera**	*sac à main*
bonito, guapo	**lindo**	*joli*
cacahuete	**maní**	*cacahuète*
cerilla	**fósforo**	*allumette*
coche	**carro**	*voiture*
conducir	**manejar**	*conduire*
conferencia telefónica	**comunicación**	*communication*
chaqueta (americana)	**saco**	*veste*
darse prisa	**apurarse**	*se hâter*
dinero	**plata**	*argent* (monnaie)
echar de menos	**extrañar**	*s'ennuyer de*
enchufe (influencia)	**palanca**	*piston*
escaparate	**vitrina, vidriera**	*vitrine*
estancia	**estadía**	*séjour*
gestiones	**diligencias**	*démarches*
jersey	**pulóver, suéter**	*pull-over*
jubilación	**retiro**	*retraite*
lumbre, fuego (dar)	**candela**	*feu (donner du)*
manzana	**cuadra**	*pâté de maisons*
moqueta	**alfombrado**	*moquette*
multicopia	**mimeografía**	*polycopie*
pantano, presa	**represa**	*barrage*
paquete postal	**encomienda postal**	*paquet postal*

patata	**papa**	*pomme de terre*
piso	**apartamento**	*appartement*
pordiosero	**limosnero**	*mendiant*
primer plazo	**primera cuota**	*premier versement*
reñir	**pelear**	*quereller*
repoblación forestal	**reforestación**	*reboisement*
sello	**estampilla, timbre**	*timbre*
servicios, lavabos	**baño**	*toilettes (w.c.)*
surtidor	**bomba**	*pompe à essence*
talonario (de cheques)	**chequera**	*chéquier*
tardar	**demorarse**	*tarder, mettre longtemps*
tirar (echar)	**botar**	*jeter*
volante	**timón**	*volant de voiture*

4. Verbes à double participe passé

			part. régulier	part. irrégulier
absorber	*absorber*	→	**absorbido**	**absorto**
abstraer	*abstraire*	→	**abstraído**	**abstracto**
afligir	*affliger*	→	**afligido**	**aflicto**
atender	*prêter attention*	→	**atendido**	**atento**
bendecir	*bénir*	→	**bendecido**	**bendito**
concluir	*conclure*	→	**concluido**	**concluso**
confesar	*confesser, avouer*	→	**confesado**	**confeso**
confundir	*confondre*	→	**confundido**	**confuso**
convencer	*convaincre*	→	**convencido**	**convicto**
convertir	*convertir*	→	**convertido**	**converso**
corregir	*corriger*	→	**corregido**	**correcto**
corromper	*corrompre*	→	**corrompido**	**corrupto**
despertar	*réveiller*	→	**despertado**	**despierto**
difundir	*répandre*	→	**difundido**	**difuso**
dispersar	*disperser*	→	**dispersado**	**disperso**
dividir	*diviser*	→	**dividido**	**diviso**
elegir	*élire*	→	**elegido**	**electo**
enjugar	*sécher*	→	**enjugado**	**enjuto**
excluir	*exclure*	→	**excluido**	**excluso**
expresar	*exprimer*	→	**expresado**	**expreso**
extender	*étendre*	→	**extendido**	**extenso**
extinguir	*éteindre*	→	**extinguido**	**extinto**

fijar	*fixer*	→ **fijado**	**fijo**
freir	*frire*	→ **freído**	**frito**
hartar	*rassasier*	→ **hartado**	**harto**
imprimir	*imprimer*	→ **imprimido**	**impreso**
incluir	*inclure*	→ **incluido**	**incluso**
infundir	*inspirer*	→ **infundido**	**infuso**
insertar	*insérer*	→ **insertado**	**inserto**
invertir	*inverser*	→ **invertido**	**inverso**
juntar	*joindre*	→ **juntado**	**junto**
maldecir	*maudire, médire*	→ **maldecido**	**maldito**
manifestar	*manifester*	→ **manifestado**	**manifiesto**
marchitar	*faner, flétrir*	→ **marchitado**	**marchito**
nacer	*naître*	→ **nacido**	**nato**
omitir	*omettre*	→ **omitido**	**omiso**
oprimir	*opprimer*	→ **oprimido**	**opreso**
prender	*arrêter, faire prisonnier*	→ **prendido**	**preso**
presumir	*présumer*	→ **presumido**	**presunto**
propender	*être enclin à*	→ **propendido**	**propenso**
proveer	*pourvoir, fournir*	→ **proveído**	**provisto**
recluir	*incarcérer, reclure*	→ **recluido**	**recluso**
salvar	*sauver*	→ **salvado**	**salvo**
sepultar	*ensevelir*	→ **sepultado**	**sepulto**
soltar	*lâcher*	→ **soltado**	**suelto**
sujetar	*attacher*	→ **sujetado**	**sujeto**
suprimir	*supprimer*	→ **suprimido**	**supreso**
suspender	*suspendre*	→ **suspendido**	**suspenso**
sustituir	*substituer*	→ **sustituido**	**sustituto**
teñir	*teindre*	→ **teñido**	**tinto**

etc.

5. Verbes à diphtongue les plus courants

1. e devient **ie** (voir tableau du verbe **cerrar**, p. 15)

acertar	*réussir, deviner juste*
adquirir (v. p. 14)	*acquérir*
alentar	*encourager*
apacentar	*paître, repaître*
apretar	*serrer, presser*
arrendar	*louer* (donner ou prendre en location)
ascender	*monter, s'élever*
atender a	*s'occuper de*
aterrar	*atterrer, terrifier*
atravesar	*traverser*
calentar	*chauffer*
cegar	*aveugler*
cerrar	*fermer*
comenzar	*commencer*
concernir	*concerner*

concertar	*s'entendre sur, convenir*
condescender	*condescendre*
confesar	*confesser, avouer*
defender	*défendre*
desalentar	*décourager*
desatender	*ne pas prêter attention à, négliger*
descender	*descendre*
desconcertar	*déconcerter*
desenterrar	*déterrer, exhumer*
despertar	*réveiller, éveiller*
desplegar	*déplier, déployer*
desterrar	*exiler*
discernir	*discerner*
empezar	*commencer*
encender	*allumer*
encerrar	*enfermer, renfermer, contenir*
encomendar	*recommander, confier*
entender	*comprendre*
enterrar	*enterrer, ensevelir*
extender	*étendre*
fregar	*frotter, récurer*
gobernar	*gouverner*
helar	*geler, glacer*
inquirir (v. p. 14)	*s'enquérir de*
manifestar	*manifester, déclarer, montrer, témoigner*
merendar	*goûter, prendre son goûter*
negar	*nier, démentir*
nevar	*neiger*
pensar	*penser*
perder	*perdre*
quebrar	*casser, briser, rompre*
recalentar	*réchauffer*
recomendar	*recommander*
regar	*irriguer*
remendar	*raccommoder, rafistoler*
reventar	*crever, éclater*
segar	*faucher*
sembrar	*semer*
sentarse	*s'asseoir*
sosegar	*calmer, apaiser, tranquilliser*
temblar	*trembler*
tender	*tendre, étendre*
tentar	*tenter*
tropezar	*trébucher, buter*
verter	*verser, renverser*

2. o devient **ue** (voir tableau du verbe **volver** p. 15)

absolver	*absoudre*
acordar	*décider de, se mettre d'accord pour*
acordarse	*se souvenir*
acostarse	*se coucher*
almorzar	*déjeuner*
apostar	*parier*
aprobar	*approuver*
asolar	*dévaster, ravager*
avergonzarse	*avoir honte*
cocer	*cuire*
colarse	*se glisser*
colgar	*pendre, suspendre*
comprobar	*vérifier, contrôler*
concordar	*concorder*
conmover	*émouvoir, toucher*
consolar	*consoler*
contar	*conter, raconter*
costar	*coûter*
degollar	*égorger*
demostrar	*démontrer*
derrocar	*démolir, abattre*
desaprobar	*désapprouver*
descolgar	*décrocher, dépendre*
descontar	*déduire, escompter*
desenvolverse	*se débrouiller*
despoblar	*dépeupler*
devolver	*rendre, restituer*
desollar	*écorcher*
disolver	*dissoudre*
doler	*faire mal*
encontrar	*rencontrer, trouver*
envolver	*envelopper*

errar (v. p. 14) *errer*
esforzarse *s'efforcer*
forzar *forcer*
holgar *ne rien faire*
llover *pleuvoir*
moler *moudre*
morder *mordre*
mostrar *montrer*
mover *remuer, mouvoir*
oler *sentir, flairer*
poblar *peupler*
probar *essayer, goûter*
promover *promouvoir*
recordar *se souvenir*
reforzar *renforcer*
renovar *renouveler*
resolver *résoudre*
resollar *respirer bruyamment*
resonar *résonner*
revolcar *renverser*
rodar *rouler, roder* (un moteur)
rogar *prier* (quelqu'un de faire quelque chose)
soldar *souder*
soler *avoir l'habitude de*
soltar *lâcher, détacher*
sonar *sonner, tinter*
soñar *rêver*
torcer *tordre, tourner*
tostar *griller*
trocar *troquer, déranger*
tronar *tonner*
volar *voler*
volcar *renverser*
volver *revenir, retourner*
jugar (v. p. 14) *jouer*

6. Verbes du type *sentir* et *dormir* les plus courants

1.

adherir *adhérer* (à une doctrine), *coller*
advertir *remarquer, prévenir*
arrepentirse *se repentir*
asentir *acquiescer*
conferir *conférer, attribuer*
consentir *consentir*
convertir *changer, transformer, convertir*
digerir *digérer*
divertirse *se divertir, s'amuser*
erguir (v. p. 17) *lever, dresser, redresser*
herir *blesser*
hervir *bouillir*
inferir *déduire*
inquirir *s'enquérir de*
invertir *investir*
mentir *mentir*
pervertir *pervertir*
preferir *préférer*
presentir *pressentir*
proferir *proférer, prononcer*
referirse *se référer*
requerir *requérir, exiger, réclamer*
resentirse *se ressentir, en vouloir* (à quelqu'un)
sentir (v. p. 17) *regretter, sentir, ressentir*
subvertir *corrompre*
sugerir *suggérer*
transferir *transférer*

2.

dormir (v. p. 17) *dormir*
morir *mourir*

7. Verbes du type *pedir* les plus courants

colegir	*réunir, rassembler, déduire*	**perseguir**	*persécuter, poursuivre*
competir	*concourir, être en concurrence, rivaliser*	**proseguir**	*poursuivre, continuer*
		regir	*régir*
concebir	*concevoir*	**reír**	*rire*
conseguir	*arriver à, réussir à, obtenir*	**reírse**	*se moquer*
		rendir	*vaincre, soumettre, rendre (produire)*
corregir	*corriger*		
derretirse	*fondre*		
despedir	*renvoyer, congédier*	**reñir**	*se disputer, se quereller, gronder*
despedirse	*prendre congé*		
elegir	*élire, choisir*		
expedir	*expédier*	**repetir**	*répéter, reprendre (d'un plat)*
gemir	*gémir*		
impedir	*empêcher*		
medir	*mesurer*	**seguir**	*suivre*
pedir (v. p. 19)	*demander, commander*	**servir**	*servir*
		vestir	*habiller*

8. Verbes du type *enviar* les plus courants

aliar	*allier*	**desviar**	*détourner*
amnistiar	*amnistier*	**enfriar**	*refroidir*
ampliar	*agrandir*	**espiar**	*espionner*
ansiar	*convoiter*	**esquiar**	*skier*
ataviar	*parer*	**expatriar**	*expatrier*
averiarse	*s'abîmer, tomber en panne*	**expiar**	*expier*
		extasiarse	*s'extasier*
aviar	*préparer*	**extraviar**	*égarer*
confiar	*confier*	**fiar**	*avoir confiance*
contrariar	*contrarier*	**guiar**	*guider*
criar	*élever, faire pousser*	**inventariar**	*inventorier*
		liar	*lier*
chirriar	*grincer*	**porfiar**	*s'obstiner*
desafiar	*défier*	**resfriar**	*refroidir*
descarriar	*égarer*	**rociar**	*arroser*
desconfiar	*se méfier*	**variar**	*varier*
desliar	*délier*		

Tous les verbes terminés par **~grafiar**, etc.

9. Le verbe et sa préposition

Si un grand nombre de verbes espagnols et français se construisent avec une préposition identique, nombreux aussi sont ceux qui se construisent différemment. Voici la liste des plus fréquents. Quand le verbe a, dans sa conjugaison, une irrégularité, celle-ci figure entre parenthèses : **ie** pour la diphtongue de **e** ; **ue** pour celle de **o** ; **ie**, **i** pour les verbes du type **sentir** ; **i**, **i** pour les verbes du type **pedir** ; **zc** pour les verbes en **~acer**, **~ecer**, **~ocer**, **~ucir** ; **zc** et **~duje** pour les verbes en **~ducir** ; **y** pour les verbes en **~uir**. Les verbes suivis de * sont conjugués aux pages 23-33.

acabar con	*en finir avec*
acabar de + infinitif	*venir de* + infinitif
(**no acabar de** + infinitif	*ne pas réussir à, ne pas arriver à*)
acabar en	*tourner à, finir en*
acabar por	*finir par*
acercarse a	*s'approcher de*
acomodarse a	*s'accommoder de*
aconsejarse de ou **con**	*prendre conseil de*
adornarse con	*orner de*
afanarse en ou **por**	*s'efforcer de*
aficionarse a	*se passionner pour*
agarrar de ou **por**	*saisir par*
alegrarse con, **de** ou **por**	*se réjouir de*
alimentarse con ou **de**	*s'alimenter de*
alistarse de	*s'engager comme*
amenazar con	*menacer de*
apresurarse a, **en** ou **por**	*s'empresser de*
aproximarse a	*s'approcher de*
atender (**ie**) **a**	*s'occuper de*
avergonzarse (**ue**) **por**	*rougir de, avoir honte de*
bastar con	*suffire de*
bastar para	*suffire à*
cambiar con ou **por**	*changer contre, échanger*
cansarse con	*se fatiguer de*
cautivar con	*captiver par*
coger de	*prendre par* (le bras)
colgar (**ue**) **de**	*accrocher à*
comparar con	*comparer à*
comprometerse a ou **en**	*s'engager à*
confiar en	*se fier à, avoir confiance en*
conformarse con	*se conformer à ; être d'accord avec*
congratularse de ou **por**	*se féliciter de*
consentir (**ie, i**) **en**	*consentir à*
consistir en	*consister à, en, dans*
consultar con	*consulter* (quelqu'un)
contar (**ue**) **con**	*compter sur*
contentarse con	*se contenter de*
convidar a ou **por**	*inviter à*

culpar por	*accuser de*
cumplir con	*respecter, s'accomplir de*
chocar con	*heurter*
dar* con	*trouver, tomber sur*
dar* de + infinitif	*donner à* + infinitif
dar* por	*considérer comme*
darse* prisa en	*se presser de*
deleitarse en	*se plaire à*
despedirse (i, i) **de**	*quitter, dire au revoir, prendre congé*
disculparse de ou **por**	*s'excuser de*
disculparse con	*s'excuser auprès de*
disfrazarse de	*se déguiser en*
disminuir (y) **en**	*diminuer en*
dudar en	*hésiter à*
empeñarse en	*s'obstiner à*
emplearse en	*s'employer à*
encapricharse con ou **en**	*s'entêter à*
encaminarse a	*se diriger vers*
encontrarse (ue) **con**	*rencontrer*
enfrentarse con	*affronter*
enfurecerse (zc) **con**	*s'emporter contre*
entender (ie) **de**	*s'y connaître en* ou *à*
equivocarse en algo	*se tromper sur quelque chose*
equivocarse con alguien	*se tromper sur quelqu'un*
escapar de	*échapper à*
esforzarse (ue) **a, en** ou **por**	*s'efforcer de*
estar* de	*être comme, en qualité de*
estar* para	*être sur le point de*
estar* por	*être pour, être tenté de*
estimular con	*stimuler par*
estudiar para	*faire des études de*
fiarse de	*se fier à*
fijarse en	*faire attention à, remarquer*
fundarse en	*se fonder sur*
gozar con ou **en**	*jouir de*
gustar de	*se plaire à, aimer à*
honrarse con	*s'honorer de.*
huir (y) **de alguien**	*fuir quelqu'un*
importunar con	*importuner de, avec, par*
indignarse por	*s'indigner de*
influir (y) **con** ou **de**	*influencer sur*
ingeniarse a ou **en**	*s'ingénier à*
iniciar en	*initier à*
inquietarse de, con ou **por**	*s'inquiéter de*
insistir en ou **sobre**	*insister sur*
inspirarse en	*s'inspirer de*
interceder con	*intercéder auprès de*
interesarse en ou **por**	*s'intéresser à*
ir* (a) **por**	*aller chercher*
jugar (ue) **con**	*se jouer de*
lamentarse de ou **por**	*se lamenter de*
luchar con ou **contra**	*lutter contre*
llenar con	*remplir de*

manchar con	*tacher de, salir avec*
mandar por	*envoyer chercher*
mirar por	*veiller sur*
molestar con	*gêner par*
negarse (ie) a	*se refuser à, refuser de*
nutrirse con	*se nourrir de*
obstinarse en	*s'obstiner à*
ocuparse en	*s'occuper à*
ofenderse por	*s'offenser de*
participar en	*participer à*
pensar (ie) en	*penser à*
pedir* de + infinitif	*demander à* + infinitif
persuadir con	*persuader par*
pintar de	*peindre en*
preguntar por alguien	*demander des nouvelles de qqun*
preocuparse con ou **por**	*se préoccuper de*
propasarse a ou **de**	*abuser de*
proveer con ou **de**	*pourvoir de*
provocar con	*provoquer par*
quedar en	*convenir de*
quedar para	*prendre rendez-vous*
quedar por + infinitif	*rester à* + infinitif
quedarse con algo	*garder quelque chose*
reflexionar en ou **sobre**	*réfléchir à* ou *sur*
reírse (i, i) de	*se moquer de*
reparar en	*remarquer*
resentirse (ie, i) con	*en vouloir à*
resignarse con	*se résigner à*
responder por alguien	*répondre de quelqu'un*
saber* a	*avoir la saveur de*
saber* de	*s'y connaître à* ou *en*
servir (i, i) para	*servir à*
soñar (ue) con	*rêver de* ou *à*
sospechar de	*soupçonner*
sorprender con	*surprendre à*
suspender de	*suspendre à*
suspirar por	*soupirer après*
sustentarse con ou **de**	*se nourrir de*
tardar en	*tarder à*
tirar de	*tirer, traîner*
titubear en	*hésiter à*
topar con	*se heurter à*
toparse con	*rencontrer, tomber sur*
traducir (zc, duje) a	*traduire en*
tropezar (ie) con	*se heurter à, tomber sur*
ufanarse con	*s'enorgueillir de, se vanter de*
vacilar en	*hésiter à*
valerse* de	*se servir de*
velar por	*veiller sur*
venir* por	*venir chercher*
vestirse (i, i) de	*s'habiller en*

Par ailleurs, d'autres verbes espagnols se construisent, à la différence du français, sans préposition :

adelantar (**una hora**)	*avancer d'(une heure)*
agradecer (**zc**) (**la amabilidad**)	*remercier de (l'amabilité)*
aprovechar (**la situación**)	*profiter de (la situation)*
atrasar (**una hora**)	*retarder d'(une heure)*
conseguir (**i, i**) (**hacer**)	*réussir à (faire)*
consultar (**un asunto**)	*consulter sur (une affaire)*
decidir (**vender**)	*décider de (vendre)*
intentar (**salir**)	*tenter de (sortir)*
lograr (**convencer**)	*parvenir à (convaincre)*
permitir (**ir al cine**)	*permettre d'(aller au cinéma)*
procurar (**venir**)	*tâcher de (venir)*
prometer (**dar**)	*promettre de (donner)*
proponer (**pagar**)	*proposer de (payer)*
retrasar (**una hora**)	*retarder d'(une heure)*
soler (**ue**) (**decir**)	*avoir l'habitude de (dire)*

etc.

VII

Corrigé des exercices

Le groupe verbal (voir p. 46)

a. 1. **estudio** 2. **escribo** 3. **pierdo** 4. **cuento** 5. **duermo** 6. **repito** 7. **incluyo** 8. **ofrezco** 9. **produzco** 10. **continúo** 11. **salgo** 12. **voy** 13. **digo** 14. **traigo** 15. **pongo** 16. **puedo** 17. **quepo** 18. **sé** 19. **quiero** 20. **veo**

b. 1. **ayudó** 2. **leí** 3. **escribió** 4. **quisieron** 5. **pudiste** 6. **pedimos** 7. **traduje** 8. **fuimos** 9. **salieron** 10. **dijeron**

c. 1. **coloque** 2. **aprenda** 3. **venga** 4. **diga** 5. **tenga** 6. **haya** 7. **haga** 8. **ponga** 9. **pueda** 10. **vaya**

d. 1. **escuchara** 2. **vendiera** 3. **hiciera** 4. **hubiera** 5. **tuviera** 6. **dijera** 7. **trajera** 8. **supiera** 9. **fuera** 10. **fuera**

e. 1. **he llamado** 2. **has leído** 3. **ha vivido** 4. **hemos comprado** 5. **habéis viajado** 6. **han ido** 7. **ha puesto** 8. **han dicho**

f. 1. **salían** 2. **contaba** 3. **teníamos** 4. **querían** 5. **iban** 6. **eran, tenían** 7. **salíamos** 8. **veía**

g. 1. La carta es traducida por una secretaria.
2. Las ventanas fueron cerradas por Pablo.
3. Las dos Américas están unidas por el istmo de Panamá.
4. El representante fue recibido por Ana.

5. La casa será puesta en orden por mis amigos.
6. Los planos han sido hechos por un nuevo arquitecto.
7. El castillo estaba rodeado por altas murallas.
8. Esta casa fue construida por mi abuelo.

h. 1. **escuchad**
2. **comed**
3. **escribid**
4. **cerrad**
5. **jugad**
6. **traducid**
7. **haced**
8. **decidme**
9. **poneos**
10. **idos**
11. **escuchen Uds**
12. **coman Uds**
13. **escriban Uds**
14. **cierren Uds**
15. **jueguen Uds**
16. **traduzcan Uds**
17. **hagan Uds**
18. **díganme Uds**
19. **pónganse Uds**
20. **váyanse Uds**

i. 1. **abre**
2. **abrid**
3. **mira**
4. **mirad**
5. **pídelo**
6. **pedidlo**
7. **siéntate**
8. **sentaos**
9. **siéntelo**
10. **sentidlo**
11. **abra Ud**
12. **abran Uds**
13. **mire Ud**
14. **miren Uds**
15. **pídalo**
16. **pídanlo**
17. **siéntese**
18. **siéntense**
19. **siéntalo**
20. **siéntanlo**

j. 1. **ten**
2. **salid**
3. **diviértase, no se divierta**
4. **mándenselas**
5. **no los esperemos, esperémoslos**
6. **vete, no te vayas**
7. **idos**
8. **váyase**
9. **no se vayan**
10. **vámonos, no nos vayamos**

Le groupe nominal (voir p. 115)

a.
1. **el asta**, *la hampe, la corne*
2. **el pavor**, *l'épouvante*
3. **el Garona**, *la Garonne*
4. **la advertencia**, *la remarque*
5. **la ambición**, *l'ambition*
6. **el agua**, *l'eau*
7. **la fiebre**, *la fièvre*
8. **la intemperie**, *l'intempérie*
9. **el asco**, *le dégoût*
10. **la timidez**, *la timidité*
11. **la verdad**, *la vérité*
12. **la conquista**, *la conquête*
13. **el día**, *le jour*
14. **la calefacción**, *le chauffage*
15. **el ave**, *l'oiseau*
16. **el provecho**, *le profit*
17. **la vez**, *la fois*
18. **el precio**, *le prix*
19. **el sudor**, *la sueur*
20. **el hambre**, *la faim*

b.
1. **los pulmones**, *les poumons*
2. **las tiendas**, *les boutiques*
3. **las toses**, *les toux*
4. **los compases**, *les rythmes*
5. **los jardines**, *les jardins*
6. **los humos**, *les fumées*
7. **los jóvenes**, *les jeunes*
8. **los perfiles**, *les profils*
9. **las voces**, *les cris*
10. **las libertades**, *les libertés*

c.
1. **el ángel**, *l'ange*
2. **la crisis**, *la crise*
3. **la ración**, *la ration*
4. **el tío**, *l'oncle*
5. **la patria**, *la patrie*
6. **el carácter**, *le caractère*
7. **el salón**, *le salon*
8. **el rey**, *le roi*
9. **el jueves**, *le jeudi*
10. **el alza**, *la hausse*

d. 1. **la** 2. **lo** 3. **los** 4. **le** 5. **la**
6. **los** 7. **le** 8. **lo** 9. **la** 10. **la**

e. 1. **le** 2. **le** 3. **les** 4. **les** 5. **les**

f.
1. **Se lo presto.**
2. **Se lo presto.**
3. **Se lo presto.**
4. **Se los doy.**
5. **Se los doy.**
6. **Se los doy.**

g.
1. **Te lo explico.**
2. **Os lo explico.**
3. **Se lo prometo.**
4. **Se lo prometemos.**
5. **Ya te lo he dado.**
6. **Me lo han regalado.**
7. **Nos lo han regalado.**
8. **Se lo han regalado.**
9. **Os los hemos mandado.**
10. **Te los hemos mandado.**

h.
1. **No puedo dártela.**
2. **Díganla ustedes.**
3. **Tráelo.**
4. **Désela usted.**
5. **No me gusta prestárselo.**

i. 1. **errorcito**
2. **estrellita**
3. **cartoncito**
4. **despacito**
5. **avecita**
6. **cuernecito**
7. **cruelito**
8. **noblecito**
9. **señorito**
10. **partidito**
11. **pastelito**
12. **siestecita**
13. **jardincito**
14. **piernecita**
15. **pajarito**

j. 1. **el buen hombre**
2. **la gran película**
3. **algún caso**
4. **el primer intento**
5. **la buena mujer**
6. **el tercer plato**
7. **la mala intención**
8. **la primera vez**
9. **la tercera posibilidad**
10. **ningún argumento**
11. **el gran acontecimiento**
12. **alguna dificultad**
13. **el postrer encuentro**
14. **el mal día**
15. **ninguna ocasión**

k. 1. **San Luis**
2. **San Emilio**
3. **el santo Papa**
4. **Santa Eulalia**
5. **San Francisco**
6. **el santo hombre**
7. **Santo Tomás**
8. **San Jorge**
9. **la santa mujer**
10. **Santo Domingo**

l. 1. ¿ Es algo importante ?
2. No es nada.
3. Nadie lo cree.
4. No ha visto a nadie.
5. Han visto muchas cosas.
6. Tengo muchas menos dificultades ahora.
7. La casa es demasiado pequeña.
8. Han venido los dos.
9. Vendré cada dos meses.
10. ¿ Puedo venir cualquier día ?

m. 1. **dieciséis**
2. **ciento veintiséis**
3. **doce**
4. **quinientos cincuenta y cinco**
5. **mil dos**
6. **setecientos veintiuno**
7. **mil novecientos noventa y cinco**
8. **ciento un mil trescientos veinticinco**
9. **nueve mil novecientos noventa y nueve**
10. **mil quinientos millones**

Les mots invariables (voir p. 145)

a. 1. **en, a** 2. **en** 3. **a** 4. **a** 5. **en**
6. **a** 7. **a** 8. **a** 9. **en** 10. **en**

b. 1. **de** 2. **con** 3. **con** 4. **de** 5. **de**
6. **de** 7. **con** 8. **de** 9. **con** 10. **con**

c. 1. **hasta**
2. **hacia**
3. **entre**
4. **ante**
5. **delante**
6. **encima**
7. **sobre**
8. **cerca**
9. **antes**
10. **hacia**

d.
1. No me quedé pues no tenía tiempo.
2. No vengo hoy pero te llamaré manaña.
3. No sólo no dijo nada sino que no hizo nada.
4. No es dinero lo que quiere sino afecto.
5. O vienes ahora mismo o te quedas.
6. Vinieron ayer e hicieron lo que quisieron.
7. ¿ Cuánto quieres ? ¿ 9, 10 u 11 ?
8. Le he explicado la situación y sabe lo que pienso. Ahora bien, hará lo que quiera.
9. ¡ Pero pasa !
10. Tenía razón pues.
11. ¡ Claro que lo haré !
12. ¿ Por qué no lo has hecho ? — ¡ Porque no !
13. No conozco más que a su hermana *ou* sólo conozco a su hermana.
14. Ya no lo quieren hacer (más).
15. Nunca fuma y casi no bebe.

4. Les subordonnées (voir p. 166)

Remarque : les corrigés ne proposent l'imparfait du subjonctif qu'à la 1re forme (terminaisons **~ara** et **~iera**), la 2e forme (terminaisons **~ase** et **~iese**) est tout aussi correcte.

a. 1. **hable**
2. **comprende**
3. **traiga**
4. **vuelve** (ou **volverá**)
5. **quiera**
6. **vengan**
7. **sabe**
8. **hagáis**
9. **dirá**
10. **se fue**

b.
1. **lea, leyera, lea, leyera**
2. **cambien, cambiaran, cambien, cambiaran**
3. **puedan, pudieran, puedan, pudieran**
4. **quepan, cupieran, quepan, cupieran**

c. 1. **prestara** 2. **valga** 3. **conociera** 4. **vuelva** 5. **hagan** 6. **dieras** 7. **sigan** 8. **hubiera** 9. **puedas** 10. **dijeran**

d. 1. **veas**, **vieras** 2. **pueda**, **pudiera** 3. **haga**, **hiciera** 4. **venga**, **viniera** 5. **sepa**, **supiera** 6. **esté**, **estuviera** 7. **haya**, **hubiera**

e.
1. Nos aconseja que no nos valgamos de esta máquina.
2. Quieren que les mandemos postales.
3. Nos recomiendan que andemos hasta allí.
4. Nos pide que le ayudemos.
5. ¿ Puede ser que ella no lo sepa ?
6. Permite que los alumnos salgan a las doce.
7. Me extraña que él no pida nada.
8. Hace falta que los traigas en seguida.
9. No quiere que nos refiramos a lo de ayer.
10. Él desea que no digamos nada a nadie.

f.
1. Hacía falta que las recibiéramos antes del martes.
2. Sentían que no los llamaras nunca.
3. Era necesario que leyerais las instrucciones.
4. No estaba segura de que ella pudiera hacerlo.
5. Era imprescindible que no le dijeras nada.
6. No deseaban que fuéramos a verlos.
7. Nos pedía que tuviéramos más cuidado.
8. Era imposible que ellos hicieran eso.
9. No había nadie que fuera más servicial que él.
10. Te decía esto para que supieras a qué atenerte.

g.
1. Temo que haya retrasos en la frontera.
2. Siento mucho que Pedro no pueda venir.
3. Dudo que este paquete llegue a Bogotá el lunes.
4. Le pediré dinero en cuanto vuelva.
5. Te doy este libro para que lo leas.
6. Si él supiera nadar, iría a la playa cada día.
7. Cuando recibas esta carta, estaré en Argentina.
8. Te llamaré tan pronto como lo sepa.
9. Aunque lo saben, no quieren decir nada.
10. Aunque yo tuviera bastante tiempo, no lo haría.

h.
1. Dice que llegará...
2. Dice que le presta su coche.
3. Dice que fueron...
4. Dice que lean...

5. Dice que no los escuchen.
6. Dijo que él venía...
7. Dijo que llamaría...
8. Dijo que trabajaban...
9. Dijo que los recibió...
10. Dijo que lo había hecho todo.

Difficultés de syntaxe et de traduction (voir p. 251)

a.

1. **son**	2. **están**	3. **es**	4. **está**	5. **es**
6. **es**	7. **es**	8. **está**	9. **estás**	10. **es**
11. **está**	12. **son**	13. **es**	14. **está**	15. **es**
16. **está**	17. **es, está**	18. **están**	19. **está**	20. **es**

b.
1. Esta semana he ido dos veces al cine.
2. La semana pasada estuve enfermo (malo).
3. El tren no ha llegado todavía (aún no ha llegado el tren).
4. Aquella mañana llovió mucho.
5. Hoy ha llovido todo el día.
6. El otro día encontré a tu padre en la estación.
7. Anoche fuimos todos al concierto.
8. Este libro fue escrito en 1990.
9. No hemos cenado nunca (nunca hemos cenado) en este restaurante.
10. Aún no he leído (no he leído todavía) su última novela.

c.
1. **quien** (**la que**)
2. **quienes** (**los que**)
3. **que**
4. **que**
5. **quien** (**la que**)
6. **que**
7. **que**
8. **quien** (**al que**)
9. **que**
10. **quienes** (**los que**)

d.
1. El amigo de quien (del que) te hablé acaba de llegar.
2. Es una decisión cuyas consecuencias son importantes.
3. Las personas cuyo nombre está en la lista tienen que esperar.
4. El museo de (del) que estoy hablando está cerrado por la mañana.
5. El hierro que la fábrica necesita procede (viene) de la mina vecina.
6. Vive en la isla con (la) que soñaba desde siempre.
7. Es una casa moderna en cuyo jardín hay una piscina.
8. Hay varias casas a orillas del río, entre las cuales la nuestra.
9. Antonio, de cuya hermana hablabas, vendrá luego (más tarde).
10. Los alumnos, tres de los cuales eran repetidores, esperaban en la clase (el aula).

e. 1. La casa de donde (de la que) sale es la de sus padres.
2. Me pregunto por dónde pasó (ha pasado) pero llegó (ha llegado) antes que nosotros.
3. La calle (en) donde (en la que) viven está lejos del centro.
4. ¿ Puedes prestarme el periódico en que has leído (leíste) esto ?
5. El día (en) que pasé por allí, ella no estaba en casa.
6. No me había avisado, de donde (de allí) mi sorpresa.
7. Lo encontró allí donde lo había dejado.
8. Es la hora en que salen de la escuela.
9. La panadería adonde suelo ir está cerrada.
10. En la situación en que se encuentra, no le digas nada.

f. 1. **por** 2. **para** 3. **por** 4. **por** 5. **para**
6. **para** 7. **para** 8. **por** 9. **por** 10. **para**

g. 1. **para** 2. **por** 3. **por** 4. **por** 5. **para**
6. **para** 7. **para** 8. **por** 9. **para** (ou **a**) 10. **por**

h. 1. Hace mucho tiempo que ya no está aquí.
2. Se ha marchado desde hace tres meses.
3. Los (las) hay que no quieren (hay quien no quiere).
4. Desde el diez de abril, llueve (está lloviendo).
5. Había mucha gente.
6. Desde su llegada está mejor.
7. Ya no trabajaba desde hacía seis meses.
8. En este caso son tres las posibilidades.
9. No hay más que (Sólo hay que...) hacerlo.
10. ¿ Desde hace cuándo está aquí ?

i. 1. **eres**, **somos**
2. **son**
3. **cuando**
4. **era**
5. **sois**
6. **la que** ou **quien**
7. **para lo que**
8. **lo que**
9. **por donde**
10. **por el que** ou **por quien**

VIII

Index

Achevé d'imprimer
par Maury-Eurolivres
45300 Manchecourt

Cet ouvrage a été composé par
TÉLÉ-COMPO - 61290 BIZOU

Imprimé en France
Dépôt légal : octobre 1991